DANCE OR DIE

Dieses Buch ist ein Roman. Alle Personennamen sind frei erfunden. Real existierende Personen, die in das Geschehen involviert waren und die Vorlage für die fiktiven Hauptcharaktere liefern, haben dieser Publikation zugestimmt. Die Handlung ist eine fiktive Rekonstruktion der realen Geschehnisse vom 24. Juli 2010 anhand umfassender Recherchen und Interviews. Die Funksprüche sind angelehnt an Auszüge aus dem Original-Funkverkehr und wurden durch das Ändern der Funknummern anonymisiert.

JESSIKA WESTEN

DANCE OR DIE

DIE LOVEPARADE-KATASTROPHE

EIN ROMAN

emons:

Bibliografische Information der Deutschen Nationalbibliothek
Die Deutsche Nationalbibliothek verzeichnet diese Publikation in der Deutschen Nationalbibliografie; detaillierte bibliografische Daten sind im Internet über http://dnb.d-nb.de abrufbar.

FSC www.fsc.org
MIX
Papier aus verantwortungsvollen Quellen
FSC® C083411

Umschlaggestaltung: Nina Schäfer unter Verwendung eines Bildes von istockphoto.com/tatianazaets
Gestaltung Innenteil: César Satz & Grafik GmbH, Köln nach einer Vorlage von Nina Schäfer
Lektorat: Christoph Nettersheim
Karte: Altan Cicek, altancicek.design
Druck und Bindung: CPI – Clausen & Bosse, Leck
Printed in Germany 2020
ISBN 978-3-7408-0887-7
Originalausgabe

In Erinnerung
an die 21 Todesopfer der Loveparade-Katastrophe
am 24. Juli 2010 in Duisburg.

Gewidmet
den unzähligen Verletzten und Traumatisierten.

1

21. Juli 2010

RENÉ

Im Tunnel war es Nacht. Obwohl die Sonne schien, fiel kaum Licht herein. Die Neonröhren waren entweder ausgefallen, oder jemand hatte sie abgestellt. Nach etwa 250 Metern bahnte sich ein bläulicher Lichtkegel den Weg in die Düsternis. Tageslicht. Hier musste es sein.

Die beiden Männer stiegen aus dem Wagen. Es roch nach Urin. Der Verkehr rauschte an ihnen vorbei. Die Wände verwandelten den Lärm der Motoren in ein fortwährendes Donnergrollen und schluckten die Wärme des Sommers. René fröstelte. Er trat einen Schritt ins Licht, drehte sich um, blickte in den Tunnel und dann hoch zu der Ruine, die einst ein Güterbahnhof war. Nun stand dort ein verlassenes Skelett aus Stahl und Beton. Von den alten Verladehallen war nicht mehr viel übrig. Die meisten Scheiben fehlten, einige hingen zerborsten am Gerippe der Dachkonstruktion. Kein einziges Gleis führte mehr hierher. Die Züge ratterten achtlos und mit einigem Abstand vorbei. Das stillgelegte Bahngelände erreichte man über eine Rampe, die den Tunnel mittig unterbrach. Sie war keine 20 Meter breit und eingepfercht zwischen Betonwänden, höher als zwei Stockwerke. Links führte eine schmale Treppe an der Wand hinauf zu einem alten Stellwerkhäuschen. Die Tür hatte jemand mit Dachpappe zugenagelt.

René blickte wieder in den Tunnel. Waren die Wände gerade ein Stück nähergekommen? Sein Puls beschleunigte sich, kaum merklich, aber doch so, dass er das Bedürfnis hatte, tief durchzuatmen.

»Und die Rampe ist wirklich der *einzige* Eingang?«, fragte er.

»Ja, ich glaub schon. Und auch der Haupt-Ausgang.«

Die beiden Männer stiegen wieder ins Auto. Sie fuhren auf das Gelände, drehten einige Runden, stiegen mehrfach aus und sahen sich um.

»Falls etwas passiert, müssen wir versuchen, irgendwie von außen ranzukommen«, sagte René auf der Rückfahrt zum Krankenhaus. Sein Kollege nickte.

Den Tunnel würden sie nur im äußersten Notfall befahren. Er schien viel zu eng.

Es waren noch drei Tage bis zur Loveparade.

24. Juli 2010

»Wedau 43 für 001, kommen!«
»Wedau 43 hört. Außerhalb des Tunnels klar und deutlich.«
»Jetzt bist du auch gut zu verstehen, ohne Rauschen und ohne abgehacktes Gestammel.«
»Das ist ja interessant für den Notfallplan. Also innerhalb des Tunnels keine einwandfreie Funkverbindung möglich.«
»Das ist korrekt.«
»Verstanden, Ende.«

2

KATTY

Ich versuchte, das Knattern zu ignorieren, und wälzte mich im Bett. Verdammt! Ich wollte doch ausschlafen, und nun meinte so ein Idiot, in aller Herrgottsfrühe den Rasen mähen zu müssen. Ich war so müde, dass ich mich nicht dazu aufraffen konnte, das Fenster zu schließen. Stattdessen zog ich mir die Decke über die Ohren und vergrub das Gesicht im Kissen. Das brachte überhaupt nichts.

»Morgen, mein Engelchen, willst du nicht mal langsam aufstehen?« Meine Mutter stand neben dem Bett. Demonstrativ verkroch ich mich ein Stück tiefer unter der Decke. Nein, ich wollte nicht aufstehen. Ich war noch im Halbschlaf, und es konnte doch höchstens neun Uhr sein.

»Es ist nach elf«, sagte Mama.

Ich war schlagartig hellwach. Nach elf? In nicht mal zwei Stunden würde Tim auf der Matte stehen. Und Ines würde in weniger als einer Stunde klingeln. Wir wollten unser Styling noch gemeinsam vollenden und uns vor der Fahrt nach Duisburg ein Gläschen Sekt genehmigen. Ich sprang aus dem Bett, zog das Rollo hoch, blinzelte in die Sonne, die sich durch einen Wolkenschleier kämpfte, senkte den Blick und sah einen Rentner. Der Typ war oben ohne, hatte eine ordentliche Bierwampe und schob einen Rasenmäher vor sich her. Auf dem Kopf trug er einen Strohhut, dazu Jeans-Shorts und Sandalen mit weißen Tennissocken. Stell dir vor, du heiratest, und dreißig Jahre später wirst du neben so einem wach. Gruselig. Obwohl – Tim würde ich auch noch mit Bierwampe lieben, aber die Tennissocken in den Sandalen gingen gar nicht. Und warum mussten Rentner immer samstags den Rasen mähen? Egal.

»Scheiße, Scheiße, Scheiße«, fluchte ich.

»Wow, was ist denn mit dir los, Kleines? Du stehst ja richtig unter Dampf«, sagte Mama.

»Tim kommt gleich. Ich muss mich beeilen.«

Sie lächelte.

»Ist er gerade Single?«

»Ja«, seufzte ich.

»Wäre es dann nicht vielleicht mal Zeit, ihm zu sagen, wie sehr du ihn magst?«

»Könntest du das bitte meine Sorge sein lassen!«, zischte ich. Es war schon nervig genug, dass Ines ständig herumstichelte, was Tim und mich anging, und nun fing auch noch meine Mutter damit an. Ich wollte jetzt nicht über mein ungeklärtes Liebesleben nachdenken und schon gar nicht darüber reden. Nicht heute, nicht am Tag der Loveparade.

Das Lächeln verschwand aus Mamas Gesicht. »Entschuldigung, dass ich etwas gesagt habe«, flüsterte sie im Rausgehen.

Ich fuhr den Rechner hoch, öffnete die Musik-Bibliothek, klickte auf »The Art of Love«, die Hymne der diesjährigen Loveparade, und wippte im Takt. Dann schloss ich die Augen, drehte die Lautstärke noch ein bisschen höher, stand auf und tanzte. Bei dieser Musik konnte ich einfach keine schlechte Laune haben. Der Bass fegte die Müdigkeit aus meinen Knochen. Ich warf den Kopf hin und her, ließ die langen Haare wild durch die Luft fliegen. Plötzlich stand Philipp im Zimmer. Er war noch im Schlafanzug.

»Darf ich mittanzen?«, fragte mein kleiner Bruder schüchtern.

»Klar!«

Ich bückte mich zu ihm runter, nahm seine Hände und tanzte mit ihm. Philipp lachte. Dann nahm ich ihn auf den Arm und hüpfte mit ihm durchs Zimmer. Glückliches Kinderkreischen. Als der Song zu Ende war, ließ ich uns beide aufs Bett fallen.

»Noch mal!«, forderte Philipp. Seine Wangen waren fast so rot wie die Autos auf seinem Schlafanzug.

»Na, nun kommt erst mal frühstücken, ihr zwei!« Mein Vater stand grinsend im Türrahmen. Wahrscheinlich fand er es schön zu sehen, dass wir uns trotz des großen Altersunterschieds so gut verstanden. Als Philipp vor fünf Jahren geboren wurde, hatte ich in ihm nur die quäkende Nervensäge gesehen.

»Ein Lied noch, biiiiiitte Papa!«, bettelte er.

»Macht, was ihr wollt, aber das Rührei wird kalt.« Übersetzt hieß das so viel wie: »Wenn ihr nicht kommt, habe ich das letzte Mal Rührei für euch gemacht.« Papa versuchte, streng zu gucken, aber durch sein rundes Gesicht sah er immer freundlich aus, egal wie sehr er sich bemühte, autoritär zu wirken. Er verschwand und schloss die Tür hinter sich.

»Philipp, ich muss mich leider beeilen, wir tanzen morgen noch mal, okay?«

»Na gut«, brummte er.

»Dafür trag ich dich huckepack zum Frühstück! Na komm, spring auf.« Ich ging in die Hocke, und er hüpfte sofort auf meinen Rücken. »The Art of Looooove«, sang ich und tanzte etwas verhalten die Treppe runter. Der Duft von Rührei, gebratenem Speck und frischen Croissants lag in der Luft. Meine Eltern saßen am großen Esstisch. Mama hielt eine Milchkaffeetasse in der Hand und schöpfte mit dem Löffel den obersten Milchschaum ab, um ihn sich dann genüsslich in den Mund zu schieben. Papa stocherte in seinem Rührei rum. Er pickte sich – wie immer – zuerst den Speck raus.

Wir setzten uns dazu. Ich schmierte mir ein Buttercroissant mit meiner Lieblings-Himbeer-Vanille-Marmelade und biss hinein. Gedankenverloren schob ich die kleinen Körner der Himbeeren mit der Zunge im Mund herum.

»Von was träumst du denn?«, wollte meine Mutter wissen, um sich sofort selbst zu maßregeln: »Ach nein, ich darf ja nicht fragen.«

»Ach Mama, so hab ich das nicht gemeint. Klar darfst du fragen, aber ich will heute einfach nicht über Tim reden und am besten auch nicht nachdenken. Schon gar nicht vorm Frühstück. Und beim Frühstück auch nicht.«

Sie nickte. In einer Glasschale auf dem Tisch lagen klein geschnittene Erdbeeren. Ich nahm mir eine ordentliche Portion und übergoss sie mit Vanillejoghurt. Mein Vater runzelte die Stirn. »Tim soll bloß auf dich aufpassen, es soll ganz schön voll werden. Die haben im Radio gesagt, dass der Hauptbahnhof das Nadelöhr sein wird, weil da alle ankommen. Also seht zu, dass ihr da schnell wegkommt, okay?«

»Ja, Papa. Mach dir mal keinen Kopf. Die Loveparade gibt es seit über zwanzig Jahren, da passiert schon nichts.« Wie ich solche Predigten hasste. Mein Vater spießte ein Stück Rührei mit der Gabel auf und gestikulierte damit herum, als ob das Ei seine Aussage unterstreichen würde. »Trotzdem, sei vorsichtig und zieh bequeme Schuhe an!«

»Ja, Papa.«

Manchmal war er wirklich überängstlich. Wenn ich am Wochenende unterwegs war und morgens um vier oder fünf nach Hause kam, schlich ich mich immer ganz leise hinein. Trotzdem rief er nach wenigen Minuten: »Alles in Ordnung, Katharina?« Hatte der gar nicht geschlafen? Oder war er auch im Schlaf darauf geeicht, jedes Geräusch zu registrieren? Keine Ahnung. Wenn er sich vergewissert hatte, dass ich sicher zu Hause war, hörte ich jedenfalls wenige Minuten später sein Schnarchen aus dem Schlafzimmer. Wahrscheinlich ist es normal, dass Eltern so sind. Aber ich war volljährig. Verbieten konnten sie mir sowieso nichts mehr. Und passieren kann schließlich immer etwas. Ich hatte ein kleines, altes Auto und hätte genauso gut einen Unfall auf der Autobahn bauen können.

Nach dem Frühstück half Philipp Mama, den Tisch abzuräumen. Papa setzte sich auf die Couch und verschwand hinter seiner Zeitung. Ich sprang unter die Dusche. Nur noch eine halbe Stunde, bis Ines klingeln würde. Hektisch packte ich mir Mamas teure Haarkur auf den Kopf, putzte die Zähne und dachte jetzt doch über Tim und mich nach. Na toll. Warum gab es für solche Gedanken eigentlich keinen Aus-Knopf? Wie sollte ich ihm nur endlich sagen, dass ich mehr als nur Freundschaft wollte? Vielleicht war die Loveparade der richtige Anlass. Wirklich romantisch war das zwar nicht, aber erfahrungsgemäß peitschten die Bässe mein Ego nach vorne und übertönten meine Selbstzweifel. Das könnte helfen.

Ich hielt den geöffneten Mund unter den Duschkopf und spuckte die Reste des Zahnpastaschaums in den Ausguss. Dann legte ich den Kopf in den Nacken und spülte die Kur aus dem Haar. Einen Moment schloss ich die Augen und genoss das warme Wasser auf der Haut. Ein Kribbeln durchfuhr mich. War das die Aufregung? Wegen der Loveparade? Oder weil ich an Tim dachte? Wie auch immer. Ich drehte das Wasser ab, stieg aus der Dusche, trocknete mich ab, schlüpfte in meinen knallroten Bademantel und föhnte mir die Haare. Durch das Brummen des Föhns hörte ich meine Mutter nur schwach. Irgendetwas hatte sie gerufen. Ich zog den Stecker.

»WAAAS?«, brüllte ich.

»Ines ist da, Schatz!«

Ich hatte die Klingel gar nicht gehört. Ines war mindestens zehn Minuten zu früh. Sie klopfte an die angelehnte Badezimmertür.

»Darf ich reinkommen?«

»Ja, klar.«

Meine beste Freundin sah aus wie ein Schlumpf. Nein, eigentlich doch nicht. Schlümpfe sind komplett blau und tragen weiße Mützen. Ines hatte nur blaue Haare. Trotzdem erinnerte sie mich an einen Schlumpf. Ich musste grinsen.

»Und? Wie findest du's?«

Jetzt bloß nichts Falsches sagen, dachte ich und suchte nach Worten.

»Auf jeden Fall irgendwie freaky«, ruderte ich herum. Ines nickte zufrieden. Freaky war auch die treffende Beschreibung für ihr Outfit: Sie trug schwarze Hotpants und darunter schwarze

Netzstrümpfe. Dazu pinkfarbene Sneakers. Obenrum ein weißes Top mit ziemlich tiefem Ausschnitt, an dem sie eine große, künstliche Sonnenblume angenäht hatte. Passend zu ihren Haaren fehlte nur noch meine blaue Federboa, die Philipp allerdings seit gestern beschlagnahmt hatte. Er wollte unbedingt aussehen wie ein Raver.

Während ich die Haare fertig föhnte, wartete Ines in meinem Zimmer. Als ich zu ihr rüberkam, saß sie am Computer und suchte nach Musik. »Was hältst du von ›Gettin' over you‹ von David Guetta und Fergie?«

»Klingt gut.«

Ines startete den Song, sprang auf und grölte: »LOVEPARADE 2010 – YEEEEEEEAAAH!« Dann tanzte sie durchs Zimmer, und ich tanzte im Bademantel mit. Wir rissen die Arme hoch, ballten die Hände zu Fäusten und sprangen wild herum. Mein Herzschlag passte sich dem Tempo des Basses an. Ines sang laut und ziemlich schief mit: »There is no geeeettin' over you! I'm a party, and party and party and par… and par… and party.«

Und wieder stand Philipp in der Tür und wollte mitmachen. Um seinen Hals hing meine Federboa. Wir nahmen ihn zwischen uns und tanzten wie Eingeborene im Dschungel um ihn herum. Er sah zu uns hoch und stampfte mit den Füßen auf und ab. Wenn wir die Arme nach oben rissen, machte er es uns nach. Obwohl er noch kein Taktgefühl hatte, sah es ziemlich süß aus, wie mein fünfjähriger Bruder lachend seine erste Mini-Techno-Party feierte.

Als der Song vorbei war, ging Ines vor Philipp in die Hocke. Sie sah ihn mit großen Augen an und guckte fast so, als wollte sie einen Mann verführen.

»Duuuu, Philipp, wie du siehst, habe ich ja blaue Haare«, säuselte sie.

»Ja, sieht komisch aus«, stellte Philipp fest.

Ines zog die Brauen zusammen.

»Na ja, jedenfalls passt dazu total gut deine blaue Federboa. Ob du sie mir wohl für heute borgen könntest?« Sie klimperte mit den Wimpern. Eigentlich war es *meine* Federboa, und ich hätte auch einfach ein Machtwort sprechen können, stattdessen sah ich zu, wie Ines meinen Bruder um den Finger wickelte. Unglaublich. Philipp lächelte, nahm die Federboa von seinem Hals und legte sie ihr über die Schultern.

»Klar, hier, du kannst sie haben.«

Wow, ich hätte nicht gedacht, dass das so einfach werden würde. Problem gelöst. Und während Ines noch mit Philipp rumalberte und sich in seinem Zimmer die neuesten Matchboxautos ansah, zog ich mich an. Ich zwängte mich in die enge Röhrenjeans, zog das Top mit den Schmetterlingen über, schlüpfte in die roten Ballerinas und steckte eine große Sonnenblume in meinem Haar fest. Dann kam Ines zurück.

»Dein Bruder ist jetzt beschäftigt, er malt.« Sie kramte in ihrer Umhängetasche und fingerte eine Sprühdose mit Glitzerhaarspray heraus. Außerdem hatte sie Lidschatten in mindestens zehn verschiedenen Farben dabei, jede Menge Haarnadeln und eine weitere Sonnenblume, die ich für sie in ihrem blauen, hochgesteckten Haar drapieren sollte.

»Ich krieg das selber nicht hin, die fällt immer wieder raus«, murrte sie. Mit mehreren Nadeln steckte ich die Blume mittig auf ihrem Hinterkopf fest. Das Gelb der Blüte schien durch das Blau ihrer Haare noch mehr zu leuchten.

»Kriegst du die Farbe eigentlich wieder raus?«

»Na klar, ist nur ein Haargel. Das lässt sich problemlos wieder auswaschen. Steht jedenfalls auf der Packung.«

»Dann geht's ja.«

Ich nebelte ihre Frisur mit Glitzerspray ein. Dann nahm sie die Flasche und sprühte das Zeug auf meine Haare. Letzten Endes hatten wir überall Glitzer: im Gesicht, auf den Armen, auf den Klamotten. Aber das war okay, schließlich gingen wir zur Loveparade.

Fehlte nur noch das Make-up. Über Nacht hatte ich einen Pickel bekommen. Mitten auf der Stirn. Ausgerechnet heute. Ein dicker, roter Knubbel. Unübersehbar. Ich betupfte ihn mit einem Abdeckstift und kämmte die Haare schräg über die Stirn, sodass sie über den Pickel fielen und ihn verdeckten. Perfekt.

In diesem Moment klingelte es.

»Nein, nein, nein. Das darf noch nicht Tim sein! Ich bin noch nicht fertig! Er darf mich so nicht sehen, verdammt!«

»Schaaaatz, Tim ist da!«, rief meine Mutter.

Na toll.

»Scheiße, Ines, was mach ich denn jetzt? Ich bin noch nicht fertig«, jammerte ich.

»Ich geh runter und bespaße ihn.«

Halleluja, war ich ihr dankbar. Wenig später hörte ich, wie sie sich unten mit Tim und meinen Eltern unterhielt. Nun wartete alles auf mich. Was für ein Stress. Hektisch tuschte ich mir die Wimpern, rutschte ab und hatte prompt dicke, schwarze Streifen auf der Wange.

»Verdammt noch mal!«, fluchte ich, sprintete ins Badezimmer und suchte verzweifelt nach den Wattestäbchen. Im Schrank unter dem Waschbecken fand ich sie. Nachdem die schwarzen Streifen weg waren, hatte ich weiße Streifen auf der Wange, denn das Make-up darunter hatte ich mit abgewischt. Meine Güte, die Probleme einer Frau. Ich huschte zurück in mein Zimmer und besserte in Windeseile mein Make-up aus. Danach trug ich den braunen Lidschatten auf, den Ines mitgebracht hatte, passend zu meiner Haarfarbe. Noch etwas Lipgloss, fertig. Ich guckte in den großen Spiegel, der in meinem Zimmer neben dem Bett hing. Das Outfit war toll. Die Schmetterlinge am Top sahen super aus. Haare, Make-up, alles okay. Sogar mit meiner Figur war ich einigermaßen zufrieden. Ich hatte zugenommen, meine Beine sahen nicht mehr aus wie Streichhölzer, und dank des neuen Push-up-BHs hatte ich endlich so was wie ein Dekolleté.

So, Baby, du rockst das! Du wirst Spaß haben und einen tollen Tag mit Tim, lächelte ich mir selbst zu. Dann packte ich meine schwarze Umhängetasche: etwas Geld, Ausweis, Kaugummis, Pflaster, falls ich mir in den Ballerinas Blasen laufen würde, Handy, Haustürschlüssel, Puderdose, Lipgloss, die kleine, silberne Digitalkamera und die verhassten Ohrenstöpsel, die ich Papa versprochen hatte mitzunehmen. Mit den Dingern hörte man nur noch die

Bässe, und die Melodien waren futsch. Ätzend. Aber ich musste sie ja nicht benutzen. Wasser würde ich hoffentlich auf dem Partygelände kaufen können. Die ganze Zeit eine Flasche mitschleppen wollte ich jedenfalls nicht.

Ich ging aus dem Zimmer und lauschte. Unten lachte Ines. Mein Vater sagte etwas, dann Tim. Worüber redeten die? Ich verstand kein Wort. Also musste ich wohl runtergehen. Tim sah mich nicht kommen, er stand mit dem Rücken zur Treppe. In Jeans hatte er einen verdammt knackigen Hintern. Ich blieb wortlos stehen und sah ihn an. Ines warf mir einen Blick zu, der so viel sagte wie: Ich weiß genau, was du dir da ansiehst, und dieser Hintern könnte längst dir gehören, wenn du mal aus den Puschen kämst. Doch es war viel mehr als sein Hintern. Es war die Art, wie er mich ansah. Seine Selbstsicherheit. Das schiefe Lächeln. Die zickzackförmige Narbe an seiner rechten Hand zwischen Daumen und Zeigefinger, deren Ursache er nicht verraten wollte.

»Da bist du ja Katharina, wir haben Tim gerade darum gebeten, gut auf euch aufzupassen«, wiederholte meine Mutter ihr wichtigstes Anliegen.

Tim drehte sich zu mir um. »Hey schöne Frau!«

Er fand mich schön? Mein Herz machte einen Sprung. Mir wurde flau im Magen, und ich versuchte krampfhaft, entspannt auszusehen.

Tim erzählte, dass wir mit einigen Freunden am Bahnhof verabredet seien und in zehn Minuten losmüssten, um es pünktlich zu schaffen.

»Noch genug Zeit für ein Gläschen Sekt«, trällerte Ines.

Sekt war jetzt genau das Richtige. Schon vor Tagen hatte ich für diesen Anlass eine Flasche kaltgestellt. Mama holte vier Gläser aus der Vitrine im Wohnzimmer und ich die Flasche aus dem Kühlschrank. Papa bot noch an, dass er sie aufmachen könne, da knallte der Korken schon unter die Decke. Der Sekt quoll aus der Flasche und tropfte auf den Boden. Glücklicherweise war es ein Holzboden und kein Teppich. Während mein Vater wischte, reichte meine Mutter Ines, Tim, Philipp und mir jeweils ein Glas.

»Kommt, ich schenk euch mal ein«, bot sie an. Philipp bekam natürlich nur Orangensaft, gemischt mit Sprudel, damit es genauso prickelte wie bei Sekt.

»Aber sauft nicht so viel, ihr müsst bei klarem Verstand sein!«, sagte Papa. Ich hatte gar nicht vor, viel Alkohol zu trinken, aber ein Schluck Sekt vor dem Aufbruch, das musste zur Feier des Tages einfach sein.

Und so standen wir in der Mitte unseres Wohnzimmers – meine Eltern, mein kleiner Bruder Philipp, meine beste Freundin Ines, meine große Liebe Tim und ich – und stießen gemeinsam auf die wohl größte Party unseres Lebens an, die Loveparade 2010 in Duisburg.

3

EMMA

»Rund 1,4 Millionen Raver werden heute zur Loveparade in Duisburg erwartet! Und wir machen mit euch ein kleines Warm-up! Den ganzen Morgen spielen wir die heißesten Beats!«

Emma tastete mit der Hand nach dem Radiowecker.

»Geh endlich aus, du Mistding!«, fluchte sie und drückte dabei auf verschiedenen Knöpfen herum, bis sie endlich den richtigen fand. Heute war es also so weit. Sie sollte als Reporterin überregional für das WDR-Fernsehen vom Duisburger Hauptbahnhof berichten: ankommende Raver interviewen und immer mal wieder erzählen, wie es am Bahnhof so läuft. Kommen die Züge pünktlich? Wie sind die Teilnehmer der größten Techno-Parade der Welt gelaunt? Und wie voll wird es wirklich?

Die ganze Nacht hatte Emma schlecht geschlafen, sich ständig von einer Seite auf die andere gewälzt und doch keine bequeme Position gefunden. Gegen halb vier hatte ihr Handy sie aus dem ohnehin unruhigen Schlaf gerissen. Es lag im Arbeitszimmer. Einen Moment versuchte sie, den schrillen Klingelton zu ignorieren. Dann kam ihr der Gedanke, dass es wichtig sein könnte. Wer ruft schon mitten in der Nacht an, wenn es nicht wichtig ist? Emma warf die Decke zurück, sprang aus dem Bett und donnerte im Dunkeln mit der Stirn gegen die angelehnte Schlafzimmertür.

»Auaaa«, jaulte sie, riss wütend die Tür auf und torkelte durch die Diele Richtung Büro. Wer auch immer da am Telefon war, er konnte sich auf etwas gefasst machen. Emma nahm das Gespräch an und keifte ein genervtes »Hallo?« in den Hörer.

»Hallo Engel, ich bin gut in Salt Lake City angekommen.«

Tom war dran. Er klang gut gelaunt. Im Auftrag seiner Firma war er zu einem Virologenkongress geflogen und hatte sich über die Zeitverschiebung anscheinend keine Gedanken gemacht.

»Spinnst du?«, fragte Emma. »Es ist mitten in der Nacht, und ich muss doch morgen früh raus.« Schnell beruhigte sie sich wieder. Schließlich hatte sie ihm gesagt, er solle sich nach der Landung vom Hotel aus melden. Dass sie genau in diesem Moment versuchen würde zu schlafen, hatte sie nicht einkalkuliert. Tom war Biologe und schrieb gerade an seiner Doktorarbeit. Sie hatte ihn schon vor elf Jahren kennengelernt. Damals war sie 19. Er hatte in einem kleinen Café gekellnert, um sich das Studium zu finanzieren, und sie war regelmäßig sein Gast. Er gefiel ihr auf Anhieb, schon als sie ihn zum ersten Mal sah. Emma fing an, nach Gründen zu suchen, warum sie dringend wieder dort hingehen müsste: Es ist so nett dort, die Pizza schmeckt da am besten, und es ist doch direkt in der Nähe. Fast jede ihrer Freundinnen schleppte sie mit in das kleine Café, in dem Tom arbeitete. Nachdem er ihr bei mehreren Besuchen unaufgefordert Gebäck auf den Tisch gestellt und ihr schließlich auch noch eine Eisschokolade spendiert hatte, nahm sie ihren ganzen Mut zusammen und kritzelte ihre Telefonnummer auf einen Bierdeckel. Drei Tage später rief er an. Seitdem waren Tom und Emma ein Paar. Sie war sehr glücklich mit ihm, und so konnte sie ihm wegen des nächtlichen Anrufs unmöglich ernsthaft böse sein. Außerdem war Emma froh, noch mal seine Stimme zu hören, bevor sie morgen ihren großen Auftritt haben würde. Tom gab ihr Sicherheit. Nach einem kurzen Gespräch über den Flug, ein paar Turbulenzen, das Essen im Flieger und das Hotelzimmer wünschte er ihr Glück. Dann verabschiedeten sie sich.

Eine Stunde später saß sie wieder hellwach im Bett. Verdammt, sie hatte ein Problem. Das Outfit, das sie für die Moderation ausgewählt hatte, hatte einen entscheidenden Fehler: keine Taschen. Sie wollte ein schwarzes Kleid mit türkisfarbenen Blüten tragen.

Es war schmal geschnitten, ging etwa bis zu den Knien, hatte kurze Ärmel und war ein gutes Mittelding zwischen Party und Seriosität. Der Ausschnitt war nicht zu tief, der Schlitz an der Seite nicht zu hoch. Und Emma hatte es in London gekauft, als sie dort vier Monate während des Studiums lebte. Es bedeutete ihr etwas. Doch jetzt fiel ihr ein, dass sie keine Chance hatte, daran den Funk-Sender zu befestigen, über den sie den Ton des WDR-Programms mithören und so auf die Fragen der Moderatoren antworten konnte.

Emma knipste die kleine, blaue Nachttischlampe an und quälte sich abermals fluchend aus dem Bett. Ich dusselige Kuh, wie krieg ich das jetzt hin? Ein Gürtel, ich brauche einen Gürtel. Wenn ich schon keine Tasche habe, in die ich den Sender stecken kann, dann kann ich ihn vielleicht an einem Gürtel befestigen.

Sie stolperte im Halbdunkel durch ihren begehbaren Kleiderschrank, den Tom für sie gebaut hatte, und suchte nach ihrem schmalsten schwarzen Gürtel. Keine Spur von dem Ding. Wie vom Erdboden verschluckt. Also suchte sie im Bad und im Büro. Da war er auch nicht. Also wieder zum Kleiderschrank. Da hing er doch, auf einem Bügel. Boah, bin ich eigentlich blind? Okay, also schnell testen: Kleid anziehen, Gürtel umschnallen. Könnte funktionieren. Alles klar, jetzt aber endlich schlafen. Der Wecker zeigte fünf Uhr. Nur noch drei Stunden, großartig.

Als Emma von der Stimme des Radiomoderators wach wurde und versuchte, den Wecker zum Schweigen zu bringen, war ihr schlecht. Was war eigentlich los mit ihr? Plötzlich hatte sie einen Brechreiz. Sie sprang hastig aus dem Bett, rannte ins Bad, öffnete den Toilettendeckel und würgte. Nichts kam. Außer ein wenig Magensäure, die in ihrem Hals brannte. Es schmeckte widerlich.

Bäh! Meine Güte, was soll denn das? Bist du eigentlich total bescheuert? Stell dich nicht so an!, schimpfte sie mit sich selbst, spuckte ins Klo und spülte sich anschließend den Mund aus. Den nervösen Magen hatte sie von ihrem Vater geerbt, aber heute gab es keinen vernünftigen Grund für Magenschmerzen. Schließlich hatte sie sich regelrecht darum gerissen, von der Loveparade zu berichten. Schon vor einem halben Jahr war Emma zu ihrem Chef gerannt und hatte sich angeboten. Sie war prädestiniert dafür, fand sie, denn sie war schon auf acht Paraden gewesen; manchmal privat, einige Male auch beruflich. Emma hatte sich schon immer gewünscht, einmal als Reporterin die Liveberichte von dort zu machen. Nun – mit dreißig – sollte es endlich so weit sein. Sie war eine der wenigen, die sich mit der Organisation und dem Konzept gut auskannten, und bisher hatte sie immer viel Spaß auf der Loveparade gehabt. Was gab es also zu befürchten?

Emma ging in die Küche. Ein paar zaghafte Sonnenstrahlen fielen durchs Dachfenster auf den hellen Parkettboden. Sie schmierte sich eine Scheibe Toast mit Pflaumenmus und machte sich einen Kaffee. Dann setzte sie sich an den kleinen Tisch direkt vor dem Fenster und blickte über die Stadt. Das Essen fiel ihr schwer. Ihr Magen protestierte gegen jeden einzelnen Bissen, aber komplett nüchtern ins Studio zu kommen war keine gute Idee. Mit viel Kaffee spülte sie das Brot hinunter. Auf Flüssigkeit reagierte ihr Magen weniger genervt.

Sie sprang unter die Dusche und verbrachte anschließend eine halbe Stunde damit, ihr Fernseh-Make-up aufzulegen. Ein bisschen goldener Glitzer auf die Augen, schließlich berichtete sie von der Loveparade. Das passt schon, dachte sie. Schnell noch die Haare mit dem Lockenstab in Form gebracht, fertig.

Es war kurz vor zehn. Um elf musste sie im Studio sein, zur Vorbesprechung und gemeinsamen Abfahrt Richtung Duisburger Hauptbahnhof. Keine drei Stunden später würde sie das erste Mal live auf Sendung gehen und für das WDR-Extra berichten. Zuerst hatte sie sich geärgert, dass ausgerechnet *sie* am Hauptbahnhof stehen sollte. Schließlich war *sie* loveparadeerfahren, es war *ihre* Musik, *sie* war schon in Berlin dabei gewesen. Warum ließen sie ausgerechnet *sie* am Hauptbahnhof versauern? Als sie ihren Chef drauf ansprach, sagte er nur: »Wenn du lieber tanzen willst, können wir dich auch gerne komplett aus der Planung nehmen!«

»Nein! Nein, ich will das schon machen«, ruderte Emma zurück. »Ich wäre nur einfach lieber mittendrin.«

Aber gut, wenigstens war sie dabei. Emma hatte Anfang der Woche damit begonnen, innerhalb des WDR herumzutelefonieren, ob sie noch ein Ticket für den »1Live-Float« bekommen könne. »1Live« war das junge Radio ihres Senders und nahm mit einem eigenen Wagen an der Parade teil. Emma hatte Glück. Weil sie während des Studiums mal bei »1Live« gearbeitet hatte und noch einige Leute dort kannte, bekam sie ein Ticket mit der Hauspost geschickt. Es war zwar nur ein B-Pass, was hieß, dass sie nur auf den Wagen durfte, wenn auf diesem genug Platz war, aber immerhin. Ihr Plan war, um 20 Uhr, nach allen Liveberichten, zur Parade rüberzugehen und die letzten Stunden bis Mitternacht zu feiern, dass sie den Arbeitstag hinter sich gebracht hatte, ohne sich im bundesweiten Fernsehen blamiert zu haben.

Den Gürtel für den Funk-Sender bloß nicht vergessen, dachte sie noch und packte ihn zusammen mit einem Fertig-Cappuccino aus dem Kühlschrank und zwei geschmierten Toastbroten in ihre Tasche. Dann hetzte sie aus der Wohnung und polterte die Treppe hinunter.

»Frau Weber, wollen Sie *so* etwa rausgehen? Es ist abgekühlt, Sie werden frieren«, fing sie ihre Nachbarin kurz vor der rettenden Haustür ab. Die Frau, Ende 70, mit kurzen, blond gefärbten Locken und gegerbter Haut von zu vielen Sonnenbädern, verwickelte Emma gerne in kurze Gespräche übers Wetter. Emma versprach, noch eine Strumpfhose zu kaufen, und konnte sich so loseisen.

Als sie rauskam, merkte sie, dass die Nachbarin recht gehabt hatte. Es war bedeckt und kühl. Also wirklich noch eine Strumpfhose kaufen. Das durfte doch nicht wahr sein. Die Strumpfhosen, die Emma im Schrank hatte, waren entweder für den Winter gedacht, also viel zu dick, oder hatten Laufmaschen. Das ging fürs Fernsehen natürlich gar nicht. Also noch schnell in die Stadt.

Emma parkte ihren schwarzen Polo im absoluten Halteverbot und rannte in ein großes Kaufhaus. Wo sind diese blöden neuen, modernen Strumpfhosen ohne Fuß?, fragte sie sich. Eine glänzende brauchte sie, passend zum Kleid. Orientierungslos hastete Emma durch die Strumpfabteilung, bis sie endlich auf eine Verkäuferin stieß. »Entschuldigung, können Sie mir weiterhelfen? Ich brauche dringend so eine Strumpfhose ohne Fuß.«

»Nylon-Leggins meinen Sie? Da sind Sie hier total falsch, da vorne müssen Sie gucken. Moment, ich komme mit und zeig es Ihnen.«

Vier Gänge weiter wurden Emma und die Verkäuferin fündig.

Größe S. Wunderbar.

Schnell zur Kasse.

Zum Glück nicht viel los.

»Sie wissen aber, dass das ein Schlafanzug ist und kein normales Hemd?« Die Verkäuferin blickte skeptisch über den oberen Rand ihrer pinkfarbenen Brille zu dem Kunden vor Emma. Sie trug eine karierte Bluse in einem Braunton, der Emma an das uralte Badezimmer ihrer Großeltern erinnerte.

»Nein, ich dachte, das ist ein Hemd.«

»Wollen Sie es trotzdem nehmen?«

»Ich weiß nicht.«

»Oder wollen Sie noch mal schauen?«

Ahhh, ich komme zu spät, entscheid dich endlich!, wollte Emma am liebsten brüllen. Sie war kurz davor zu explodieren, machte stattdessen aber lieber auf dem Absatz kehrt und sprintete zur Kasse in einer anderen Abteilung.

Falsche Entscheidung.

Hier waren mehr Leute vor ihr.

Unruhig trat Emma von einem Fuß auf den anderen und guckte immer wieder auf die Uhr.

Nachdem sie endlich bezahlt hatte, stürmte sie in eine Umkleidekabine, riss das Etikett ab, schlüpfte in die Leggins und lief sofort wieder nach draußen.

Als sie gerade in ihr Auto gestiegen war und den Motor anlassen wollte, klopfte ein dicklicher Mann mittleren Alters an das Fenster auf der Beifahrerseite. Emma drückte auf den Knopf, um es zu öffnen. Der Mann beugte sich zu ihr herunter.

»Junge Frau, Sie haben einen Strafzettel bekommen!«, sagte er in einem Tonfall, den Emma nicht interpretieren konnte. Er klang empört. Aber worüber? Darüber, dass sie falsch geparkt hatte, oder über die Tatsache, dass sie dafür bestraft wurde? Hatte er Mitleid mit ihr, oder wollte er sie auf ihr Fehlverhalten aufmerksam machen? Egal. Sie sah, dass es stimmte: Unter dem Scheibenwischer klemmte ein gelber Zettel.

»Können Sie das Ding da bitte rausziehen und wegschmeißen? Ich bin total im Stress.« Noch während er das Knöllchen unter dem Scheibenwischer wegzog, setzte Emma ein Stück zurück.

»Langsam, junge Frau! Sie wären mir beinah über den Fuß gefahren.«

»'tschuldigung!«

Der Tag fing ja gut an.

Sie fuhr auf dem kürzesten Weg auf die Autobahn und gab Gas. Während der Fahrt programmierte sie das Navi, damit es sie auf Staus und Sperrungen hinweisen würde.

»Palimpalim«, machte ihr Handy. Eine SMS. Bei Tempo 160 fischte sie das Telefon aus der Tasche auf dem Beifahrersitz und versuchte, den Blick dabei auf der Fahrbahn zu halten. »Süße, mir geht es scheiße, meld dich bitte mal bei mir!«, las sie. Ihre beste Freundin hatte mal wieder »Männerterror«. Emma rief sie an, und ein Redeschwall ergoss sich über ihr. Elena hatte kein Glück mit Männern. Gerade hatte sie wieder Streit mit ihrem Freund. Als Emma ihn das erste Mal getroffen hatte, war ihr sofort klar, dass er nicht der Richtige für ihre Freundin war. Zu einfältig, zu arrogant und insgesamt einfach unsympathisch. Aber Elena selbst sprach immer davon, wie perfekt alles mit ihm sei. Nur immer dann, wenn Elena anrief, war es gerade mal wieder nicht ganz so perfekt.

Mittlerweile war Emma in Duisburg von der Autobahn abgefahren: Überall Sperrungen wegen der bevorstehenden Techno-Parade. Kein Durchkommen. Elena redete unaufhörlich. Emma merkte, dass sie nicht zuhörte. Stattdessen suchte sie verzweifelt einen Weg zum Studio, der nicht gesperrt war.

»Bitte wenden!«, mischte sich das Navi ein.

»Scheiße, ich kann hier nicht wenden, weil da drüben alles

dicht ist!«, fluchte Emma. »Elena, es tut mir leid, ich kann mich jetzt nicht auf dich konzentrieren«, bremste sie ihre Freundin und gleichzeitig das Auto. »Lass uns bitte morgen reden, ich hab in zweieinhalb Stunden meine erste Liveschalte, und ich hab schon Probleme, zum Studio zu kommen, weil hier alles dicht ist.«

Die beiden verabschiedeten sich. Auch ohne telefonische Ablenkung hatte Emma Mühe, sich zurechtzufinden. Sie verstieß mindestens gegen drei Verkehrsregeln: Links abzubiegen trotz durchgezogener Linie und mitten auf der Straße zu wenden waren die beiden harmloseren Ordnungswidrigkeiten. Die rote Ampel zu überfahren hätte sie ihren Führerschein kosten können. Aber was sollte sie machen? Dieses Ding wollte einfach nicht grün werden, auch nach fünf Minuten nicht. Wahrscheinlich war die Ampel kaputt. Emma war nicht die Einzige, der in diesem Verkehrschaos der Geduldsfaden riss. Andere Autofahrer taten es ihr gleich, fuhren hinter ihr her und ignorierten das dauerrote Verkehrshindernis.

Es war fünf nach elf, als sie vor dem WDR-Gebäude parkte, das direkt am Duisburger Innenhafen lag. Am Anleger unterhalb des Fernsehstudios ankerten mehrere kleine Motorbötchen. Hier wirkte es friedlich. Als Emma aus dem Wagen stieg, atmete sie tief durch, sah auf das Wasser und inhalierte die Ruhe. Obwohl es langsam wärmer wurde, war die Luft noch frisch.

Dann betrat sie das ovale Gebäude mit den großen Fensterfronten.

»Schönen guten Morgen, Frau Weber!«, begrüßte sie der Pförtner.

»Morgen, Eddy! Großkampftag heute, sag ich Ihnen.«

»Ach, Sie machen das schon. Wie immer.« Der bärtige Mann lächelte aufmunternd. Emma mochte ihn und hoffte, dass er recht behielt. Sie nickte und lächelte höflich zurück. Dann ging sie die Treppen hinauf in den ersten Stock. Dort waren die Redaktionsbüros.

Es war still. Sie war die Erste. Wahrscheinlich steckten die anderen auch noch im Verkehrschaos fest. Das große Büro, in dem normalerweise Planer, Senderedakteur, Nachrichtenredakteur,

Moderator, Rechercheur und zwei Sekretärinnen saßen, war verwaist. Eine leere Einsatzzentrale kurz vor einem Großeinsatz. Emma bog in ein kleines Büro ab, das den Reportern und Autoren zur Verfügung stand. Es roch nach den Chemikalien, die der Drucker und der Teppich ausdünsteten. Emma riss das Fenster auf und startete einen der vier Computer.

Ein paar Minuten später kam Beate, die Kamerafrau. Sie war um die fünfzig und eine der hartgesottensten Kolleginnen, die Emma kannte. Noch nie hatte sie Beate jammern oder über Rückenschmerzen klagen hören. Und obwohl sie äußerlich herb und burschikos war, verfügte sie über ein großes Einfühlungsvermögen. Das hatte sie schon auf diversen Drehs bewiesen. Einmal hatte Emma mit ihr in einem OP bei einer Hauttransplantation gestanden. Ein 17-jähriger Junge hatte schwere Verbrennungen, weil er an Spraydosen geschnüffelt und sich dabei eine Zigarette angezündet hatte. Beate und Emma sollten einen Bericht über das Verbrennungszentrum der Unfallklinik in Duisburg drehen und waren deshalb bei einer der vielen schwierigen Operationen dabei, die dieser Junge über sich ergehen lassen musste. Gesunde Haut wurde von seinem Rücken abgehobelt, dann durch eine Art Walze gepresst und somit ausgedehnt. Anschließend wurden die Stellen, an denen die verbrannte Haut entfernt worden war, damit abgedeckt. Die gesunde Haut tackerten die Ärzte wie ein Blatt Papier an dem ausgezehrten Körper fest. Ein martialischer Vorgang, bei dem viel Blut floss. Der arme Junge zitterte schon vor der OP vor Schmerzen, und nachher musste er sich am laufenden Band übergeben. Beate und Emma sprachen mit Ärzten und den Eltern des Jungen.

Danach standen sie gemeinsam im Aufzug, und Beate sagte: »Oh Mann, Emma. Eben habe ich mich noch über meine kaputte Autotür aufgeregt. Gerade ist mir mal wieder klar geworden: Ist doch total egal.« Emma nickte. An manchen Drehtagen wurde ihr bewusst, wie klein doch viele Probleme im Alltag waren. Das war so ein Tag.

Jetzt stand Beate vor ihr, mit den langen, schwarz-grau melierten Haaren, die sie zu einem lockeren Zopf zusammengebunden hatte, und ihre schmalen Lippen formten sich zu einem Lächeln. Die Frauen umarmten sich.

»Was ist denn heute alles geplant?«, fragte die Kamerafrau.

»Lass uns warten, bis Roman da ist, dann erzähl ich dir alles.«

Roman war der Aufnahmeleiter, der sie betreuen sollte. Schließlich mussten alle wissen, was auf der Agenda stand. Also gingen Beate und Emma in die Kaffeeküche. Emma nahm eine Tasse aus dem Schrank, stellte sie in den Kaffeeautomaten und steckte ein 50-Cent-Stück in den Schlitz. Sie drückte auf den Knopf für einen Latte macchiato. Das Mahlwerk der Maschine arbeitete lautstark. Kaffee hatte auf Emma eine beruhigende Wirkung. Wenn sie sich gestresst fühlte, hatte sie den Eindruck, dass es half, sich an einer warmen Tasse festzuhalten und sich zwischendurch die Zeit zu nehmen, einen Schluck zu trinken. Beate zog sich einen Cappuccino. Die beiden Frauen setzten sich.

Äußerlich konnten sie unterschiedlicher kaum sein, und doch ähnelten sie sich. Emma schminkte sich, trug häufig hohe Schuhe und hatte die Haare meistens ordentlich zusammengebunden oder, wie an diesem Tag, mit dem Lockenstab in leichte Wellen gelegt und mit jeder Menge Haarspray fixiert. Beate war ungeschminkt, trug Jeans, ein lockeres Hemd, und ihr Haar war zwar gekämmt, aber weit davon entfernt, gestylt auszusehen. Trotzdem war Emma nicht zimperlich und sich nicht zu fein, mit hohen Absätzen über einen matschigen Acker zu laufen, wenn dort zufällig gerade eine Leiche gefunden worden war und sie darüber berichten sollte. Sie verlor kein Wort über das unpassende Schuhwerk und stapfte selbstbewusst durch den Schlamm, als hätte sie Gummistiefel an. Auch auf ihr Make-up oder ihre Frisur pfiff sie, wenn es um den Job ging. Schon häufig hatte sie bei Wind und Regen vor der Kamera gestanden und wie ein nasses Schaf ausgesehen, weil sich ihre Haare durch die Feuchtigkeit in alle Himmelsrichtungen kräuselten. Ihre Eitelkeiten warf Emma im Außeneinsatz über den Haufen. Beate wusste das. Und vielleicht verstanden sie sich deshalb so gut. Ihnen war klar, dass sie beide die gleiche Motivation hatten, diesen Job zu machen: das Leben in seiner Gänze zu erfahren – mit allen Höhen und Tiefen.

Emma erzählte von der Loveparade in Berlin, Beate von »Rock am Ring«, einem Musikfestival in der Eifel, bei dem sie schon mehrfach gedreht hatte.

Ein paar Minuten später stieß Roman dazu.

»Hey Mädels«, begrüßte er die Frauen gewohnt lässig. Er war um die vierzig und drahtig vom vielen Radfahren. Roman konnte Emma anfangs nicht leiden, das hatte er ihr selbst irgendwann einmal verraten. Warum, konnte er nicht erklären. Emma fand ihn unnahbar und konnte ihn schlecht einschätzen. Nach drei Jahren Zusammenarbeit hatte sich das Verhältnis gebessert. Die beiden hatten sich aneinander gewöhnt, mochten sich. Glaubte Emma jedenfalls. Wirklich sicher war sie sich nicht. Aber eigentlich spielte das keine Rolle. »Du musst nicht everybody's darling sein«, hatte Tom ihr oft genug eingetrichtert, und sie versuchte, sich das immer wieder in Erinnerung zu rufen, auch wenn es ihr schwerfiel.

Roman zog sich einen Kaffee. Er trank ihn schwarz. Dann setzte er sich zu den Frauen, verschränkte die Arme und lehnte sich zurück. »Also, gibt es noch etwas, das ich wissen muss?«

Emma fingerte einen Zettel aus ihrer Handtasche: die Disposition, auf der alle Informationen zum Sendeablauf standen. Sie sah auf das Papier und fasste zusammen:

»Okay, wir melden uns heute wahrscheinlich fünfmal live vom Bahnhof. Geplant ist Folgendes: Eine Schalte relativ zu Beginn der WDR-Extra-Sendung gegen 13 Uhr 50, eine noch mal eine Stunde später so gegen 14 Uhr 55 und dann noch eine dritte gegen Ende der Extra-Sendung um etwa 18 Uhr 30. Dann schalten wir noch in die Aktuelle Stunde und in die Lokalzeit aus Duisburg. Genaue Zeiten und Längen stehen noch nicht fest. Inhalt: die Situation am Hauptbahnhof. Für das Extra eher serviceorientiert und atmosphärisch: Ankommende Raver, Partystimmung, wie sieht es aus mit überfüllten Zügen und Verspätungen? Für die Aktuelle Stunde ist es eher journalistisch gewünscht, also: Wie verlief der Tag am Bahnhof? Gab es Probleme? Und wenn ja, welche?«

»Mit Einspielern?«, wollte Beate wissen.

»Ja, ich würde gerne an den Bahnsteigen ein paar Bilder drehen und natürlich auch ein paar O-Töne von Ravern über ihre Ankunft vorproduzieren und dann während der Schalten einspielen.«

»Alles klar, dann starten wir gleich«, sagte Roman und klopfte mit der flachen Hand auf den Tisch.

Beate ging in die Tiefgarage, um die Ausrüstung ins Auto zu packen: Kamera, Stativ, Licht, Akkus, Mikrofon. Emma setzte sich noch kurz an den Computer und öffnete das Programm, das die Meldungen der Nachrichtenagenturen anzeigte. Sie wollte wissen, ob es schon Informationen zur Anreise der Raver gab. Aber da war nichts. Mittlerweile saßen mehrere Kollegen im Großraumbüro und fingen an, die Sendung für den Abend zu planen.

»Fenster schließen! Schnell! Macht die Fenster zu!«, brüllte plötzlich jemand über den Gang. Emma leistete Folge, ohne zu wissen warum.

»Es brennt, es brennt! Gegenüber! Im Lager von Staples!«, rief ein Kollege aufgeregt.

Emma suchte ein Fenster mit Blick auf den Bürofachmarkt. Und tatsächlich, es brannte. Dicke Rauchschwaden stiegen auf, direkt gegenüber vom Studio. Der Geruch von verbranntem Kunststoff hatte seinen Weg in die Redaktionsräume gefunden. Ein komischer Tag. Doch das änderte nichts daran, dass Emma, Beate und Roman losmussten.

»Wedau 12 für Jupiter 1, kommen!«
»Wedau 12 hört.«
»Uns ist zu Ohren gekommen, dass auf dem Veranstaltungsgelände noch keiner reingelassen wird, ist das richtig?«
»Positiv. Angeblich verzögert sich der Einlass auf zwölf Uhr, weil Bühnentechnik und Lautsprecheranlage noch nicht funktionieren.«
»Verstanden. Wie viele Personen stehen im Eingangsbereich?«
»Aktuelle Personenzahl Eingang West 1000 bis 1500, Eingang Ost circa 600.«
»Verstanden.«

4

RENÉ

Die Straßen in der Innenstadt waren so gut wie leer: kein Auto weit und breit, alles war abgeriegelt. Erst vereinzelt zogen kleine Gruppen von Ravern um die Häuser. Es war ruhig. Zu ruhig. René langweilte sich. Seit fast drei Stunden standen Frank und er nun schon gemeinsam mit unzähligen anderen Einsatzkräften und über zwanzig Rettungswagen am großen Einsatzstützpunkt zwischen Veranstaltungsgelände und Hauptbahnhof. Einige Meter hinter ihnen parkte ein roter Reisebus. »EINSATZLEITUNG« stand darauf. Die Fenster waren mit Kunststoffblenden abgedeckt, sodass man nicht hineinsehen konnte. Weiter die Straße runter war ein Lazarett aufgebaut.

René kaute auf einem Salamibrötchen herum und nippte an seinem Kaffee. Frank rauchte eine Zigarette nach der anderen. Offenbar langweilte auch er sich. Mit der freien Hand cremte er sich die Halbglatze mit Sonnenschutzmittel ein.

»Kreisrunder Haarausfall, was?«, zog René ihn auf.

»Ein schönes Gesicht braucht eben Platz«, konterte Frank. »Außerdem: Komm du erst mal in mein Alter, dann reden wir weiter.«

Frank war 42, René 40. Aber an dem Argument mit dem Gesicht war was dran. Die Halbglatze stand ihm. Den noch übrigen blonden Haarkranz hatte er sich so kurz rasiert, dass es fast so aussah, als ob er gar keine Haare mehr hätte. Dagegen wirkte

René wie einer von der Kelly Family. Die braunen Haare fielen ihm wuschelig ins Gesicht.

Für den Einsatz auf der Loveparade hatten sich die beiden freiwillig gemeldet. Das war mal was anderes, fanden sie. René stand zwar nicht auf Techno, aber das Spektakel an sich reizte ihn. Er freute sich darauf, die Musikwagen zu sehen und vielleicht einen Blick hinter die Bühnen zu werfen. Denn als Sanitäter kam man in Bereiche, zu denen andere keinen Zutritt hatten. René interessierte sich für die Organisation solcher Megaevents, wie er es gerne nannte. Vor allem für die Technik, die Musik- und Lautsprecheranlagen, die Lichteffekte, eben für alles, was hinter einer solchen Veranstaltung steckte. Er hatte Bilder von der Loveparade in Berlin gesehen und im Fernsehen die Berichterstattung über die Paraden in Essen und Dortmund verfolgt. Sicher war es ein Erlebnis, diese ganzen verrückt gestylten Partybesucher mal live zu sehen und etwas von der Stimmung an einem solchen Tag mitzubekommen. Allerdings würde der Einsatz nicht nur Spaß bringen, sondern vor allem anstrengend werden. Sie hatten eine 24-Stunden-Schicht, und ein Kollege, der bei der Loveparade in Dortmund im Einsatz gewesen war, hatte von im Schnitt dreißig Krankentransporten in zwölf Stunden gesprochen. Man konnte sich leicht ausrechnen, wie viel Zeit da pro Patient blieb, nämlich genau 24 Minuten. Das war nicht viel. Wenn sich jemand den Fuß umgeknickt hatte, reichten 24 Minuten vielleicht aus, bei einem Kreislaufkollaps oder Drogenmissbrauch war die Zeit allerdings knapp. Aber letzten Endes konnten sie ohnehin nur so viele Einsätze fahren, wie sie eben schafften. Und bisher hatten sie keinen einzigen.

»Wenn das so bleibt, wird das aber eine extrem ruhige Nummer.« René klang enttäuscht.

»Wart's ab, ist noch früh.«

Das einzig Interessante waren die ersten schrill verkleideten Loveparade-Besucher.

»Guck dir die an, ich glaub, die hat nur ein Höschen an, der Rest ist ein Bodypainting«, bemerkte Frank und lachte.

»Heißes Gerät«, grölte ein Kollege von hinten. Renés Grinsen verwandelte sich in ein Gähnen.

Um 7 Uhr 30 hatten er und Frank den Rettungswagen an einem Stützpunkt für ehrenamtliche Einsatzkräfte abgeholt. Das Gebäude stand etwas abgelegen, am Rande eines Wohngebiets, direkt neben einer Weide, auf der Kühe grasten. Es war schon hell, aber die Luft war noch kühl und feucht. Überall Morgentau. Die beiden Männer gingen hinein und ließen sich den Wagenschlüssel geben. Wie die Piloten im Cockpit eines Flugzeuges überprüften sie anschließend die Ausrüstung und die Geräte im Wagen. Das EKG funktionierte einwandfrei: Die Kabel waren in Ordnung, die Elektroden vollständig, das Testprogramm lief ohne Fehlermeldungen durch, und im Drucker lag genug Papier, um mindestens zwanzig EKGs zu schreiben. Der Defibrillator war einsatzbereit, und der Druck in der Flasche des Sauerstoffgeräts zeigte an, dass sie voll war. René überprüfte das Absauggerät. Bei zu hohem Unterdruck musste es sich automatisch abschalten. Das war in etwa so wie bei einem Staubsauger, der blockiert, wenn er einen Widerstand spürt, weil er beispielsweise einen Schnürsenkel aufgesaugt hat. Schaltet das Absauggerät trotz heftigen Widerstands nicht ab, saugt es im schlimmsten Fall zu viel aus einem Körper heraus. Renés Chef hatte es in der Ausbildung noch drastischer ausgedrückt: »Dann hast du nachher die Eingeweide am Sauger hängen.« Dieser Satz hatte sich eingeprägt. Deshalb kontrollierte René das Gerät meistens doppelt, auch dieses Mal. Frank öffnete den Reißverschluss seines Notfallrucksacks: Medikamente, Verbandsmaterialien, Intubations-Utensilien für die Beatmung. Er hakte alles auf einer Checkliste ab. René packte noch einige Decken und Laken für die Trage in den Wagen. Frank schnappte sich einen Pack Wasserflaschen. Wasser war oft wichtiger als alles andere, denn bei Großveranstaltungen wie dieser bekamen erfahrungsgemäß viele Menschen Kreislaufprobleme.

Gegen acht waren sie mit der Überprüfung des Rettungswagens fertig und machten sich auf den Weg zur Einsatzbesprechung.

In einer halben Stunde müssten sie dort sein. René saß hinterm Steuer, Frank dösend daneben. Die ersten Kilometer Richtung Innenstadt fuhren sie über eine Landstraße. Durch die Schatten, die die Bäume auf die Fahrbahn warfen, flackerte das Tageslicht. Die gleiche hinterhältige Idylle wie vor drei Jahren. Verdammt, warum konnte René das Thema nicht endlich abhaken? Jedes Mal, wenn er auf einer Landstraße unterwegs war, dachte er an diesen einen beschissenen Tag.

Damals hatten sie die Meldung bekommen: »Schwerer Verkehrsunfall, mehrere Verletzte«. Als sie am Unfallort ankamen, stolperte René über einen Teddybären, der auf der Straße lag. Es war ein brauner Bär, der besonders plüschig und weich aussah, mit hellbraunen Tatzen. Ein Ohr hatte jemand mit einem schwarzen Faden und groben Stichen wieder angenäht. Einige Meter weiter lag etwas im Gras, direkt neben der Straße. Der leblose Körper eines kleinen Mädchens. Es trug ein dunkelblaues Kleid, dazu auffällig rote Ballerinas.

Während die Polizei die Unfallstelle sicherte und sich zwei weitere Rettungsteams um die Insassen der beiden zusammengestoßenen Autos kümmerten, versuchten René und Frank, die Kleine wiederzubeleben. René strich ihr die blonden Locken aus dem Gesicht, um Platz für die Beatmung zu schaffen. Äußerlich war sie kaum verletzt. Sie sah friedlich aus, als ob sie schlief. Nur aus dem feinen Kratzer auf ihrer Stirn quoll etwas Blut. Frank und René sahen sich an. Sie würden alles geben, um das Mädchen zu retten. Es war höchstens vier Jahre alt.

Das Zirpen der Grillen dröhnte in Renés Kopf. Es war schwül, und die Sonne brannte in seinem Nacken. Frank zog die Träger des Kleids der Kleinen herunter und befestigte die Elektroden für das EKG auf ihrer Brust. Nulllinie. René begann mit der Herzdruckmassage, während Frank den Beatmungsbeutel hielt und in regelmäßigen Abständen Luft in ihre Lungen drückte.

Die Landstraße lag malerisch zwischen Feldern, umsäumt von großen, alten Platanen. Ein paar Meter vom Unfallort entfernt war eine Einbiegung. Dort stand der zweite Unfallwagen. Offenbar hatte der ältere Mann am Steuer die Vorfahrt missachtet. Die Mutter des Mädchens hatte noch versucht auszuweichen, doch der Wagen war ausgebrochen und hatte sich mehrfach überschlagen. Warum zum Teufel war die Kleine nicht angeschnallt? Vielleicht hatte sie den Gurt selbst gelöst, oder die Mutter hatte vergessen, sie anzuschnallen.

Als der Notarzt eintraf, konnte er nur noch den Tod des Mädchens feststellen. René und Frank hatten alles gegeben, alles richtig gemacht und doch nichts mehr tun können.

Bei älteren Menschen konnte René das akzeptieren, er hatte sich die nötige Distanz, den Selbstschutz, den man als Rettungssanitäter brauchte, hart erarbeitet. Bei Kindern war die Distanz weg. Zumal René selbst zwei hatte. Beides Jungs, sechs und neun, die den Job ihres Papas unglaublich spannend fanden und immer wissen wollten, was er bei seinen Einsätzen alles erlebte. Von diesem Einsatz hatte er ihnen nichts erzählt.

Mit Frank verstand er sich seitdem wortlos. Über das kleine Mädchen mit den roten Ballerinas sprachen sie nie wieder. Sie kannten nicht mal seinen Namen.

»Hey! Anhalten! Hast du das Stoppschild nicht gesehen?«, brüllte Frank.

René stieg auf die Bremse.

»Pennst du noch, oder was ist los? Soll ich fahren?«

»Nein, tut mir leid, alles okay. Ich hab nur kurz nicht aufgepasst.«

Zehn Minuten später kamen sie am Stützpunkt an, einem abgesperrten Verkehrsknotenpunkt in unmittelbarer Nähe zur A 59. Wie an einem riesigen Taxistand reihten sich die Rettungswagen hintereinander ein. Auch der große Reisebus, der als Zentrale der Abschnittsleitung diente, stand schon dort. Im Minutentakt kamen weitere Rettungswagen hinzu. Die weiß-rote Schlange wurde länger und länger. Auch mitten auf der Straße parkten die Wagen schräg versetzt nebeneinander, sodass im Ernstfall mehrere gleichzeitig losfahren konnten. Aus jedem stiegen mindestens zwei

Rettungssanitäter oder -assistenten aus. Hinzu kamen mehrere Notärzte.

Am Ende waren es an die 70 Einsatzkräfte, die ein gut gelauntes Murmeln produzierten.

»Schönen guten Morgen zusammen!« Die Begrüßung des Einsatzleiters klang blechern und ein wenig verzerrt, er sprach durch ein Megafon. Die Helfer versammelten sich im Halbkreis um ihn herum.

»Wir vergeben jetzt die Nummern für die Rettungswagen. Wer einen Einsatz bekommt, wird aufgerufen. Sie holen sich Ihren Einsatz dann an der Abschnittsleitung ab.«

Die Nummern für die Wagen wurden in der Reihenfolge vergeben, in der sie sich in die Schlange eingereiht hatten. René und Frank saßen auf RTW 6.

»Wo sind denn eigentlich genau die Absperrungen? Und wo ist überhaupt der Eingang zur Veranstaltung?«, fragte ein Kollege.

Der Einsatzleiter guckte skeptisch. »Hatten Sie kein Briefing?«, fragte er streng.

»Nein.«

»Okay, kommen Sie gleich mal zu mir!«

Die Teams waren aus ganz Nordrhein-Westfalen nach Duisburg geschickt worden. Auch viele Ehrenamtliche waren dabei. Und nicht jeder kannte sich in der Stadt aus. René und Frank eigentlich auch nicht, sie kamen aus Krefeld.

»Ich bin echt froh, dass wir uns das Gelände und den Eingangsbereich vorher schon mal angeguckt haben«, sagte René.

Frank nickte.

»Hast du auch die Mappe mit, die wir gestern vom Chef bekommen haben? Die mit dem Lageplan und den Telefonnummern der Krankenhäuser?«

»Ja sicher, liegt schon im Wagen.«

Die Jahre zuvor, bei den Loveparades in Dortmund und Essen, hatte es für auswärtige Teams noch Lotsen gegeben, die mit auf den Rettungswagen saßen und bei der Orientierung halfen. Dieses Mal mussten die Einsatzkräfte mit Navigationsgeräten und Karten zurechtkommen. Ein Team bestand erfolgreich darauf, einen ortskundigen Kollegen zugeteilt zu bekommen.

»Hoffentlich kriegen wir nicht den Pat 5-24«, witzelte ein jüngerer Sani mit heftigen Aknenarben im Gesicht. »Pat« stand für Patient, die »5« für ein e, den fünften Buchstaben im Alphabet, die »24« für ein x. Also: Patient ex, mit anderen Worten: Patient tot. Rettungssanitäter sprachen nicht gerne über tote Menschen. »Pat ex« oder »Pat 5-24« machte vieles leichter. Außerdem verstand so nicht jeder, der den Funk abhörte, worum es gerade ging. Der jüngere Kollege wollte es also nicht mit einem Toten zu tun bekommen. Verständlich. Ein bis zwei Tote waren bei Veranstaltungen wie dieser einkalkuliert. Das klang makaber, aber auch bei »Rock am Ring« war bisher fast jedes Jahr jemand gestorben. Manchmal war es Drogenmissbrauch, manchmal ein Diabetiker, der nicht rechtzeitig Insulin spritzte, oder ein schlichter Herzinfarkt.

René wollte den statistischen Toten auch nicht.

»Komm, wir gehen erst mal die Lage checken«, lenkte er sich von dem Gedanken ab.

»Alles klar«, sagte Frank.

Ganz in der Nähe sollte es einen Aufenthaltsraum und einen großen Behandlungsplatz geben. Beides wollten sie inspizieren. René holte die Karte aus dem Wagen, faltete sie auseinander und ließ den Blick darüber wandern. An einer Schule, ein paar Straßen weiter, entdeckte er eine Markierung. Da musste es sein. Es war nicht weit, vielleicht drei Minuten zu Fuß. Und doch lag die Schule fernab von den Hauptstrecken, die zur Loveparade führten, und damit von dem noch zu erwartenden Trubel.

Auf dem Schulhof hatte das Deutsche Rote Kreuz mehrere Behandlungszelte aufgebaut. Die Türen der Turnhalle standen offen, und René und Frank gingen hinein. Es roch nach Schweißsocken und Desinfektionsmitteln, gemischt mit dem typischen Geruch des Linoleumbodens. Die Halle sah aus wie ein kleines Krankenhaus: überall Betten, Notfallrucksäcke, Infusionen und viele Ersthelfer, die sich besprachen. »Behandlungsplatz 50« hieß dieser Ort. Die

»50« stand für die Anzahl der Patienten, die gleichzeitig behandelt werden konnten. Ziemlich beeindruckend, fand René.

Der Aufenthaltsraum war im Keller der Schule. Er hatte nur kleine Fenster, wirkte düster. Aber das war gut so. Denn bei einer 24-Stunden-Schicht war es wichtig, dass man sich zwischendurch hinlegen und vielleicht sogar ein paar Minuten schlafen konnte. Rechts und links im Raum standen mehrere Feldbetten, in der Mitte einige Bierzeltgarnituren, vor Kopf Tische, auf denen Getränke, Frühstücks- und Lunchpakete in Papiertüten aufgebaut waren, und in den Ecken zwei Fernseher. Darauf würden sie in den Pausen die Live-Berichterstattung zur Loveparade verfolgen können.

Ein paar Kollegen saßen beisammen, tranken Kaffee, plauderten und lachten. René und Frank steuerten auf die Tische mit der Verpflegung zu und griffen sich je eine Papiertüte, ohne hineinzusehen. Dann befüllten sie zwei Plastikbecher an einem der riesigen Kaffeespender. Der moderige, leicht faulige Kellergeruch mischte sich mit dem Geruch schlechten Filterkaffees. René war saumüde und hätte alles getrunken, was unter den Oberbegriff Kaffee fiel.

»Komm, wir nehmen die Sachen mit zurück zum Stützpunkt und essen da«, schlug er vor.

»Guter Plan.«

Ein Open-Air-Frühstück schien ihnen wesentlich angenehmer, als in diesem Keller zu hocken. Draußen steckte sich Frank eine Zigarette für den Weg an.

»Hattest du nicht aufgehört?«

»Ja, hatte ich.«

»Wann hast du wieder angefangen?«

»Mmh … keine Ahnung. Ist doch egal.«

In diesem Job war es schwer, mit dem Rauchen aufzuhören. Es gab immer einen Grund, wieder anzufangen. Das letzte Mal nach dem Vorfall mit dem kleinen Mädchen. Direkt danach hatte sich Frank eine Zigarette angesteckt und den Rauch fast schon meditativ inhaliert. Ein Päckchen für den Notfall hatte er immer dabei. René bohrte nicht weiter nach. Frank hätte ihm ohnehin keine Antwort geben wollen, denn sie hätte gelautet: »heute«. Er hatte nun schon wieder seit anderthalb Jahren nicht mehr geraucht, aber seit heute Morgen verspürte er das unstillbare Verlangen, sich eine Kippe nach der anderen anzustecken. Dabei war das, was heute anstand, Routine. Er und René waren schon bei vielen Großveranstaltungen gewesen; bei Konzerten, Straßenfesten oder Karnevalsumzügen. Die Loveparade war zwar deutlich größer, aber eigentlich nichts Besonderes.

Die Männer schwiegen, bis sie wieder am Einsatzstützpunkt ankamen. Auch dort waren Bierzeltgarnituren aufgebaut. Sie setzten sich, öffneten ihre Papiertüten und packten aus, was sie darin fanden: ein Croissant, einen Joghurt, eine Banane, einen Apfel, einen Schokoriegel, dazu der Kaffee – und das alles unter freiem Himmel. Perfekt. Frank hatte sich in dem Kellerraum noch mehrere Schokoriegel in seine Jackentaschen gesteckt und verdrückte schon den zweiten.

»Ist hier noch frei?« Bevor René nicken konnte, setzte sich die junge Frau, komplett in Weiß gekleidet, mit einem Kaffeebecher in der Hand, zu den beiden Männern an den Tisch.

»Ich bin Susanne. Notärztin. Nett, euch kennenzulernen.«

»Gleichfalls«, sagte Frank. Schnell kamen sie ins Gespräch. Susanne erzählte von ihren Einsätzen bei »Rock am Ring«: »Alkoholintoxikationen, Drogenintoxikationen, kollabierte Personen aufgrund von Austrocknung und Stress«, fasste sie zusammen. Das Übliche eben. Heute würde es sicher ähnlich laufen.

René erwischte Frank immer wieder dabei, wie er Susanne musterte. Stand er etwa auf sie? Attraktiv war sie ja. Mit dem blonden Pagenschnitt und der Porzellanhaut. Und die Figur: Da konnte man nicht meckern. Aber er war glücklich verheiratet, im Gegensatz zu Frank. Nach ein wenig Geplänkel fragte Susanne beinah flüsternd und mit geheimnisvoller Miene:

»Habt ihr auch gehört, dass das Gelände angeblich viel zu klein für die Anzahl der Besucher sein soll?«

René schüttelte den Kopf. »So konkret nicht, nein.«

»Also, ich hab schon von einigen Seiten gesteckt bekommen, dass das heute eigentlich nicht gut gehen kann. Aber ich weiß nicht, wie ernst ich das nehmen soll«, fuhr sie fort.

Nervös fing René an, mit dem Zeigefinger am Nagelbett seines Daumens zu knibbeln.

»Wir haben uns den Eingangsbereich vor ein paar Tagen mal angesehen und haben uns gefragt, ob das wirklich der einzige Zugang sein kann. Der wirkt für so viele Menschen schon ziemlich eng.«

Susanne und Frank senkten die Köpfe. Betretenes Schweigen. Bis Frank die unangenehme Stille brach. »Na ja, die haben da über ein halbes Jahr dran rumgeplant, dabei wird sich die Nummer ja wohl mal irgendjemand ordentlich angesehen haben. Macht euch nicht verrückt, Leute.« Dann schob er sich einen weiteren Schokoriegel komplett in den Mund.

Zwei Stunden später war es immer noch so verflixt ruhig, dass sich die Einsatzkräfte die »Eier schaukelten«, wie Frank es gewohnt locker formulierte. René lachte. »Besser Eier schaukeln als was Ernstes.«

»Hey, wissen Sie, was da los ist? Ich dachte, ab elf kommt man schon rauf aufs Gelände.« Vor ihnen stand ein junger Mann mit einem roten Cowboyhut. Sein muskulöser Oberkörper war nur von einer blauen Fellweste bedeckt.

»Nee, keine Ahnung, ich glaube, die machen jetzt doch erst um zwölf auf«, sagte René. Er hatte so etwas im Funkverkehr aufgeschnappt. Der junge Mann bedankte sich und ging zurück zu einer Gruppe junger Frauen und Männer, alle im gleichen Outfit. Nur dass die Frauen unter den Fellwesten schwarze Bikini-Oberteile trugen.

»Jupiter 1 für Wedau 17.«

»Jupiter 1 hört.«

»Wir haben hier eine Ingewahrsamnahme.

Düsseldorfer Straße, Ecke Tiergartenstraße.
Schickt mal ein Sani-Team!«
»Verstanden. Gebe ich weiter. Jupiter 1 Ende.«

»Einsatz für RTW 6!«, schallte es um 11 Uhr 30 über die Lautsprecheranlage. Endlich bekamen sie etwas zu tun. René und Frank gingen zur Abschnittsleitung. Der Einsatzleiter stieg aus dem roten Reisebus und reichte ihnen einen Zettel. René las: »Hilflose Person, Düsseldorfer Straße, Ecke Tiergartenstraße. Also gut, auf geht's!«

5

23. Juli 2010

KATTY

Die Computerboxen waren voll aufgedreht. Durch den Bass vibrierten die alten Holzdielen in unserem Haus. Ich saß auf dem pinkfarbenen Teppich in der Mitte meines Zimmers, lehnte mit dem Rücken am Bett und nähte Stoffschmetterlinge auf ein schwarzes Trägertop. Überall auf dem Boden verteilt lagen Garnrollen.

Es war der Abend vor der Loveparade.

»Autsch!« Ich hatte mir in den Finger gestochen. Vielleicht sollte ich mich mal auf *das* konzentrieren, was ich gerade mache, fluchte ich. Gedankenchaos. Warum hatte ich Tim nicht schon längst gesagt, dass ich in ihn verknallt war? Vielleicht liebte er mich ja auch. Und wenn nicht? Vor einer Abfuhr hatte ich eine scheiß Angst. Irgendwie müsste ich das endlich mal auf die Reihe kriegen. Mutiger sein. Vielleicht später. Jetzt musste ich erst mal mein Outfit kreieren. Schmetterlinge passten super zur Loveparade, fand ich. Und zu mir. Sie waren aus festem Stoff, hatten filigrane Fühler aus Draht, auf deren Enden winzige Perlen steckten, und an den Rändern ihrer Flügel waren kleine Pailletten aufgenäht. Meine Mutter hatte sie mir aus einem Handarbeitsladen mitgebracht, in dem sie nach Materialien gesucht hatte, um eine Schultüte für Philipp zu basteln. Sie wusste, wie sehr ich Schmetterlinge mochte. Farblich abwechselnd nähte ich sie fest: einen rosafarbenen, einen gelben, einen blauen, einen grünen und schließlich einen etwas größeren, komplett bunt gemusterten Schmetterling schräg am Ausschnitt des Tops.

Mit jedem Stich reiste ich ein Stück durch die Zeit. Spulte Monat für Monat innerlich zurück und landete in einem Klassenzimmer, vor etwa sechs Jahren. Damals trug ich noch eine Zahnspange, hatte mir von meinen Eltern eine Dauerwelle aufquatschen lassen, die fürchterlich aussah, und war viel zu dünn. Für die anderen in meiner Klasse anscheinend gute Gründe, auf mir herumzuhacken. An jenem Tag – ich denke, es war im Sommer 2004 – saß ich im Matheunterricht und hörte die Mädchen, die es auf mich abgesehen hatten, hinter meinem Rücken tuscheln. Dann warf mir eines von ihnen einen zusammengeknüllten Zettel auf den Tisch. Ich ahnte, dass darin nichts Nettes stehen würde. Heute frage ich mich, warum ich ihn nicht einfach weggeworfen habe, ohne hineinzusehen. Aber ich fing an, das zerknautschte Stück Papier langsam auseinanderzuziehen. Mein Mund war trocken, die Zunge fühlte sich dick und pelzig an, und das Herz schlug mir bis zum Hals. Noch während ich das knittrige Papier weiter auseinanderfaltete, fiel etwas heraus, auf meinen Schoß. Es war ein Stückchen Brotkruste. »Damit du endlich mal etwas zu essen hast! Du dürres, unterentwickeltes Gerippe!«, las ich auf der Innenseite des Zettels. Tränen schossen mir in die Augen. Warum ausgerechnet ich? Was war so falsch an mir? Warum hassten sie mich? War ich wirklich so hässlich? Dabei war das noch eine der harmloseren Beleidigungen. Die fiesesten Worte habe ich verdrängt. Weggesperrt in den Tiefen meines Unterbewusstseins hinter einer dicken, massiven Eichentür. Aber es ist anders als bei einer Ohrfeige, nach der die Rötung schnell wieder verschwindet. Gemeinheiten hinterlassen Spuren im Kopf. Und Mobbing schmeckt salzig. Den Geschmack vergisst du nicht. Wenn dir die Tränen über die Wangen laufen bis auf die Lippen. In dieser Zeit schmeckte es oft salzig.

Das lag nicht nur an den Mädchen in meiner Klasse, sondern bestimmt auch daran, dass ich das mit Torben noch nicht verarbeitet hatte. Es machte mich fertig. Jeden einzelnen Tag. Auch wenn ich nicht daran dachte, gärte es in mir. Ohne Vorwarnung brach es immer wieder heraus. Manchmal brauchte mich meine Mutter nur böse anzusehen, und ich fing an zu heulen.

»Du bist verdammt nah am Wasser gebaut, daran musst du arbeiten«, sagte Papa dann immer. Er hatte völlig recht, mich nervte das selbst, aber ich hatte keine Kontrolle darüber.

Torben war mein bester Freund. Er hatte von Geburt an einen Herzfehler. Immer wieder musste er operiert werden. Wir kannten uns schon seit dem Kindergarten, und man merkte Torben seine Krankheit kaum an.

Nur im Sportunterricht konnte er nicht alles mitmachen und wurde bei Mannschaftssportarten meistens als Letzter gewählt, weil er so schlecht Luft bekam und häufiger eine Pause brauchte. Die Vorletzte war ich, weil ich weder koordiniert werfen noch fangen konnte. Also waren Torben und ich eine Schicksalsgemeinschaft. Wir saßen immer am längsten auf der Bank. Sogar die dicke Tina wurde noch vor uns gewählt. Torben und ich versuchten, uns nichts daraus zu machen. Wenn uns mal wieder niemand in seiner Mannschaft haben wollte, sah er mich an und lächelte mir aufmunternd zu, als wollte er sagen: »Das ist schon okay, es ist nicht wichtig.«

Wenn wir nicht gerade Schulsport hatten, dachten wir kaum an seine Krankheit. Nur seine Mutter erinnerte uns immer wieder daran. Wenn ich Torben zum Spielen abholte, sagte sie jedes Mal: »Katty, du weißt, dass du auf Torben aufpassen musst. Seid nicht so wild und strengt euch nicht an!« Ich versprach ihr, mich an ihre Anweisungen zu halten, und tat es natürlich nicht. Torben ging gerne an seine Grenzen. Wir kletterten regelmäßig auf einen Baum, der direkt hinter dem kleinen Spielplatz in unserer Straße stand. Es war ein stattlicher Baum mit einer groben, dicken Rinde. Er war bestimmt fünf, sechs Meter hoch. Früher einmal musste er schon tief unten stabile Äste gehabt haben. Jemand hatte sie abgesägt und die Stumpen, die von der Amputation übrig geblieben waren, mit einer rötlichen Paste versiegelt. Doch sie ragten immer noch so weit hervor, dass wir uns gut daran nach oben hangeln konnten, bis zu den Ästen, die man ihm gelassen hatte.

An einem Tag, irgendwann im letzten Herbst, als Torben noch auf Bäume klettern konnte, blieben wir auf einer Astgabelung sitzen. Torben japste und schnappte nach Luft. Als wäre das das Normalste der Welt, schwieg ich und wartete, bis er wieder ruhiger wurde. Ich wusste, für Torben wäre es noch schlimmer, wenn ich ihn mitleidig ansähe oder gar fragte, ob mit ihm alles in Ordnung sei. Stattdessen starrte ich durch die löchrige Baumkrone in den Himmel.

Ich sah Fragmente von Blau. Dazwischen das Braun, Rot, Gelb und noch ein wenig dunkles Grün des Baumes, der sich auf den Winter einzustellen begann. Es roch modrig, aber auch angenehm frisch, durch den Wind, der die bunten Blätter um uns herum tanzen ließ. Ein gelbes Blatt löste sich von einem dünnen Ast und schwebte langsam nach unten. Es änderte immer wieder die Richtung, schien von Windböe zu Windböe zu gleiten. Doch noch bevor das Blatt den Boden berührte, richtete ich den Blick wieder nach oben. Durch die Lücken im Blätterdach beobachtete ich Vogelschwärme, die in wechselnden Formationen über uns hinwegzogen.

»Meinst du, wenn man stirbt und ein guter Mensch war, dann kommt man wirklich in den Himmel?«, fragte mich Torben, nachdem er wieder zu Atem gekommen war.

»Ja, ganz bestimmt.«

An einem Dienstag, im Frühling 2004, als unser Baum gerade die ersten frischen hellgrünen Blätter ausgetrieben hatte, starb Torben. Die Vögel begrüßten die wärmenden Sonnenstrahlen mit ihrem Gesang – völlig unbeeindruckt davon, dass von diesem Tag an einer der wichtigsten Menschen in meinem Leben nicht mehr da war. Die Welt nahm keine Notiz davon, dass ein zwölfjähriger Junge auf einem OP-Tisch lag und nicht mehr aufwachen wollte, ohne dass jemand den Grund dafür kannte. Die OP war problemlos verlaufen. Doch als die Ärzte die Herz-Lungen-Maschine abstellten, Torben wieder allein atmen musste und sein

Herz wieder anfangen sollte zu schlagen, da tat es das nicht. Sie versuchten, ihn zu reanimieren. Ohne Erfolg.

Seit diesem Tag hatte ich Angst vor dem Tod, verdrängte den Gedanken daran aber immer wieder schnell, weil ich sonst Panik bekam und mir sämtliche Krankheiten einbildete. Einmal wurde ich mitten in der Nacht wach und spürte ein heftiges Stechen in der Brust. Ich war felsenfest davon überzeugt, dass ich auch einen Herzfehler hatte und sterben müsste. Ich sprang auf, rannte ins Bad und klammerte mich am Rand des Waschbeckens fest. Ich hyperventilierte. Irgendwann sah ich auf und blickte in den Spiegel über dem Waschbecken. Meine Augen waren verquollen, das Gesicht rot. Tränen liefen über meine Wangen, und mir wurde klar – alles war in Ordnung. Das Stechen in der Brust ließ nach, und ich beruhigte mich wieder. Natürlich war ich kerngesund.

Auch heute noch, sechs Jahre nach seinem Tod, lässt Torbens Mutter jede Nacht das Küchenfenster auf und das Licht an, weil sie glaubt, so könne seine Seele nach Hause kommen.

Torbens Tod war sicher der Grund, warum ich so schnell anfing zu weinen, und deshalb genossen es einige aus meiner Klasse besonders, mich zu ärgern. Sie mussten sich nicht lange bemühen, um ihr Ziel zu erreichen. Wenn ich heulte, waren sie zufrieden.

Innerhalb kürzester Zeit fühlte ich mich minderwertig, hässlich, unbeliebt und unglücklich. Wahrscheinlich mochte ich Schmetterlinge deshalb so sehr. Sie stehen für Verwandlung. Aus einer dicken, hässlichen, haarigen Raupe wird, nach einer Übergangszeit im Kokon, ein wunderschöner Schmetterling, der wegfliegen kann. Wie schön wäre es gewesen, sich in einem Kokon verstecken zu können, irgendwann wieder herauszukommen und eine andere zu sein.

Etwa zwei Jahre nachdem das mit dem Mobbing losging, kam Maike in meine Klasse. Sie war sitzen geblieben. Endlich jemand, der mich mochte und sich nicht von den anderen beeinflussen ließ. Von diesem Tag an gingen wir gemeinsam von der Schule nach Hause. Einmal nahm sie mich mit zu ihren Freunden, die sich in der Wohnung eines Jungen trafen, der schon volljährig war. So lernte ich meine Clique kennen und später Tim, der auch dazugehörte. Es war ein bunt zusammengewürfelter Haufen. An die dreißig Mädels und Jungs, alle zwischen 14 und 25 Jahre alt. Die meisten von ihnen hörten House. Mit ihnen ging ich – oder wohl eher schmuggelte ich mich – in die Disco, denn eigentlich war ich damals noch zu jung. Mit 15 schaffte ich es – mit viel Make-up, High Heels und meinem schönsten Kleid – an den Türstehern vorbei.

Von da an ging ich jedes Wochenende feiern und tanzte zu den lauten, wummernden Beats. In dem Moment, in dem ich den Club betrat, war ich ein anderer Mensch, in einer anderen Welt. Ich war glücklich und fühlte mich zum ersten Mal nicht mehr hässlich und unbeliebt. Wenn ich tanzte, konnte ich jeden Frust, jede Anstrengung, einfach alles loslassen. Ich kam in eine Art Trancezustand, in dem ich stundenlang durchtanzen konnte, berauscht einzig von der Musik. Der Rhythmus steuerte meine Bewegungen. Manchmal schloss ich die Augen, und alles um mich herum verschwamm. Ich fühlte mich leicht, getragen von den Schallwellen, frei von Sorgen, Stress und Ängsten. Ich dachte an nichts, konzentrierte mich nur auf die Klänge. Das Tanzen bedeutete für mich Freiheit und gab mir Selbstbewusstsein. Es veränderte mich. Der Bass richtete mich im wahrsten Sinne des Wortes auf. In der Disco schob ich die Schultern ganz automatisch nach hinten und fing an, mich im Takt zu bewegen. Umarmt von der tanzenden Menge war ich Teil einer Gemeinschaft. Solange die Bässe meinem Selbstbewusstsein Auftrieb gaben, fühlte ich mich wohl in meiner Haut. Auf der Tanzfläche bekam ich zum ersten Mal eine Ahnung davon, wie man sich als bunt gemusterter, freier Schmetterling fühlt. Die Zahnspange war ich endlich los, die Dauerwelle auch, ich hatte sogar ein bisschen zugenommen und war nun nicht mehr dürr, sondern schlank. Immer seltener sagte jemand etwas Gemeines zu mir. Wahrscheinlich spürten die anderen, dass es mir nicht mehr wichtig war, was sie über mich dachten. Ich hörte auf, ständig zu weinen. Vor der schweren Eichentür, hinter der ich die Verletzungen verstaut hatte, feierte ich Techno-Partys. Wenn ich Stress in der Schule hatte, ging ich am Wochenende tanzen. Wenn ich mich über Philipp oder meine Eltern ärgerte, ging ich tanzen. Und wenn ich wegen Tim Liebeskummer hatte, ging ich auch tanzen. Wenn der Bass meinen Körper durchzuckte, hatte ich das Gefühl, dass mein Nervensystem Unmengen von Glückshormonen produzierte. Dabei habe ich nie Drogen eingeschmissen. Einmal traf ich mich vor einer Party mit einigen Freunden, und sie reichten grüne Pillen herum. Ich nahm als Einzige keine und war nachher froh darüber. Denn eine meiner Freundinnen stürzte am selben Abend komplett ab. Sie saß in einer Ecke, den Kopf in die Hände gestützt, und ihr war kotzübel. Das Risiko wollte ich nicht eingehen. Wofür auch? Die Musik war meine Droge.

»Hey Schatz, kannst du die Lautstärke mal ein bisschen runterdrehen? Der Papa versucht zu telefonieren. Geschäftlich.« Meine Mutter stand im Türrahmen.

»Och Mama, ich will mich doch auf morgen einstimmen«, nörgelte ich, stand auf und drehte widerwillig am Knöpfchen der Boxen.

»Reicht das?«

»Noch ein kleines bisschen, bitte Schatz.«

»Na schön«, brummte ich.

Danach war »Let me think about it« von Ida Corr nur noch in meinem Zimmer und nicht mehr im ganzen Haus zu hören.

»Wer kommt denn morgen alles mit?«, fragte Mama.

Ich wusste es gar nicht. Auf jeden Fall Ines. Und auch Tim hatte zugesagt, das war das Wichtigste.

»Wie kommt ihr denn hin und vor allem zurück? Soll Papa euch fahren?« Sie sah ein wenig besorgt aus. In der Mitte ihrer Stirn hatte sich eine feine Falte gebildet. Die hatte sie immer, wenn sie angestrengt guckte. Ihr Haar war locker geflochten, sie trug T-Shirt und Jogginghose. Wochenendmodus. Im Gegensatz zu meinem Vater, der unten am Telefon mit einem Kollegen über irgendein Projekt debattierte.

»Mama, ist ja lieb gemeint, aber mach dir mal keine Gedanken, wir fahren mit dem Zug hin und kommen auch mit dem Zug wieder zurück.«

»Aber wenn was ist, rufst du an, ja? Wir können uns auch spontan ins Auto setzen und euch abholen. Papa hat ja morgen frei.«

Ich nickte.

»Gut, dann lass ich dich mal weiter basteln. Führst du uns dein Outfit gleich beim Abendessen vor?«

»Klar!«

Sie ging wieder runter zu Papa ins Wohnzimmer. Meine Eltern ließen mir viele Freiheiten, aber waren immer sehr besorgt. Wenn ich in die Disco ging oder auf Partys war, wollten sie wissen, mit wem ich zusammen sein und wie ich sicher nach Hause kommen würde. Schließlich las man in der Zeitung immer wieder etwas über Disco-Unfälle und manchmal auch über Vergewaltigungen. Wenn ich ihnen aber zufriedenstellend und glaubhaft beantworten konnte, wie und mit wem ich nach Hause kommen würde, ließen sie mich ziehen. Meine Eltern wussten, dass mir die Musik half. Vorher war es nicht leicht für sie gewesen. Als ich noch gemobbt wurde, litten sie mit und boten mir immer wieder an, mich von der Schule zu nehmen. Doch ich weigerte mich beharrlich, weil ich der Meinung war, ich müsse das selbst schaffen, ohne die Hilfe meiner Eltern.

Nach der Zehn wechselte ich von der Realschule aufs Gymi, seitdem war das Thema ohnehin abgehakt. Meine Eltern waren erleichtert, aber immer noch ständig besorgt. Vor allem mein Vater. Er wurde nicht müde zu wiederholen: »Wenn du mal irgendwo nicht wegkommst, dann meld dich, auch mitten in der Nacht! Besser als wenn du zu irgendeinem Fremden oder Besoffenen ins Auto steigst.« Zum Glück musste ich bisher nie darauf zurückkommen. Trotzdem war das Angebot meines Vaters beruhigend.

Ich hatte den letzten Schmetterling aufgenäht, zog das Top an und steckte eine große Stoffsonnenblume in meinem Haar fest.

Dann rannte ich die Treppen runter. Meine Eltern saßen schon am Tisch.

»Philipp! Essen ist fertig!«, rief Mama, und mein kleiner Bruder schlurfte die Treppe herunter.

Ich blieb in der Mitte des Wohnzimmers stehen, streckte die Arme nach oben und fragte erwartungsvoll: »Und?«

Mein Vater zog die Augenbrauen hoch und rückte seine Brille zurecht. »Ich find's gut, dass du keinen kurzen Rock trägst, und die Schuhe sehen bequem aus«, stellte er fest.

»Ach Papa, darum geht es nicht. Wie sehe ich aus?«

»Gut«, murmelte er.

»Sehr gut«, verbesserte ihn Mama.

»Ich find die Sonnenblume am besten«, sagte Philipp.

»Danke, danke, danke, das wollte ich hören.« Ich verneigte mich vor meinem Publikum und setzte mich an den Tisch. Philipp hatte sich meine Federboa um den Hals gewickelt, und Mama fragte ihn: »Willst du etwa auch mit?«

»Kommt gar nicht in Frage«, schritt mein Vater ein, noch bevor Philipp irgendetwas sagen konnte.

»War nur ein Spaß«, schmunzelte Mama und befüllte meinen Teller mit einer großen Kelle Gemüsesuppe, in der kleine Stücke von Lauch, Kartoffeln, Möhren und Blumenkohl schwammen. Lauch liebte ich, und Mama hatte eine geheime Gewürzmischung, die sie niemandem verriet.

Während wir unsere Suppe löffelten, sagte Papa noch einmal, dass er mich morgen auch fahren könne. Außerdem betonte er, dass ich mich melden solle, falls irgendetwas Unerwartetes passiere, dass ich auf mich aufpassen solle und dass ich unbedingt Ohrenstöpsel mitnehmen müsse, damit meine Ohren keinen Schaden nehmen.

Nach dem Essen brachte Mama Philipp ins Bett, und ich zog mich in mein Zimmer zurück, um mit Ines zu telefonieren. Sie erzählte, dass sie sich die Haare morgen früh blau färben würde. Ich hielt das für eine ziemlich bescheuerte Idee, aber sollte sie mal machen.

»Ich habe noch eine blaue Federboa, willst du die vielleicht dazu haben?«, bot ich ihr an.

»Ja klar, wie geil ist das denn? Nehm ich!«

Ines versuchte, mich zu überreden, noch mit in einen Club zu kommen, aber ich hatte keine Lust und wollte am nächsten Tag fit für die Loveparade sein. Da würden wir schließlich den ganzen Tag feiern.

»Och, du Spaßbremse«, neckte sie mich.

»Wenigstens werde *ich* morgen nicht schlappmachen.«

»Was ist eigentlich jetzt mit dir und Tim?«, stocherte Ines in meinem wunden Punkt herum. Ich hatte keine Ahnung, was ich ihr antworten sollte. Tim und ich verstanden uns gut, wir waren Freunde. Aber er hatte eben auch immer wieder Beziehungen, allerdings nicht mit mir und auch nie besonders lange. Dass ich mehr als eine gute Freundin sein könnte, schien er gar nicht in Erwägung zu ziehen. Er erzählte mir von seinen neuesten Eroberungen, wenn er mal wieder eine »flachgelegt« hatte, wie er es so charmant ausdrückte. In diesen Momenten fühlte ich mich wieder wie die hässliche Raupe. Zurzeit war Tim solo. Aber das konnte sich bei ihm stündlich ändern.

»Warum sagst du ihm nicht endlich, dass du in ihn verschossen bist? Er kann das doch nicht riechen«, hakte Ines nach.

Mir wurde das Gespräch unangenehm.

»Ines, ich mach das schon.«

»Ja, ist klar, du machst das schon. Das höre ich mir schon seit Jahren an«, stichelte sie weiter.

Ich hatte keine Lust mehr auf diese Diskussion. »Ines, ich muss jetzt Schluss machen, meine Mutter hat gefragt, ob ich ihr beim Bettenbeziehen helfen kann«, log ich.

»Okay, ich bin dann morgen gegen zwölf bei dir.«

Wir verabschiedeten uns und legten auf. Ich putzte mir die Zähne, schälte mich aus meinem Loveparade-Outfit, legte es ordentlich auf den Stuhl neben dem Kleiderschrank und zog mein hellblaues Schlafshirt über. Dann machte ich es mir im Bett gemütlich und schaltete den Fernseher ein. Während ich ziellos herumzappte, gab mein Computer einen klingelnden Ton von sich: eine Nachricht. Ich robbte aus dem Bett an den Schreibtisch und wackelte an der Mouse. Der Loveparade-Bildschirmschoner, mit dem großen Herz in der Mitte, wich meinem Facebook-Account. Es war eine Nachricht von Tim. Mein Herz schlug schneller, und mir wurde heiß.

»Hey Katty, freu mich auf morgen. Geht bestimmt voll ab. Soll ich Dich abholen oder treffen wir uns irgendwo? CU.« Jetzt überschlug sich mein Herz. Er hatte mich tatsächlich gefragt. Ich klickte auf sein Profilbild, um ganz sicherzugehen, dass die Nachricht wirklich von ihm kam. Kein Zweifel. Schon allein sein Blick machte mich wahnsinnig. Auf einem weiteren Foto in seinem Onlineprofil war sein Motorrad zu sehen. Das liebte er heiß und innig. Und ich mochte es auch, denn damit holte er mich manchmal von der Schule ab. Das erste Mal vor etwa vier Jahren, als ich ihn und meine Clique gerade erst kennengelernt hatte. Ich weiß noch genau, wie er mit seiner 80er vorm Haupteingang der Schule auf mich wartete und mir einen Helm in die Hand drückte. Alle guckten ganz schön dumm aus der Wäsche. Ich Loser stieg zu einem drei Jahre älteren Typen aufs Motorrad. Tim war mein Held.

Ich atmete tief durch und schrieb zurück: »Hey Tim, Du kannst mich gerne abholen, will hier mit Ines so gegen 13 Uhr los. Sei doch einfach kurz vorher bei mir, dann gehen wir zu dritt. Ich freu mich! N8.«

Dann fuhr ich den Rechner runter und krabbelte zufrieden zurück unter die Decke. Im Fernsehen lief irgendein blutiger asiatischer Streifen.

Meine Mutter steckte den Kopf durch den Türspalt. »Gute Nacht, mein Schatz!«

»Nacht Mama, schlaf gut!«

Aus dem Badezimmer nebenan rief mein Vater: »Träum was Schönes, Kind!« Das Wasser lief, und es klang, als hätte er die Zahnbürste im Mund.

Mama kam herein und drückte mir einen Kuss auf die Wange. »Schau nicht mehr so lange fern, Kleines.«

Eigentlich hörte ich, was das angeht, selten auf sie. Aber auf blutrünstige Samurai-Kämpfe hatte ich ohnehin keine Lust mehr. Also machte ich den Fernseher aus, warf einen letzten Blick auf mein Loveparade-Outfit und kuschelte mich ins Kissen, bevor ich voller Vorfreude einschlief.

6

24. Juli 2010

EMMA

An jeder Ecke standen rot-weiße Absperrbaken und mindestens ein Mannschaftswagen der Polizei. Die Straßen waren für den normalen Verkehr nicht mehr freigegeben. Das weiträumige Absperrungskonzept fing an zu greifen. Doch für das Fernsehen galt es nicht. Emma und ihre Crew fuhren an diversen Barrieren vorbei, schließlich hatte der WDR eine Durchfahrtsgenehmigung. Der Weg war verstopft, nicht übermäßig, aber doch so, dass Roman langsam fahren musste. Überall Raver. Menschen mit bunten Federboas, Mädels in Bikinis. »Brrr, das wäre mir heute zu kalt«, dachte Emma. Die Techno-Mode schien sich in den letzten zehn Jahren kaum verändert zu haben. Netzkleider, Lackröckchen und Plüschstulpen, das volle Programm.

Der weiße Skoda Octavia mit dem blauen WDR-Schriftzug schob sich langsam durch die ersten Menschentrauben. Noch gab es genug Lücken. Das größte Hindernis war ein älteres Ehepaar, das – völlig unverkleidet – mitten durch die Ravergruppen flanierte und keinen Zentimeter zur Seite wich. Roman kurbelte das Fenster runter und brüllte: »Hey, könnten Sie vielleicht mal ein Stückchen zur Seite gehen?« Daraufhin zog die ältere Dame ihren Mann kopfschüttelnd am Ärmel so weit nach rechts, dass der Wagen vorbeifahren konnte.

Roman parkte auf dem Vorplatz der Industrie- und Handelskammer, die ihren Sitz direkt gegenüber vom Bahnhof hatte. Rechts neben dem Bahnhof, hinter einer Absperrung der Polizei, erspähte Emma den Satellitenübertragungswagen: eine sogenannte »Fly away«. Das Auto war nicht größer als ein normaler Van, hatte aber eine Satellitenschüssel auf dem Dach und drinnen einen Schnittplatz – also einen Computer, eine Tastatur, jede Menge Monitore, ein Mischpult und diverse Rekorder und Player. Der Wagen kam vom Studio Münster, die Besatzung aus Köln. Deshalb kannte Emma die Kollegen nicht.

Jens war der Operator, der Mann für die Technik und die Bildregie. Er saß entspannt in der geöffneten Schiebetür der »Fly away« und stellte sich Emma mit einem sympathischen Lächeln vor: »Hey, ich bin der Jens und zu allen Schandtaten bereit. Sag mir einfach, was du brauchst, und ich versuche, es möglich zu machen.« Während er sprach, stieg er aus dem Wagen aus. Um den Blickkontakt nicht zu verlieren, musste Emma den Kopf in den Nacken legen. Er war mindestens 1 Meter 90 groß. Jonas, der zweite Techniker an Bord, war ein Auszubildender zum Mediengestalter, Anfang 20 und noch ziemlich unerfahren. Emma fand beide Männer auf Anhieb sympathisch und weihte sie in den Ablauf ein. Jens und Jonas hörten aufmerksam zu.

»Alles klar, dann rocken wir heute ja so richtig. Ich freu mich!«, sagte Jens.

Emma wollte noch Eindrücke von den Bahnsteigen drehen und VoxPops machen, wie man im Fernsehjargon sagte, also eine Umfrage unter Ravern. Deshalb bat sie Beate, die Kamera flottzumachen. Die legte eine Disc ein, fummelte ein wenig an den Toneinstellungen herum und war wenig später startklar. Das Frauenteam machte sich auf den Weg zum Westeingang des Duisburger Hauptbahnhofs. Die Fassade des Gebäudes sah aus wie aus den Fünfzigern: glatt, massiv, ohne Schnörkel, in einem dunklen Sandton. Ein großer, grober Klotz. Mittig prangte eine Uhr. Die Zeiger standen auf zehn nach zwölf. Vor dem Haupteingang befanden sich mehrere Wellenbrecher – Absperrgitter, die verhindern sollten, dass Menschenmassen zu dicht aufeinanderdrängten. Emma kannte das von großen Konzerten. In der Mitte war ein Durchgang für die ankommenden Raver. Rechts und links standen Polizisten. »Hier geht es nicht rein für Sie, das Pressezentrum ist auf der anderen Seite«, baute sich eine blonde Polizistin vor Emma auf. Sie hatte dick gepolsterte, schwarze Schutzkleidung an und wirkte schon allein dadurch respekteinflößend.

»Nein, nein, wir haben eine Drehgenehmigung für den Hauptbahnhof, wir wollen am Bahnsteig drehen«, fing Emma an zu diskutieren.

»Moment, da muss ich mich rückversichern.«

Die Polizistin verschwand. Als sie kurz darauf mit einem Kollegen zurückkam, hielt Emma den beiden sofort die Drehgenehmigung unter die Nase. »Hier, ich hab's doch schriftlich.« Der Beamte nickte. »Ist okay, Sie dürfen passieren.«

Beate und Emma traten in die große Halle des Hauptbahnhofs. Sie war weiß gefliest, und rechts und links reihten sich Geschäfte aneinander. Die ersten Gruppen von Ravern zogen an ihnen vorbei Richtung Ausgang. Ein ohrenbetäubender, unregelmäßiger, schriller Ton schallte der Reporterin und der Kamerafrau entgegen.

»Pffffff, Pfffffff, Pff, Pff, Pff, (Pause) Pff, Pff, Pff, Pff, (Pause) Pff, Pff«, die Trillerpfeifen bekamen einen Rhythmus, verschmolzen zu einer Einheit. Emma mochte diesen Rhythmus. Er erinnerte sie an die vielen schönen Erlebnisse, die sie selbst auf der Loveparade in Berlin gehabt hatte.

Sie wusste noch genau, wie es sich damals anfühlte, als sie mit dem Zug am Bahnhof Zoo ankam. 1998 zum ersten Mal, mit 18. Es war eine Mischung aus Vorfreude und Aufregung, gepaart mit der Müdigkeit von acht Stunden Zugfahrt. Das gemeinsame Pfeifen Tausender ankommender Raver stimmte auf die Party ein und vermittelte ein Wir-Gefühl: Wir machen Krach, wir sind da, wir wollen Spaß und friedlich eine »Liebesparade« feiern. Die Müdigkeit war wie weggeblasen. Emma war mit ihrer Mutter nach Berlin gereist, die die gleiche Musik hörte wie sie und mit ihren 41 Jahren zwar älter war als der Durchschnitt, aber durch ihr jugendliches Aussehen nicht weiter auffiel. Die Loveparade galt noch als Demonstration. Es gab kein Unternehmen im Hintergrund, das Geld mit der Veranstaltung verdienen wollte. Emma bedeutete das etwas. Sie hatte das Gefühl, alle tanzten gemeinsam für den Weltfrieden und die Völkerverständigung. Dazu passte auch das Motto der Parade im Jahre 1998: »One World One Future«.

Das waren gute Erinnerungen. Erinnerungen an eine Veranstaltung, die Spaß machte, die in ihrer Jugend das Highlight des Jahres war. Anstrengend, wegen der langen Anreise und fast zehn Stunden Tanzen am Stück, aber doch immer wieder die Strapazen wert. Die wummernden Beats, bei denen Emma nie still stehen konnte, die vielen lachenden Gesichter, der Blick auf die Siegessäule und die Menschenmassen, die drum herum tanzten und feierten.

Dieselbe Vorfreude sah Emma auch in den Gesichtern, die ihr in diesem Moment am Bahnhof in Duisburg entgegenkamen. Allerdings ahnte sie, dass diese Loveparade nicht mehr die war, die sie kannte und liebte. Gestern noch hatte sie für einen Vorbericht auf dem Veranstaltungsgelände gestanden. Es war die Fläche eines alten Güterbahnhofs. Der Boden war schotterig, und der alte riesige Gebäudekomplex, der in der Mitte stand, sah heruntergekommen aus, so gar nicht vergleichbar mit der prächtigen Siegessäule. Emma hatte sich über die vielen Absperrgitter gewundert. Überall Wellenbrecher und meterhohe Zäune. In Berlin war immer alles offen gewesen, die Menschen konnten in den angrenzenden Tiergarten ausweichen, wenn es ihnen zu eng wurde. In einem Interview hatte sie den Pressesprecher des Veranstalters darauf angesprochen, dass auf dem Gelände in Duisburg doch eigentlich nur für 250.000 Menschen Platz sei, aber doch über eine Million erwartet würden. »Das passt schon. Die Flächen waren bisher nie auf so viele Menschen ausgelegt, und es hat immer alles geklappt«, hatte der Mann lapidar geantwortet. Und Emma hatte sich damit zufriedengegeben. Der wird schon wissen, was er sagt, hatte sie gedacht. Sicherlich würde sich vorher jemand ausgiebig mit der Planung beschäftigt haben – jemand, der sich mit Großveranstaltungen wie dieser auskannte.

»Guck mal, Emma! Hier auf Gleis 3 müsste gleich ein Zug ankommen. Sollen wir da mal raufgehen?«, fragte Beate.

»Gerne.«

Die beiden warteten auf den nächsten einfahrenden Zug. Die Türen öffneten sich, und Hunderte junge Menschen drängten heraus, lachten, grölten und pusteten in ihre Trillerpfeifen. Beate hielt alles mit der Kamera fest, während Emma mit dem Mikrofon in der Hand auf eine Gruppe Teenager zuging und fragte: »Wie war die Fahrt, und was erwartet ihr von der Party hier in Duisburg?«

»War geil! Es war gar nicht so voll im Zug, wir hatten total Platz und konnten sogar sitzen. Und jetzt wollen wir gleich richtig Gas geben«, antwortete ein Junge.

»YEAAAAAAAAH!«, brüllten die anderen im Hintergrund.

»Na, dann viel Spaß«, sagte Emma und drehte sich zu Beate. »Super, haben wir im Kasten.« Die Kamerafrau nickte.

Nachdem sie noch einige weitere Jugendliche befragt hatten, gingen sie zum Ostausgang des Bahnhofs. Dort war ein großer Container aufgestellt, in den jeder seine Glasflaschen werfen sollte. Sicherheitsbeamte kontrollierten die Taschen der Teenager. Wegen der Verletzungsgefahr hatten sich die Verantwortlichen von Stadt und Veranstalter für ein Glasverbot entschieden. Sicher ist sicher.

Beate drehte ein paar Bilder von Menschen, die noch schnell den verbliebenen Inhalt der Flaschen in sich hineinkippten oder in die Bahnhofsbepflanzung gossen. Danach kamen die Flaschen in den Container.

»Alles klar, wir sind fertig, glaub ich«, sagte Emma.

Die erste Liveschalte sollte in etwa 45 Minuten sein. Sie mussten sich beeilen, denn das Dreh-Material musste noch auf dem Satellitenübertragungswagen bearbeitet werden, sodass Emma es für ihre Liveschalte benutzen konnte. Jens wartete schon.

»Hey Mädels, was habt ihr denn Schönes für mich?«

»VoxPops, ein paar Bilder von ankommenden Zügen und Ravern und noch ein paar Bilder von den Sicherheitschecks und den Glascontainern«, fasste Emma zusammen. Beate übergab Jens die Disc, und er schob sie in den Rekorder. Es dauerte etwa zehn

Minuten, bis das Material fertig hochgeladen war und Jens es mit dem Schnittprogramm bearbeiten konnte.

»Danke, Beate. Du kannst jetzt ruhig eine rauchen gehen. Steht erst mal nichts mehr an«, sagte Emma.

»Alles klar, cool. Wenn was ist, meldet euch, ich bin hier.«

Emma sah noch, wie sich Beate die Haarsträhne, die aus ihrem Zopf gerutscht war, hinters Ohr steckte, eine Zigarette zwischen die Lippen schob und nach ihrem Feuerzeug kramte. Dann zog sie die Tür des Satellitenübertragungswagens zu. Es rumste. Danach war es drinnen einigermaßen ruhig. Die Trillerpfeifen wurden leiser. Unterschwellig war das Wummern der Beats zu hören. Emma wusste nicht, woher es kam, vielleicht vom Partygelände, vielleicht von einem Musikwagen, der in der Innenstadt, auf dem Weg zur Loveparade, stand. Damit wollten die Organisatoren erreichen, dass sich die Menschenmassen besser verteilten und vielleicht auch schon einige Raver auf der Strecke zur Veranstaltung in der Innenstadt hängen blieben.

»Zuerst die schlechte Nachricht«, begann Jens ernst. »Wir haben keinen Rückmonitor. Das heißt, wenn du redest und wir Bilder einspielen, siehst du die Bilder nicht.«

Emma schluckte. Das durfte doch nicht wahr sein.

»Pass auf, wir machen das so«, schlug Jens vor, »ich gebe dir Kommandos aufs Ohr. Also wenn ich die Bilder abfahre, gebe ich dir Stichworte wie Bahnsteig, Sicherheit, Container, dann weißt du, wo wir sind und wozu du etwas sagen musst. Meinst du, du kriegst das hin?«

Emma schluckte noch mal. Puh, das waren erschwerte Bedingungen. Gleichzeitig reden, wenn einem jemand Kommandos aufs Ohr gibt, und Dinge kommentieren, die man nicht sieht. Ganz toll. Unsicherheit machte sich in ihr breit. Aber weil sie Jens nicht kannte und professionell wirken wollte, sagte sie selbstbewusst: »Klar, kein Problem, machen wir so«, und dachte: Ach du Scheiße, hoffentlich fahre ich die Nummer nicht vor die Wand.

»Gut, habe ich schon tausendmal gemacht, ist kein Problem. Der Kretschmer, der Reporter vom Morgenmagazin, macht das auch immer so. Dem kannst du, während er redet, einen Witz aufs Ohr erzählen, und den bringt das nicht aus der Fassung«, erzählte Jens, ohne zu bemerken, dass er Emma damit noch nervöser machte.

Ruhe bewahren, du schaffst das, redete Emma sich innerlich gut zu. Sie war nicht unerfahren. Dafür, dass sie erst dreißig war, arbeitete sie schon lange beim Fernsehen. Mit zwanzig hatte sie bei einem kleinen Jugend-Fernsehsender moderiert, danach neben dem Studium als Reporterin für mehrere Produktionsfirmen und einen Nachrichtensender gejobbt. Auch für den WDR arbeitete Emma mittlerweile schon seit drei Jahren. Sie mochte es, Geschichten zu erzählen, bei Dreharbeiten Einblicke in verschiedene Lebenswirklichkeiten zu erhalten und Menschen im Fernsehen zu Wort kommen zu lassen, die Probleme hatten und denen sonst niemand zuhörte. In ihrem Job konnte sie auf Missstände öffentlich hinweisen. Vielleicht nützte es in manchen Fällen etwas. Und vielleicht fühlte es sich auch deshalb so gut an, weil ihr eigenes Leben im Licht der täglichen Dramen noch ein bisschen besser erschien. Sie genoss es, das Adrenalin in ihren Adern zu spüren, wenn etwas passiert war und sie live darüber berichten sollte: ein Brand, ein schwerer Unfall, eine Leiche, die in einem Waldstück gefunden worden war. In solchen Fällen hatte man als Journalistin wenigstens etwas zu erzählen. Das fiel ihr leichter, als vor eine Kamera zu treten, wenn es nur Banalitäten zu berichten gab. Beim ersten Schnee im Jahr zum Beispiel. Was sollte man da schon sagen? Ja, es schneit, es ist kalt, es ist Winter. Punkt. Und das nun bitte ausdehnen auf mindestens zwei Minuten Sendezeit. Das kam ihr manchmal ganz schön merkwürdig vor, aber die Zuschauer interessierten sich erstaunlich stark fürs Wetter. Die Quoten an Tagen, an denen es in der Sendung vor allem um Schnee, Sturm, Hagel oder Hitze ging, waren deutlich höher als an normalen Tagen. Und Emma wollte sich auch nicht beschweren. Immerhin bekam sie mit, wie das Wetter war, und saß nicht den ganzen Tag im Büro. Trotzdem fühlte es sich richtiger an, als Reporterin unterwegs zu sein, wenn es wirklich etwas zu berichten gab. Der einzige Nachteil: Oft war dann etwas Schlimmes passiert. Über die Menschen, die in einen Unfall verwickelt oder die bei einem Brand ums Leben gekommen waren, versuchte sie, nicht weiter nachzudenken. Natürlich war das tragisch, aber so war das Leben eben. Und sie durfte es in allen Facetten in sich aufnehmen. Manchmal, ganz selten, hatte sie eine Woche nach einem solchen Einsatz das Bedürfnis zu weinen. Völlig aus heiterem Himmel. Die Verbindung zu dem Ereignis sah sie dann erst mal gar nicht. Aber wenn Tom lang genug nachbohrte und die richtigen Fragen stellte, kam sie drauf.

Das letzte Mal war ihr das passiert, nachdem sie als Reporterin vor einem abgebrannten Haus gestanden hatte und vor ihren Augen vier Särge abtransportiert worden waren: ein großer und drei kleine. Darin waren die Leichen von drei Kindern und ihrer Mutter. Der Vater hatte überlebt. Weil er eine Etage tiefer vor dem Fernseher eingeschlafen war, konnte er sich durch einen Sprung aus dem Fenster in Sicherheit bringen. Der Einsatzleiter der Feuerwehr erzählte Emma, dass der Mann vorher noch versucht habe, seine Familie zu retten. Doch der Qualm im Treppenhaus sei zu dicht gewesen. »Zwei Atemzüge reichen, und Sie sind bewusstlos«, erklärte er ihr. Wie sich später herausstellte, war die Brandursache eine Lampe im Treppenhaus, in die jemand eine falsche Glühbirne geschraubt hatte.

Während Emma über den Brand berichtete, verschwendete sie kaum einen Gedanken an das Schicksal des Familienvaters. Sie konzentrierte sich auf ihren Job, fasste zusammen, was passiert war, führte Interviews mit Einsatzkräften, Anwohnern und Augenzeugen. Erst eine Woche später bemerkte sie, dass sie über die Geschehnisse reden musste, um sie verarbeiten zu können. Das tat sie, mit Tom.

Die Loveparade war im Nachrichtenalltag, in dem Emma normalerweise steckte, eine willkommene Abwechslung. Bei einer solchen Großveranstaltung live in mehrere Sendungen zu schalten, so etwas hatte sie noch nie gemacht. Es würde auf jeden Fall genug zu erzählen geben, da war sie sich sicher. Und das ganz ohne dramatische Umstände. Sie hatte alle Presseinformationen gelesen, sich mit dem Veranstaltungskonzept beschäftigt und eine Liste mit Telefonnummern zusammengestellt, die sie in einer Mappe bei sich trug. Ganz oben standen die Nummern der Pressesprecher von Polizei, Feuerwehr und Veranstalter, darunter die der Ansprechpartner in den verschiedenen Redaktionen des Senders. Emma hatte sich akribisch vorbereitet, wollte unbedingt alles richtig machen.

Sie navigierte Jens durch das Drehmaterial, das mittlerweile auf dem Computer vorlag. »Okay, pass auf, wir fangen mit den ankommenden Zügen an, dann möchte ich sehen, wie die Leute aussteigen, und natürlich hören, wie sie grölen und pfeifen. Danach machen wir die VoxPops und zum Schluss noch die Bilder von den Sicherheitschecks und den Glascontainern, okay?«

»Kein Problem, machen wir so.«

Jens fing an, seine Tastatur zu bearbeiten und die Bilder in die gewünschte Reihenfolge zu bringen.

»Welche O-Töne nehmen wir?«, fragte er, nachdem er die Aufnahmen von den ankommenden Zügen zusammengeschnitten hatte. Gemeinsam suchten sie Interviewausschnitte von drei Teenagern raus. Zuerst den mit der grölenden Gruppe im Hintergrund, dann noch einen von einem jungen Mann, der im Zug eingeschlafen war und fast zu weit gefahren wäre, und schließlich einen Schnipsel von einem Mädchen, das erzählte, dass es sich schon seit Jahren auf die Parade in Duisburg freue und die Party schon im Zug angefangen habe.

»Wie lang ist das jetzt alles zusammen?«, wollte Emma wissen.

»25 Sekunden Bilder von ankommenden Zügen und Menschen, 30 Sekunden VoxPops und noch mal 15 Sekunden Sicherheitschecks und Container.«

»Passt!«, lächelte Emma etwas gequält, denn langsam stieg ihre Anspannung. Sie sah auf die Uhr in ihrem Handy: 13 Uhr 40. Die Zeit schien zu rasen. Das WDR-Extra lief seit zehn Minuten, und in noch mal zehn Minuten sollte Emma zum ersten Mal dran sein. Von draußen klopfte jemand an die Tür des Ü-Wagens. »Seid ihr so weit?«, rief Beate.

Emma öffnete. »Ja, wir sind fertig.«

»Gut. Wo stellen wir uns denn hin, für die Liveschalte?«

»Irgendwo, wo viel los ist. Möglichst mitten rein.«

»Alles klar. Mit der Funke kein Problem.«

Beate hatte eine Kamera, die nicht über ein Kabel mit dem Wagen verbunden sein musste. Die Übertragung lief via Funk. Es konnte also nicht passieren, dass jemand über das Kabel stolperte. Das Team konnte sich frei in der Menschenmenge bewegen.

»So, wir sollten mal in Position gehen«, ermahnte Roman, der Aufnahmeleiter, das Team. Dabei fuhr er sich mit der Hand über das nach hinten gegelte Haar. »Wir sind für 2 Minuten 30 drauf, und zwar in neun Minuten.«

»Wir müssen mich noch verkabeln«, stellte Emma fest. Und Jens schüttelte ratlos den Kopf. »Mmh, da müssen wir den Sender wohl hinten an deinem Kleid mit Gaffa-Tape festkleben, du hast ja keine Taschen.«

Triumphierend fingerte Emma den schmalen, schwarzen Gürtel aus ihrer Handtasche und schwenkte ihn lächelnd vor Jens hin und her.

»Hey, perfekt. Gut mitgedacht«, schmunzelte er.

Emmas nächtliche Suche im Kleiderschrank hatte sich soeben bezahlt gemacht. Sie schnallte sich den Gürtel um, und Jens befestigte den Funksender mit einer Klammer daran. Danach reichte er ihr den Stecker für ihr Ohr über die Schulter. Das Teil sah aus wie ein Zwischending aus Hörgerät und Kopfhörer. Emma fummelte es in ihren Gehörgang und drapierte ihre Haare geschickt um das Kabel herum.

»Gut kaschiert?«, fragte sie.

»Alles gut. Von vorne sieht man weder Stecker noch Kabel. Ich spreche dich mal über das Ohr an, Sekunde.« Jens drückte auf einen Knopf in der »Fly away«. »Test, Test, kommt bei dir was an?«

»Jap.«

Emma hörte Jens' Stimme nun über den Stecker in ihrem Ohr. »Warte, ich gebe dir schon mal den Sendeton«, sagte er. Und Emma hörte die Stimmen der Moderatoren, die mitten auf dem Partygelände standen und gerade berichteten, dass es sich um sie herum langsam füllte.

»So Leute, jetzt aber los!«, mischte sich Roman ein. Emma und Beate gehorchten. Sie gingen über den Bahnhofsvorplatz. Es war immer noch nicht sonderlich viel los; einzelne Gruppen von Ravern, das war's.

»Lasst uns irgendwo hingehen, wo wir den Bahnhof anschwenken können, aber gleichzeitig möglichst viele Menschen sehen«, rief Emma. Ein paar Meter weiter blieb Beate stehen.

»Ich glaub, hier ist es gut. Stell dich mal dahin, Emma! Ich guck mal, wie es aussieht.«

Emma stellte sich vor die Kamera, Roman drückte ihr das blaue WDR-Mikrofon in die Hand, und Beate begutachtete das Bild durch die Kamera. »Sieht gut aus.«

»Finde ich auch«, sagte Jens auf Emmas Ohr. Er sah das Bild auf den Monitoren im Satellitenübertragungswagen. »Willst du noch mal üben?« Natürlich wollte sie. Vielleicht würde das wenigstens ein bisschen gegen die Nervosität helfen. Sie zupfte ihr Kleid zurecht, überprüfte, ob der Stecker in ihrem Ohr auch wirklich festsaß, und wuschelte sich durch die Haare. »Okay, ich bin so weit.«

»Komplett proben geht nicht mehr, wir sind in zwei Minuten drauf. Die haben uns vorgezogen«, intervenierte Roman, der über ein Headset Kontakt zur Ablaufregie des WDR-Extra hatte.

»Na schön, dann eben nur die OFF-MAZen«, seufzte Emma. Sie begann zu erzählen und kam schnell auf die einfahrenden Züge zu sprechen. In dem Moment startete Jens den vorbereiteten Einspieler. Im Fernsehen würde man später erst Emma sehen und dann den Zug, der in den Bahnhof einfuhr. Jens gab das verabredete Kommando »Bahnsteig«. Und Emma sagte passend zum Bild: »700 Sonderzüge hat die Deutsche Bahn eingesetzt, und wie man sieht, sind die Züge voll, aber nicht überfüllt.« Nächstes Kommando: »Raver.« »Alle sind gut gelaunt, und die Lage ist entspannt. Ich habe mich eben mal am Bahnsteig umgehört.« Das war das

Stichwort von Emma für Jens, die VoxPops, also die Umfrage, einzuspielen. Danach erzählte Emma weiter von den Sicherheitsvorkehrungen und der Sorge der Stadt, die ankommenden Raver könnten sehen, dass das Partygelände direkt hinter dem Bahnhof liege, und möglicherweise auf die Idee kommen, über die Gleise zu laufen. Stattdessen sollten natürlich alle die vorgegebenen Wege nehmen, die um den Bahnhof herumführten.

»So, der Rest muss jetzt live klappen«, unterbrach Roman. »Wir sind in 30 Sekunden drauf.«

»Alles klar, alles auf Anfang«, sagte Jens über den Stecker in Emmas Ohr.

Der Puls schlug ihr bis zum Hals. Sie atmete tief ein und feste wieder aus. Dann sprach sie der Moderator vom Partygelände an: »Am Hauptbahnhof ist für uns heute den ganzen Tag Emma Weber. Emma, wie ich sehe, ist da ja kaum jemand bei dir. Gar nicht viel los?«

»Jupiter 348 für Jupiter 1, kommen!«
»Jupiter 348 hört.«
»Geben Sie uns eine kurze Lagedarstellung der Belastung der Rampe.«
»Alles entspannt. Auslastung liegt vielleicht bei 50 bis 60 Prozent.«
»Verstanden.«

7

RENÉ

Bevor er losfuhr, sah René noch einmal auf den Zettel mit dem Einsatzbefehl, dann auf die Karte mit der eingezeichneten Streckenführung. Er analysierte das Straßennetz.

»Mmh, wir kommen wohl nicht daran vorbei, ein Stück direkt über die Hauptwege zu fahren.«

»Also mitten durch die Menschen?«, fragte Frank.

»Ja, aber ich denke, das geht. So voll ist es ja noch nicht.«

René startete den Motor und schaltete das Blaulicht ein. Das Martinshorn durften sie nur benutzen, wenn es um Leben und Tod oder schwere gesundheitliche Schäden ging. Es gab keinen Anlass, in diesem Fall davon auszugehen. Doch ohne Sirene schien niemand sie ernst zu nehmen. Immer wieder sprang jemand vor den Wagen, machte Faxen und blödelte herum.

»Sind die eigentlich alle bescheuert?«, fragte Frank. »Die sehen doch, dass das ein Rettungswagen ist. Meinen die, wir fahren hier nur zum Spaß rum?«

René ließ sich nicht aus der Ruhe bringen. »Komm, geh mal zur Seite, Mann!«, rief er aus dem Fenster. Wenn jemand gar nicht hören wollte, konnte er nicht widerstehen und schaltete kurz das Martinshorn ein. Das war laut. Und es hatte einen so großen Überraschungs- und offenbar auch Schreckeffekt, dass derjenige, der vorm Wagen stand, entweder sofort zur Seite sprang oder jemand ihn umgehend am Schlafittchen packte und zur Seite zerrte.

»Siehst du, funktioniert doch«, grinste René und lehnte sich zufrieden in seinem Sitz zurück.

Im Schneckentempo fuhren sie eine Straße parallel zur gesperrten A 59 entlang – eine Geister-Autobahn. Im Notfall sollte sie als Rettungsweg dienen. Die Strecke, die die Besucher offiziell entlanggeführt wurden, um zum Partygelände zu kommen, war ein gutes Stück weiter westlich. Sie ging zunächst Richtung Innenstadt und dann in großem Bogen Richtung Veranstaltungsgelände. Das waren knapp zweieinhalb Kilometer Fußmarsch. Aber auch hier, zwischen Autobahn und offizieller Strecke, liefen einige Raver entlang. Obwohl der Weg von der Polizei abgesperrt worden war, mussten sie irgendwie durchgekommen sein. Eine illegale Abkürzung.

»Ist schon krass, wie weit die Leute sonst um den Pudding laufen müssen«, schüttelte Frank den Kopf. »Kann man irgendwie verstehen, dass die sich andere Wege suchen.«

»Stimmt. Wobei ich mich auch frage, ob die überhaupt wissen, wo's langgeht. Oder hast du irgendwo ein Schild gesehen?«

»Nö.«

Nach rund 700 Metern bog der Rettungswagen auf die Hauptstreckenführung ein. Polizisten öffneten eine Schleuse aus rot-weißem Flatterband. Von hier aus gab es keine Parallelstraße mehr, keine Möglichkeit, auf Schleichwegen zum Einsatzort zu kommen. Die Straße war gefüllt mit Menschen. Der Asphalt war kaum noch zu sehen. René bat Frank, seine Digitalkamera hinter dem Fahrersitz hervorzuholen und ein paar Aufnahmen für ihn zu machen. Diesen Anblick wollte er festhalten, um ihn später seiner Frau Nora und den beiden Jungs zeigen zu können. Frank nahm die Kamera aus der Fototasche, schaltete sie ein und fing an zu knipsen: zwei junge Frauen mit neongrünen Netzstrümpfen und dazu passenden Strapsen, schwarzen Hotpants, grünen Trägertops und grünen Fellstulpen; ein Typ mit einem Shirt, das mit einem muskulösen Oberkörper bedruckt war und falsche Tatsachen vortäuschte; und zuletzt fotografierte Frank noch einen Mann, der seine kleine Tochter auf den Schultern trug. Sie hatte ein T-Shirt mit dem Schriftzug

»LOVEPARADE 2010« an, und aus ihren Gehörgängen lugten große, orangefarbene Ohrenstöpsel. Danach packte Frank die Kamera wieder in die Tasche. »Auftrag ausgeführt.«

»Danke dir.«

René lenkte den Wagen vorsichtig zwischen den Menschen hindurch. Es dauerte keine zehn Minuten, und sie waren am Einsatzort. An der Straßenecke stand ein Polizist – schnell zu erkennen an seiner olivgrünen Kleidung und Mütze. Neben ihm stand ein junger Mann, der seinen Blick auf den Boden richtete. Als sie näher kamen, sah René, dass der Typ die Arme auf dem Rücken festgebunden hatte. Auch die Beine waren mit Kabelbindern fixiert. Mit festem Griff hielt ihn der Polizist in Schach. Trotzdem versuchte sich der Mann aus der Fesselung zu lösen und wand seinen Oberkörper und seine Hüfte immer wieder in alle Himmelsrichtungen. Unter einer »hilflosen Person«, wie es die Einsatzleitung formuliert hatte, verstand René etwas anderes.

»Ach du Scheiße, das wird ja ein Spaß. Was'n das für'n Honk?«, lachte er.

»Eindeutig AVT«, war sich Frank sicher.

Das bedeutete »Arsch voll toll«, eine Formulierung, die Einsatzkräfte nutzten, um auszudrücken, dass jemand sturzbetrunken war.

»Vorsicht! Der tritt und schlägt, wenn er die Gelegenheit dazu bekommt«, rief der Polizist schon, als René und Frank noch nicht ganz aus dem Wagen ausgestiegen waren. Also hielten die beiden einen guten Meter Abstand. Und während sich der junge Mann lautstark wehrte, auf die »Scheißbullen«, die »verfickte Loveparade« und überhaupt die ganzen »Wichser«, die hier rumliefen, schimpfte, erzählte der Polizist, was passiert war: »Wir haben Meldung bekommen, dass ein Irrer alle möglichen Leute bedroht und einige auch angegriffen, geschubst und geschlagen hat. Als wir hier angekommen sind, konnten wir das noch live beobachten und haben den Mann dann festgesetzt.«

»Irre? Du hast sie ja nicht mehr alle! Ich bin nicht irre!«, brüllte der junge Mann dazwischen.

»Der Typ braucht dringend 'ne Ausnüchterung, ist völlig zugedröhnt mit irgendwas«, fuhr der Beamte unbeeindruckt fort.

»Ich geb dir gleich Ausnüchterung! Scheißbulle! Lass mich los, du Arsch!«

»So, und nun beruhigst du dich mal, sonst landest du nicht im Krankenhaus, sondern in der Zelle.« Der Beamte blieb erstaunlich ruhig. Obwohl er höchstens Mitte zwanzig war, strahlte er durch seine Größe und die breiten Schultern Autorität aus. Ganz im Gegensatz zu dem Randalierer, der ungefähr im gleichen Alter war, aber schmächtig und eingefallen wirkte. Sein Widerstand war zwecklos.

»Okay, dann packen wir ihn mal in den Rettungswagen«, entschied Frank. Die beiden Sanitäter holten die Trage. Gemeinsam hievten sie den Mann darauf. Ein paar Meter entfernt stand ein Streifenwagen, in dem der Teamkollege des Beamten saß und die Lage via Funk der Zentrale durchgab. Um sie herum blieben die Menschen stehen und gafften.

»Weitergehen, bitte weitergehen! Hier gibt es nichts zu sehen!«, rief der Polizist, während er die Kabelbinder löste, mit denen dem Mann die Hände auf dem Rücken zusammengebunden waren. Doch seine Freiheit währte nur kurz, denn sofort schnallten René und Frank ihn an der Trage fest. »So, jetzt kann er nicht mehr viel machen«, sagte Frank zufrieden. Trotzdem bestand der Polizist darauf, im Rettungswagen mitzufahren. »Zur Sicherheit«, sagte er.

René setzte sich hinters Steuer und drückte die Sprechtaste für den Funk. »Die Leitstelle für RTW 6. Person männlich aufgenommen. Verdacht auf Drogenintoxikation.«

»RTW 6 verstanden. Warten Sie.«

Hinten im Transportraum redete Frank auf den jungen Mann ein, er solle ruhig bleiben, es werde ihm sicher bald besser gehen. Der Polizist saß still daneben.

»RTW 6 für die Leitstelle.«

»RTW 6 hört.«

»Sie fahren das Bethesda-Krankenhaus an.«

»Verstanden.«

Bei jedem Einsatz überprüfte die Leitstelle, je nachdem woran der Patient litt, welches Krankenhaus geeignet erschien und ob dort noch Kapazitäten vorhanden waren. Die Standorte der Krankenhäuser waren im Navigationsgerät abgespeichert, René musste sie nur anwählen. 900 Meter bis zum Bethesda zeigte das Navi an, geschätzte Fahrtzeit: zwei Minuten. Ein Katzensprung. René fuhr los, dicht gefolgt von dem Streifenwagen, in dem der Partner des Polizisten saß. Hinten wurde es lauter. »Verdammte Schweine, lasst mich gefälligst hier raus!« René drehte den Rückspiegel so, dass er den Transportraum im Blick hatte. Frank legte dem Mann einen Zugang, dabei hielt er erstaunlich still. Dann tröpfelte eine Infusion in seinen Arm. Hoffentlich hatte Frank auch etwas zur Beruhigung reingetan.

In Richtung Krankenhaus waren die Straßen so gut wie frei. Hier und da vereinzelte Gruppen von Ravern, die sich verirrt hatten oder nicht über den Hauptbahnhof angereist waren. Rechts säumten Bäume die Straße. Vor den Wohnhäusern auf der linken Seite waren Wiesen. Eine beschauliche Gegend.

Als sie an der Klink ankamen, fühlte René sich an eine Gartenparty erinnert. Vor dem großen, roten Backsteingebäude war ein riesiges weißes Zelt aufgebaut. Doch statt Grillwürstchen und Bier gab es hier an die 40 Ausnüchterungsplätze. René stoppte den Wagen neben dem Eingang des Zelts. Schräg hinter ihm parkte der Streifenwagen. René stieg aus. Er ging um den RTW herum und nickte dem Polizisten, der im Streifenwagen saß, freundlich zu. Der nickte zurück. Dann öffnete René die Hecktür. Der Geruch von Erbrochenem schoss ihm entgegen.

»Bah«, seufzte er. »Alles klar bei euch?«

»Alles tutti«, antwortete Frank trocken. »Der Typ hat gekotzt. Ich hab's noch früh genug gemerkt und den Großteil aufgefangen. Triumphierend hielt er René die gefüllte Brechschale entgegen. Der Gesichtsausdruck des Polizisten wirkte angewidert.

»Sehr gut, müssen wir gleich wenigstens nicht den ganzen Wagen schrubben«, sagte René. Frank stieg aus und schmiss die

Pappschale mit dem Erbrochenen in einen Müllcontainer vor dem Krankenhaus. Dann schoben er und René die Trage mit dem Patienten in das Ausnüchterungszelt. Der Polizeibeamte begleitete sie. Überall standen Krankenhausbetten. Alle in Reih und Glied warteten sie darauf, jemandem die Möglichkeit zu geben, sich auf ihnen auszuschlafen, bis der Körper Alkohol oder Drogen so weit abgebaut hatte, dass die Übelkeit und der Rausch nachließen. Doch nur auf einer Pritsche lag jemand. Ein junger Mann, noch keine zwanzig, mit kurzem, dunklem Haar, schlief auf dem Bauch, mit offenem Mund. Dünne Fäden seines Speichels fanden den Weg auf die grüne Stoffbespannung.

Ein Notarzt kam auf René, Frank und den Polizisten zugeeilt. Er war dünn und schlaksig und trug ein Stethoskop um den Hals. Es schien, als habe er stundenlang darauf gewartet, dass er endlich etwas zu tun bekäme, mit einer solchen Inbrunst stürzte er sich auf die Einsatzkräfte und den Patienten auf der Trage.

»Was haben wir denn hier?« Die Stimme des Arztes war kräftig, sein Sprechtempo schnell. Dadurch klang er hoch motiviert.

»Einen Randalierer. Er hat total am Rad gedreht. Jetzt hat er gekotzt und ist ruhiger geworden. Ich denke, da ist nicht nur Alkohol im Spiel, tippe auf irgendeine Partydroge, aber es war nicht daran zu denken, ihn zu fragen«, fasste René die Lage zusammen.

»Puls ist leicht beschleunigt, Blutdruck und Atmung normal«, ergänzte Frank.

Der Arzt bat die Sanitäter, den Mann auf eines der Betten zu legen. Also schoben sie die Trage so dicht wie möglich heran, lösten die Gurte und senkten die Liegefläche auf die Höhe des Bettes ab. Zwei Pfleger kamen dazu. Jeder packte ein Ende des Lakens, das unter dem Patienten lag, und so hievten sie ihn hinüber. Der Arzt beugte sich über den jungen Mann und fragte ihn, ob alles in Ordnung sei.

»Ja, ja, alles klar, Mann«, nuschelte er, drehte den Kopf zur Seite und schien eine bequemere Stellung zu suchen, um zu schlafen.

»Haben Sie etwas eingenommen? Drogen? Medikamente?«

»Lass mich in Ruhe, Alter. Ich will pennen.«

Resigniert wandte sich der junge Arzt René zu: »Okay, wir beobachten ihn mal. Aber sagen Sie, wie ist die Lage da draußen? Meinen Sie, das bleibt so ruhig, oder kommt da noch was? Wir haben mit viel mehr gerechnet.«

»Na ja, die Strecken um das Gelände herum sind ganz gut gefüllt. Ich bin auch überrascht, wie entspannt das bisher läuft.«

»Ich hatte mit einem riesigen Anfall von Leuten gerechnet, aber da kommt ja so gut wie gar nichts.« Der Arzt wirkte enttäuscht. So hatte er sich diesen Tag nicht vorgestellt. Einzelne Betrunkene, zwischendurch mal jemand, der sich an einer Glasscherbe verletzt oder Probleme mit dem Kreislauf hatte, das war's. Und dafür der ganze Aufwand, die Vorbereitung, ja fast schon Panikmache im Vorfeld, dass sie nicht genug Betten haben könnten. Bisher hätten sie sich das Zelt gut sparen können. Für zwei Besoffene hatte es sich nicht gelohnt.

»Ich glaube, da kommt noch was«, mischte sich der Polizeibeamte ein. »Das Hauptbesucheraufkommen wird erst für den Nachmittag erwartet. Ich denke, dann werdet ihr euer Zelt noch brauchen.«

Der Notarzt runzelte die Stirn. »Na ja, eigentlich sollten wir uns ja freuen, dass es ruhig ist.«

Sie verabschiedeten sich.

»Wir haben uns heute sicher nicht das letzte Mal gesehen«, sagte Frank und zog die Trage lässig hinter sich her. Der Polizeibeamte blieb im Klinikzelt. Er wollte sichergehen, dass von dem jungen Mann keine Gefahr mehr ausging. Im RTW reinigten die Sanitäter die Liegefläche mit Desinfektionstüchern, bevor sie ein neues Laken darüber spannten. Frank säuberte die Blutdruckmanschette. Der Typ hatte sie beim Kotzen voll erwischt. Nachdem sie den Wagen wieder flottgemacht hatten und ins Fahrerhaus gestiegen waren, drückte René auf die Sprechtaste für den Funk.

»Die Leitstelle für RTW 6. Patient abgeliefert. Wir sind wieder einsatzbereit.«

»Hier Leitstelle, verstanden.«

Auf der Rückfahrt sprachen sie nur kurz über den Einsatz:

»Was meinst du, was hatte der eingeschmissen?«, fragte René.

»Keine Ahnung, vielleicht weiß er das selbst nicht.«

»Der sah aber aus, als hätte er das nicht zum ersten Mal gemacht. Ziemlich fertig der Typ.«

»Stimmt.«

Das war's. Kein Wort mehr. Die beiden hatten in ihrem Job schon viel gesehen, über jeden einzelnen Patienten konnten sie sich keine Gedanken machen. Manchmal fragte René sich, ob er mittlerweile zu abgestumpft war. Vieles ließ ihn völlig kalt. Wenn er früher bei einem Einsatz einen Menschen verloren hatte, sprach er den Angehörigen sein Beileid aus. Oft waren es alte Leute, die an Herz-Kreislauf-Versagen starben. Das war der normale Lauf der Dinge, damit konnte er umgehen. Doch einmal starb ihm ein Mann einfach so unter den Händen weg. Er war erst Mitte vierzig und ohne Vorwarnung in seiner Wohnung umgefallen. Als sie dort ankamen, lag er auf dem Boden. Um ihn herum standen seine Frau und seine zwei kleinen Töchter, beide mit geflochtenen, blonden, langen Zöpfen.

»Mama, was ist denn mit dem Papa?«, fragte eines der Mädchen.

»Ich weiß nicht, Schatz.« Die Mutter klang verzweifelt, hilflos, ungläubig, ängstlich und doch auch voller Hoffnung. All diese Gefühle meinte René in diesem einen, kurzen Satz gehört zu haben. Ihr Mann hatte einen Herzinfarkt gehabt, und die Hoffnung war schnell zerschlagen. Die Reanimation blieb erfolglos. Er hatte nicht mal graue Haare, war weder übergewichtig, noch hatte er irgendwelche Vorerkrankungen. Es gab keinen erkennbaren Grund dafür, dass sein Herz den Dienst verweigerte.

Das war das erste Mal gewesen, dass sich René nach einem Einsatz aus der Affäre zog. Er sprach kein Wort mit der Frau und ihren Kindern. Er räumte gemeinsam mit seinem Kollegen die Ausrüstung zusammen und verschwand, ohne zurückzublicken. Sollte das doch der Notarzt erledigen.

Das war schon Jahre her, noch vor dem schicksalhaften Tag an der Landstraße. In diesem Moment hatte René die Entscheidung getroffen, dass er sich schützen musste; vor den traurigen Kinderaugen, dem verzweifelten Gesichtsausdruck der Ehefrau, den Tränen und dem Schmerz. Er durfte das Schicksal der anderen nicht zu seinem machen, keinen zu großen Bezug dazu herstellen. Sonst würde er den Job entweder an den Nagel hängen müssen oder irgendwann als Alkoholiker enden. Er fuhr gut mit seiner Entscheidung. Mit Ausnahme von Einsätzen, in denen Kinder die Opfer waren, blieb er auf Distanz. Er konzentrierte sich auf das Wesentliche: Fakten und Abläufe. Aber mussten ihn die Dinge, die ihm begegneten, nicht auch berühren? Und war es nicht genau das, weswegen er den Job eigentlich machen wollte? Weitere Gedanken an den Randalierer zu verschwenden, lohnte sich jedenfalls nicht, entschied er.

»Guck dir das an! Menschen! Überall Menschen!« Frank starrte aus dem Fenster. Es war voller geworden, viel voller. Doch da sie nun in die Gegenrichtung unterwegs waren, die Leute sie also von vorne kommen sahen, wichen die meisten sofort aus. Das war problemloser als auf der Hinfahrt.

Zurück am Stützpunkt, reihten sie sich wieder in die Warteschlange der Rettungswagen ein. Allmählich kam Bewegung in die Sache. Die Teams fuhren nun in immer engeren Abständen los. Und auch für René und Frank kam schon fünfzehn Minuten später der nächste Einsatz.

»Pat weiblich, klagt über Atemnot und Schwindel – Düsseldorfer Straße zwischen Krummmacherstraße und Neue Marktstraße« stand auf dem Ausdruck der Leitstelle.

*»Wedau 44 an die eigenen Kräfte:
Auf der Westseite im Bereich Düsseldorfer
Straße, Karl-Lehr-Straße fallen die ersten Zäune.
Liegt wohl daran, dass der Tunnel dicht ist
und die Leute nicht weiterkommen.
Das nur zur Kenntnis. Dass wir da nicht
ins Getümmel geraten.«*

8

KATTY

Es war ein besonders schöner Spätsommernachmittag vor etwa vier Jahren. Die Sonne stand schon tief, aber sie wärmte noch und tauchte den Spielplatz, auf dem ich früher schon mit Torben gespielt hatte, in goldenes Licht. Vor dem Baum, auf den wir immer geklettert waren, standen ein paar Holzbänke – der Treffpunkt unserer Clique. Wir saßen auf den Rückenlehnen, redeten und alberten herum, als ich aus der Ferne das Knattern eines Motorrads hörte. Es wurde allmählich lauter, bis es so laut war, dass die Gespräche kurz verstummten. Der Typ stoppte seine Maschine genau vor dem Spielplatz und nahm seinen Helm ab. Darunter kamen seine dunkelbraunen Haare zum Vorschein, die ihm leicht lockig in die Stirn fielen.

»Hey Leute, alles klar?«, rief er. Seine Stimme war tief und rau.

»Alter! Cool, dass du wieder da bist!«, brüllte Steffen zurück. Der Typ ließ sein Motorrad vor dem Spielplatz stehen und kam mit festem Schritt, den Helm lässig unterm Arm, auf uns zu. Er trug Jeans, ein kariertes Hemd und darüber eine Lederweste. Zielsicher steuerte er in meine Richtung, streckte seine Hand aus und sagte: »Hey, du bist neu. Ich bin Tim.«

»Äh, Katha… Ka… ich bin Katty«, stammelte ich.

Er lächelte schief.

»Hallo Katharina. Ich nehme an, das wolltest du doch sagen.

Nett, dich kennenzulernen. Katty find ich übrigens auch besser, passt irgendwie zu dir.«

War das peinlich. Ich glaube, ich bin hochrot angelaufen. Sofort war es um mich geschehen. Auch wenn ich mir das lange nicht eingestehen wollte. Aber die Zeichen waren eindeutig: Als ich ihm die Hand schüttelte, hatte ich ein flaues Gefühl in der Magengegend, und meine Knie fühlten sich plötzlich so wackelig an, dass ich froh war zu sitzen. Meine Hände wurden feucht. Tim war gerade aus dem Urlaub zurückgekommen, deshalb lernte ich ihn erst jetzt kennen. Er wirkte fröhlich, entspannt und unglaublich selbstbewusst. Das imponierte mir. Er war kein Modeltyp. Sein Gesicht war kantig, und ein Augenlid hing etwas tiefer als das andere. Aber das scherte ihn nicht. Und mir gefiel er gerade deswegen. Jede seiner Gesten sagte: Ich weiß, wer ich bin und wie's läuft.

Dummerweise hatte er eine Freundin. Mit der blieb er allerdings nicht lange zusammen. Und mit der nächsten und übernächsten auch nicht. Zwischen seinen Freundinnen verpasste ich jedes Mal die Gelegenheit, ihm zu sagen, dass ich mich in ihn verliebt hatte. Oder ich wollte sie verpassen. Einmal waren wir gemeinsam auf einer Party bei Ines' Eltern im Keller des Hauses und hatten beide das eine oder andere Bier getrunken. Die meisten von uns wollten bei Ines übernachten und hatten sich Schlafsäcke und Isomatten mitgebracht. Ich natürlich auch. Als ich mich schlafen legen wollte, lag Tim voll bekleidet auf meiner Matte und grinste mich blöd an. Ich stellte noch fest, dass das mein Schlafplatz sei, und er entgegnete trocken, dass er das wohl wisse. Zu mehr Gegenwehr war ich nicht fähig. Ich legte mich in Leggins und Schlafshirt in seinen Arm. Er drückte mich an sich und schloss die Augen. Mein Herz hämmerte wie die Salven eines Maschinengewehrs. Ich konnte unmöglich schlafen. Was sollte das jetzt? Warum lag er auf meiner Matte? War er etwa auch in mich verliebt? Dann begann er zu schnarchen. Na toll. Mein Herz beruhigte sich langsam. Trotz der Geräuschkulisse schlief auch ich wenig später ein.

Mitten in der Nacht berührte plötzlich etwas meine Lippen. Zuerst dachte ich, es wäre ein Traum, doch dann spürte ich die

Berührung so heftig, so real, dass mir bewusst wurde, dass es kein Traum sein konnte. Irritiert riss ich die Augen auf und sah, dass es Tim war, der mich zärtlich küsste. Er streichelte über mein Gesicht und sagte: »Hey Kleines.« Ich lächelte und küsste ihn zurück. Es war warm, weich, feucht und wunderschön. Das Maschinengewehr in meiner Brust legte wieder los. Wir knutschten wild und leidenschaftlich, als wäre das die einzige Gelegenheit, uns jemals zu küssen. Ich krallte mich in Tims Haaren fest, er zog mich auf sich, und ich spürte seine Erregung durch seine Hose. Mir wurde schwindelig. Tim packte meine Hüfte und schob meinen Körper so über seinen, als ob wir miteinander schliefen. Aber wir taten es nicht. Er griff nicht mal unter mein Shirt, er zog mich nicht aus, berührte keinen Zentimeter unterhalb meiner Kleidung, und doch berührte er mich überall. Ich spürte ihn an jeder Stelle meines Körpers. Ich vergaß alles um mich herum. Neben uns lag Verena und schlief, ein paar Meter weiter Daniel und Steffen. Sie hätten wach werden und uns beobachten können, aber das war mir egal. Ich dachte nicht mal darüber nach. Das Gefühl für Raum und Zeit war mir völlig abhandengekommen. Ich kann nicht mehr sagen, wie lange das zwischen Tim und mir dauerte, nur dass unsere Bewegungen irgendwann langsamer und sanfter wurden. Schließlich blieb ich still auf ihm liegen. Er nahm mich in den Arm, und ich schlief so ruhig und so tief und so fest wie niemals zuvor und niemals wieder.

Am nächsten Morgen tat Tim so, als wäre nichts gewesen, als hätte ich das alles nur geträumt. Wir verloren nie wieder ein Wort darüber. Wahrscheinlich traute ich mich auch deshalb nicht, ihm meine Gefühle zu beichten. Schließlich schien die Lage für ihn klar zu sein, er wollte ja nicht mal über diese eine Nacht mit mir reden. Seitdem waren wir eben Freunde. Ich hatte das akzeptiert. Meistens jedenfalls.

Nun stand er mit einem Sektglas in der Hand in unserem Wohnzimmer, und mit meiner Akzeptanz war es mal wieder vorbei. Ines schien das zu bemerken.

»Starr ihn nicht so an«, flüsterte sie mir ins Ohr.

Wo sollte ich denn sonst bitte hingucken? Ich versuchte, mich auf mein Sektglas zu konzentrieren, und wischte unsicher den Abdruck meines Lipgloss vom Glasrand ab.

»So, mein Kind, viel Spaß! Und denk dran, passt auf euch auf!«

»Ja Papa, das hast du schon mindestens hundert Mal gesagt.«

»Hast du die Ohrenstöpsel mit?«

»Ja, Papa.«

»Und du benutzt sie auch, klar?«

»Ja, Papa. Nun mach dich nicht so verrückt!«

Mein Vater umarmte mich. Mir war das vor Tim ein bisschen peinlich, aber aus der Nummer kam ich nicht raus.

»Der Papa hat recht, seid vorsichtig! Und wenn was ist, ruf an, wir sind auf jeden Fall erreichbar.« Meine Mutter sah mich mit ernster Miene an und drückte mich fest an sich.

»Okay, danke, wir gehen dann jetzt.« Ich löste mich aus ihrer Umarmung, kippte mir den letzten Schluck Sekt in den Mund und stellte mein Glas auf die Spüle. Ines und Tim auch.

»Okaaaay, los geht's – PARTY!«, grölte Ines, und ich fragte mich, ob sie vielleicht schon mehr als ein Glas Sekt getrunken hatte. Tim grinste mich an, als ob er sagen wollte: »'ne bekloppte Freundin hast du.«

Ja, stimmt, hatte ich. Ines war manchmal ziemlich durchgeknallt, aber meine allerbeste Freundin. Ich kannte sie seit der Grundschule. Leider waren ihre Eltern vor vielen Jahren umgezogen, sodass wir nicht mehr gemeinsam zur Schule gingen. Sonst hätte sie sicher zu mir gehalten, als ich gemobbt wurde. Ines wohnte nun in der Nachbarstadt, und wenn wir uns besuchen wollten, musste eine von uns gute 40 Minuten mit dem Bus fahren oder darauf hoffen, dass ein Elternteil sich erweichen ließ zu fahren. Dieses Mal hatte Ines' Mutter sie zu mir gebracht, und sie wollte nach der Loveparade bei mir übernachten. Mein Vater würde sie dann Sonntag wieder nach Hause fahren. Nach Ines' Umzug hatte mir meine Mutter prophezeit, dass unsere Freundschaft das wahrscheinlich nicht überstehen würde, aber da hatte sie sich geirrt. Ines war immer für mich da, egal wo sie wohnte. Auch als Torben starb. Zu dieser Zeit sprachen wir viel über den Tod: Wir waren doch noch viel zu jung, um damit konfrontiert zu werden. Das mit Torben musste ein unglaublich bescheuertes Missverständnis sein. Da hatte ganz offensichtlich irgendjemand einen saudummen Fehler gemacht.

Nur wer?

Gott?

Ines und ich fanden keine Antwort darauf.

Irgendwann hatte ich sie meiner Clique vorgestellt. Mittlerweile gehörte sie genauso dazu wie ich, wenn sie auch nicht bei allem dabei sein konnte, weil sie so weit weg wohnte. Aber an den Wochenenden bekamen wir es meistens hin, dass sie bei jemandem von uns übernachten konnte. Wir gingen oft zusammen feiern, und Ines stand genauso auf elektronische Musik wie ich.

»Darf ich nicht doch mit?« Philipp guckte zu mir hoch und setzte seinen süßesten Kinderblick auf.

»Nein, dafür bist du wirklich noch zu klein«, sagte mein Vater.

Philipp guckte traurig und nippte an seinem Glas Kindersekt. »Na gut.«

»Wir tanzen morgen noch mal zusammen, okay?«, schlug ich vor.

»Okay.« Ein Lächeln huschte über sein Gesicht.

Ich wuschelte ihm durch die Haare, und wir verabschiedeten uns. Tim packte noch die große Flasche Wasser in seinen Rucksack, die mein Vater ihm in die Hand gedrückt hatte. Dann machten wir uns auf den Weg zum Bahnhof. Meine Mutter stand noch lange in der Haustür und winkte uns hinterher. Ich drehte mich noch einmal um und winkte zurück. Nur ganz kurz, weil ich mir dabei irgendwie albern vorkam. Ich ging schließlich auf keine Weltreise.

Nach ein paar hundert Metern endete die Reihe der Einfamilienhäuschen, und Mehrfamilienhäuser säumten die Straße. Die Wolken hatten sich aufgelöst, und es wurde wärmer. Rechts tauchte der Spielplatz auf. Der große Baum hinter den Bänken stand in sattem Grün. Die Mütter, die ihren Kindern beim Spielen zusahen, saßen darunter im Schatten. Sie blickten kurz auf, und es schien, als ob sie über uns sprächen, schließlich sahen wir zweifelsohne etwas merkwürdig aus, zumindest Ines mit ihren blauen Haaren und der blauen Federboa.

»Whuuuuuhuuu!«, grölte sie, als ob sie die Mütter auf dem Spielplatz provozieren wollte. Die Frauen fühlten sich offenbar ertappt und guckten verschämt weg. Ich musste lachen, Tim auch.

Wir gingen die steile Straße hinter dem Spielplatz hinunter und stießen auf die große Hauptverkehrsstraße, die zum Bahnhof führte. Tim erzählte von der Loveparade in Dortmund und fand Superlative wie »saugeile Stimmung«, »krasse Scheiße« und »die Party des Jahrhunderts«. Boah, freute ich mich.

Tims Handy klingelte. Nein, es hupte. Jedenfalls klang sein Klingelton wie eine Hupe.

»Ja, wir sind unterwegs. … Alles klar. … Wo seid ihr genau? … Okay, bis dann.«

Die anderen standen schon am Bahnhof und warteten auf uns. Wir hatten noch etwa zehn Minuten Fußmarsch vor uns und waren spät dran, also joggten wir den Rest des Weges. Gegen halb zwei kamen wir am Bahnhof an. Ich war ziemlich aus der Puste, wollte mir aber nichts anmerken lassen. Tim sollte mich nicht für ein unsportliches Weichei halten. Er war dummerweise sehr sportlich, ging regelmäßig laufen und schwimmen – und so sah er auch aus. Ines ging es ähnlich wie mir, sie war etwas blass und atmete schwer.

In der Bahnhofshalle wurde uns schnell klar, dass wir nicht die Einzigen waren, die zur Loveparade wollten. Überall in dem Tunnel, der zu den Bahnsteigen führte, standen Grüppchen von Jugendlichen, zum Teil skurril verkleidet. Ein Mädchen trug einen Bikini in Kuhfell-Optik und dazu eine Lederhose, die den Hintern frei- und damit den Blick auf ihren Kuhfell-Tanga zuließ. Ich guckte mich suchend um. Wir waren am Infopoint verabredet, der ungefähr in der Mitte des Tunnels war, allerdings eine Ebene über uns und nur über eine Rolltreppe zu erreichen.

»Cool, cool, cool, guckt mal, wie viele hier nach Duisburg wollen.« Ines klang euphorisch.

»Wartet mal ab, bis wir in Duisburg sind. Da wird es erst richtig voll, und die Stimmung ist mit Sicherheit der Hammer«, sagte Tim.

Mit der Rolltreppe fuhren wir hoch zum Infopoint. Dort trafen wir Steffen, Daniel, Verena und Janek.

»Hey, da seid ihr ja endlich. Wir dachten schon, ihr kommt gar nicht mehr«, begrüßte uns Steffen. Die blassen Sommersprossen auf seinen Wangen schienen zu tanzen.

»Wir hatten doch halb zwei gesagt«, protestierte Tim.

Es war gerade fünf nach halb. Die anderen hatten sich schon vor zwei Stunden bei Steffen getroffen, um vorzuglühen. Mit anderen Worten: Janek und Daniel waren volltrunken, Verena und Steffen einigermaßen angesäuselt.

»Egal, jetzt seid ihr ja da! Das wird geil, Alter!« Daniel streckte Tim die Hand entgegen, und der schlug ein. Wir Mädels umarmten uns zur Begrüßung und gaben den Jungs rechts und links einen Begrüßungskuss.

Verena trug einen schwarzen Ledermini, weiße Fellstulpen und Plateaustiefel, dazu eine schwarze Korsage, die am Rücken eng zusammengeschnürt war. Wie wollte sie auf den Schuhen nur den ganzen Tag laufen? Aber das war glücklicherweise nicht mein Problem. Die Jungs sahen alle verhältnismäßig normal aus. Wie Tim trug Steffen Jeans und T-Shirt. Nur Janek hatte eine riesige rosafarbene Sonnenbrille auf der Nase. Er war ein wenig übergewichtig und wirkte damit wie eine alternde Diva, nur dass er ein Kerl und gerade mal zwanzig war. Daniel trug ein Muskelshirt, Goldkette und ein Cap. Damit sah er aus wie ein Gangsta-Rapper, nicht wie ein Raver.

Die Fahrkarten kauften wir im Reisecenter. Der Verkäufer hatte blau gefärbte Augenbrauen, als hätte er sich mit Ines abgesprochen.

»Coole Augenbrauen«, bemerkte sie.

»Coole Haare«, entgegnete der Verkäufer, der nicht viel älter war und ziemlich gut aussah.

»Sehen wir uns später noch?«

»Vielleicht, wer weiß.«

Ines war in Flirtlaune, und der Verkäufer schien ihr zu gefallen. Offenbar wollte er später auch noch zur Loveparade, aber die Wahrscheinlichkeit, ihn in Duisburg wiederzufinden, war relativ gering. Trotzdem war Ines gut gelaunt. Sie hüpfte fröhlich aus dem Verkaufsraum. Ich guckte auf die Anzeigetafel. Dort wurden mehrere Züge nach Essen angezeigt, wo wir umsteigen mussten, um nach Duisburg zu kommen. Der nächste fuhr um zehn vor zwei von Gleis 1.

Ich schlug meinen schärfsten Kommandoton an und teilte den anderen mit, dass wir uns nun dringend zum Bahnsteig bewegen sollten. Die Gruppe folgte mir, ohne zu murren. Als der Zug einfuhr, hörten wir die ersten Trillerpfeifen. Einige Raver hatten die Fenster geöffnet, streckten die Köpfe heraus und grölten. Ich bekam eine Gänsehaut. Was für ein tolles Gefühl, mit so vielen Menschen zu der größten Techno-Party der Welt zu fahren! Und dann auch noch mit Tim. Ich sah ihn an. Auch er schien überwältigt. Er blickte mit seinem schönsten Lächeln auf den einfahrenden Regionalexpress und dann zu mir. Ines brüllte den Menschen im Zug entgegen: »Yeah, Party on!«, und fuchtelte wild mit dem rechten Arm in der Luft herum.

Die Türen öffneten sich, und wir stiegen ein. Der Zug war voll, aber man hatte noch genug Platz, um bequem zu stehen. Auf einem Vierersitzplatz saß eine Gruppe älterer Herrschaften, zwei Männer und zwei Frauen, die aussahen wie meine Großeltern. Die Männer waren grau, die Haare der Frauen wahrscheinlich gefärbt, die eine war strohblond, die andere brünett. Sie musterten uns. Die Türen schlossen sich. Mit einem Ruck setzte sich der Zug in Bewegung. Irgendwoher kam Musik, und ich musste mich einfach bewegen. Ines ging es ähnlich, wir lächelten uns an und wippten im Takt. Es war »Memories« von David Guetta. Irgendjemand hatte Boxen an seinen MP3-Player oder sein Handy angeschlossen. Die Party ging schon im Zug los. Eine Gruppe anderer Jugendlicher tanzte im Gang. Ein Junge hatte einen Rucksack auf dem Schoß liegen und klopfte darauf im Takt herum, ein anderer machte Beatbox-

Töne dazu. Ines trällerte mit: »Yeah, yeah ... tuterutututu. Hey, hey ... tuterutututu!«

An der nächsten Station stiegen die älteren Herrschaften aus. »Viel Spaß noch!«, sagte einer der Männer, während er sich an uns vorbeischob, und lächelte mich an.

»Danke.«

Ines, Tim, Steffen und ich stürzten uns auf die freien Sitze. Steffen nahm Verena auf den Schoß, Daniel und Janek mussten stehen bleiben. Bei verbleibenden zwanzig Minuten Zugfahrt war das zu verkraften. Tim saß mir gegenüber. Ich wich seinem Blick aus und sah aus dem Fenster. Es machte mich nervös, wenn ich ihn ansehen musste.

Die Landschaft zog an uns vorbei. Oder wir an der Landschaft, wie man es nimmt. Der Ausblick wechselte: Häuser, Bäume, die Autobahn, Felder, Bäume, dann wieder Häuser.

Ich wippte mit dem Kopf im Takt der Musik und starrte nach draußen. Im Augenwinkel bemerkte ich einen schwarzen, runden Aufkleber mit weißer Schrift, der auf der Scheibe klebte. Unauffällig, als wollte er seine Prophezeiung nicht zu laut verbreiten, versteckte er sich in der untersten Ecke des Zugfensters. Ich musste mich ein wenig zu Ines beugen, um zu erkennen, was darauf stand:

»DANCE OR DIE«, las ich.

Ich wiederholte den Slogan innerlich. Tanz oder stirb? Eine komische Aussage. Aber sie gefiel mir auch. Ich wollte tanzen, feiern, das Leben genießen, jede Stunde, jede Minute, jede Sekunde, jeden einzelnen Augenblick. Ich würde Tim heute sagen, was ich für ihn empfand, so viel stand in diesem Moment fest.

»Was'n das?«, fragte Ines.

»Keine Ahnung, irgendein Aufkleber.«

Unter dem Schriftzug stand eine Internetadresse. Tim gab sie in sein Smartphone ein und fand heraus, dass der Slogan wohl so etwas wie das inoffizielle Motto der Loveparade war. Die Webseite gehörte einer Vereinigung von bekannten DJs, von denen einige auch auf der Loveparade auflegten.

»Cooles Motto«, resümierte Tim, »viel besser als THE ART OF LOVE. Was soll das überhaupt heißen: ART OF LOVE?«

Das Gespräch über die »Kunst der Liebe« rutschte, wie sich jeder denken kann, schnell auf die sexuelle Schiene ab, und Tim entschied, dass er das offizielle Loveparade-Motto doch gar nicht so übel fand.

Ich klinkte mich aus der Unterhaltung aus, sah wieder nach draußen und fragte mich, woher der Aufkleber wohl kam und wer ihn dorthin geklebt hatte.

DANCE OR DIE …

Meine Gedanken schweiften ab. Schon verrückt, dass in jedem dieser Häuser da draußen jemand lebte, ein komplettes Leben führte, über das ich nicht das Geringste wusste. Plötzlich kam ich mir klein vor. So viele Menschen, so viele Schicksale. Was wohl jeder einzelne von ihnen erlebte und was er dabei empfand?

Ich sinnierte über mein Leben. Es kam mir so vor, als zöge es an mir vorbei wie die Landschaft da draußen. Es war zwar da, und ich sah es auch, aber ich war nicht imstande, es wirklich zu genießen. Wie schafft man es, Minute für Minute bewusst zu leben? Die Zeit nicht wie die Landschaft bei einer Zugfahrt nur in Fragmenten wahrzunehmen? Und warum machte ich mir jetzt solche Gedanken darüber?

»DANCE OR DIE«, ging mir wieder durch den Kopf.

Wie hatte Torben die Welt wohl wahrgenommen? War es ihm gelungen, bewusster zu leben, weil er ahnte, dass er nicht alt werden würde? Oder hatte er den Gedanken daran verdrängt? Schade, dass ich ihn nicht mehr fragen konnte.

»Wedau 416 für Jupiter 1!«
»Wedau 416 hört.«
»Zur Kenntnis: Die Vereinzelungsanlage
an der Eingangsstelle West ist jetzt offen.
Aktueller Durchlass 500 Personen pro Minute.
Die Auslastung an der Rampe
steigt damit auf 80 Prozent.«
»Habe verstanden.«

9

EMMA

Emma war live auf Sendung. »Es ist natürlich schon was los, aber das befürchtete Chaos ist bisher ausgeblieben«, fing sie an. Wie geplant spulte sie ab, was sie vorher geübt hatte. Jens gab ihr die passenden Stichworte, und Emma kommentierte die Bilder, die im Fernsehen zu sehen waren, als ob auch sie sie sehen könnte. Wenn Emma im Bild war, sprang immer mal wieder jemand vor die Kamera oder tanzte hinter ihr herum. Sie ließ sich nicht beirren. Jens reagierte auf dem Wagen immer richtig und spielte die Bilder und VoxPops ein, wenn Emma das zuvor vereinbarte Stichwort sagte. Nach zweieinhalb Minuten gab sie zurück an die Hauptmoderatoren der Sendung mit den Worten: »Von hier aus also erst mal Entwarnung.«

Die Anspannung fiel von ihr ab. Sie hatte ein gutes Gefühl. Es lief. Die nächste Schalte sollte in etwa einer Stunde sein.

Beate, Roman und Emma gingen zurück zum Ü-Wagen. Der Bahnhofsvorplatz war nicht viel voller als zu den üblichen Stoßzeiten, wenn viele Berufspendler von hier aus zur Arbeit fuhren. Nur dass die Outfits der Reisenden von denen der Standard-Zuggäste doch erheblich abwichen. Ein Polizist ließ die Crew durch das Absperrgitter. Jens stand schon mit dem Lächeln eines Siegers in der geöffneten Schiebetür des Wagens. »Chapeau, junge Frau«, sagte er fröhlich. »Hat doch alles geklappt.«

»Bist du sicher? Hat auch alles gepasst, was ich gesagt habe?

Also ich meine: Haben die Bilder zum Text gepasst beziehungsweise mein Text zu den Bildern?«

»Alles gut.«

Emma neigte zu übertriebener Selbstkritik und wollte immer alles richtig machen, aber die erste Hürde für heute war genommen. Sie hatte fehlerfrei ihre erste Liveschalte moderiert. Und wahrscheinlich würde es gar nicht so voll werden wie von vielen befürchtet. Schließlich lief die Parade auf dem Veranstaltungsgelände schon. Die meisten Raver waren also sicher schon da. Zumindest war Emma früher in Berlin um diese Zeit immer schon auf der Strecke gewesen.

Jens lehnte sich im Satellitenübertragungswagen zufrieden im Stuhl zurück. »Schön, dass nun doch alles funktioniert hat. Heute Morgen dachte ich noch, wir können nicht mal senden von hier aus.«

»Wieso, was war denn?«, wollte Emma wissen. »Du hast gar nichts gesagt.«

»Ich wollte keine miese Stimmung machen.«

Und dann erzählte Jens, was er am Morgen erlebt hatte. Als er gegen zehn Uhr mit dem Übertragungswagen am verabredeten Ort angekommen war, hatte er bemerkt, dass er von dort aus unmöglich eine Verbindung zum Satelliten aufbauen konnte. Die Bäume am Straßenrand waren viel zu hoch, und ohne freie Sicht zum Satelliten keine Liveübertragung. So einfach war das. Jens hatte also unverrichteter Dinge schräg gegenüber vom Bahnhof gestanden und feststellen müssen, dass Roman, der Aufnahmeleiter, bei der Vorbesichtigung des Einsatzortes einen Fehler gemacht hatte. Nach einem unerfreulichen Telefonat mit ihm, einem kurzen Wortgefecht ohne Ergebnis, entschied sich Jens, selbst einen neuen Standort zu suchen. Direkt neben dem Bahnhof sah er eine Haltestelle für Reisebusse. Dort hatte die Polizei eine Absperrung eingezogen und einige Mannschaftswagen positioniert. Ein Reisebus war nicht in Sicht. Direkt daneben hatten die Malteser ein kleines Lazarett aufgeschlagen. Hinter der Absperrung schien Jens noch genug Platz für den Satellitenübertragungswagen zu sein, und von dort aus war der Blick frei Richtung Süden – und damit zum Satelliten. Also sprach er einen der Polizisten an, schilderte ihm das Problem und fragte, ob sich das Fernsehteam hinter die Absperrung stellen dürfe. Der Beamte willigte ein und spendierte Jens und Jonas sogar einen Kaffee, während sie auf Emma und den Rest des Teams warteten.

»Und, seid ihr auf Chaos vorbereitet?«, wollte der Polizist von Jens wissen.

»Chaos, nee warum?«

Er erzählte den beiden Technikern etwas von einem ziemlich engen Eingang zum Gelände und dass da Probleme vorprogrammiert seien. Ein jüngerer Kollege schlug ihm freundschaftlich auf die Schulter und witzelte mit ironischem Unterton: »Ach Karsten, wir haben doch keine Ahnung. Was nicht passt, wird eben passend gemacht.« Die beiden lachten und schlürften ihren Kaffee aus Plastikbechern. Jens und Jonas guckten sich verwundert an.

»Meinst du, wir müssen uns Sorgen machen?«, fragte Jonas leise, und Jens winkte ab: »Panikmache, schätze ich.«

Er schien recht zu behalten.

»Und, wie geht's jetzt weiter?«, fragte er Emma.

Sie entschied, mit Beate eine »frische« Umfrage zu machen. Die beiden Frauen gingen zurück auf den Bahnhofsvorplatz, und Emma sprach mehrere Jugendliche auf ihre Zugfahrt an. Dieses Mal waren die Antworten anders: »Boah, war viel zu voll im Zug, ich hab die ganze Zeit gestanden und war total eingezwängt. Da steh ich gar nicht drauf. Ich bin froh, dass ich da raus bin«, sagte einer. »Der Zug war wie eine Sardinendose«, beschwerte sich ein Mädchen, dessen Haut fast so blass war wie die riesige weiße Sonnenbrille, die es auf der Nase trug.

»Na ja, Party im Zug war aber auch«, schob der Junge daneben hinterher. Es dauerte nicht lange, und Emma hatte genug O-Töne beisammen. Auf dem Rückweg zum Wagen kamen Beate und ihr Hunderte Menschen entgegen. Immer wieder sprangen einzelne Raver vor die Kamera, obwohl offensichtlich war, dass sie nicht lief. Beate hielt sie unterm Arm und hatte sie nicht, wie beim Drehen üblich, auf der Schulter. Trotzdem riefen viele: »Komm ich jetzt ins Fernsehen?«, winkten in die Kamera oder schnitten Grimassen. Jedes Mal musste Beate anhalten oder sich vorbeischlängeln. Das Durchkommen wurde schwieriger.

»Jetzt geht's los«, stellte Emma fest.

»Ja, war doch klar. Ist kein Problem«, sagte Beate.

Zurück am Wagen gab Beate Jens die Disc. Er lud das Material auf den Rechner, und gemeinsam schnitten er und Emma drei O-Töne in einer sinnvollen Reihenfolge zusammen. Sie hatten noch zwanzig Minuten bis zur nächsten Schalte um 15 Uhr.

»Ich glaube, dieses Mal könnte es für dich anstrengend werden«, prognostizierte Jens. »Es wird wahrscheinlich sehr voll, und viele werden im Bild herumturnen.«

Emma war das bewusst. Sie kannte das von Veranstaltungen wie dem Public Viewing bei der Fußballweltmeisterschaft. Heute Abend würde sie keine Stimme mehr haben, weil sie den ganzen Tag gegen die Gesamtlautstärke von Musik, Gegröle und Trillerpfeifen anbrüllen müsste. Aber es gab Schlimmeres. Sie freute sich, dass Jens sich um sie sorgte. Er war kaum älter als sie, aber für den WDR schon an vielen Orten der Welt im Einsatz gewesen. Der Job machte ihm Spaß. Er sah darin seine Berufung. Der einzige Nachteil: Der Schichtdienst belastete seine Beziehung. Er war ständig unterwegs. Und obwohl sich Emma und Jens eigentlich gar nicht kannten, sprachen sie plötzlich über private Dinge wie diese.

»So, jetzt aber raus mit dir, du bist gleich dran«, sagte Jens nach einer Weile, und Emma stieg aus dem Wagen. Gemeinsam mit Beate und Roman marschierte sie zielstrebig einmal längs über den Bahnhofsvorplatz zur angrenzenden Kreuzung. Hier gingen die meisten Raver entlang, die einmal quer durch die Innenstadt mussten und nur auf einem Umweg zum Partygelände kamen. Am Hinterausgang des Bahnhofs war es ähnlich. Auch von dort aus gab es eine Strecke, die einmal um den Bahnhof herum- und dann auf das Gelände zuführte. So sollten die Besucher nicht von einer Seite, sondern von Osten und Westen gleichzeitig kommen. Um Gedränge zu vermeiden, wurden sie auf zwei Strecken verteilt. Erst kurz vor dem Gelände trafen sie in einem Tunnel aufeinander. Genau an dieser Stelle führte eine Rampe auf das Veranstaltungsgelände, der einzige Weg zur Party. Emma wollte dieses »Kanalisierungssystem«, wie es im Vorfeld häufiger genannt worden war, in ihrer nächsten Schalte erklären. Dass es nur diesen *einen* Eingang gab, der gleichzeitig auch als Ausgang diente, war ihr allerdings nicht klar.

Sie rief den Pressesprecher der Bundespolizei an und fragte, wie die Lage sei. »So weit alles in Ordnung, bisher keine Zwischenfälle«, sagte er ihr.

Emma hatte noch nicht ganz aufgelegt, da hörte sie eine blecherne, schrabbelige Stimme: »Achtung, Achtung, bitte bleiben Sie im Bahnhofsbereich! Der Zugang zum Gelände ist voll! Bitte warten Sie hier! Achtung, Achtung, bitte bleiben Sie im Bahnhofsbereich! Der Zugang zum Gelände ist voll! Bitte warten Sie hier!« Ein Polizeiwagen stand direkt am Bahnhofsvorplatz, und über das Megafon auf dem Dach des Wagens schallte die Durchsage. Emma wunderte sich. So voll war es doch gar nicht. Aber gut, wieder etwas, das sie im Fernsehen erzählen konnte.

Dieses Mal wollte sie unbedingt live mit einigen Ravern vor der Kamera sprechen. Sie sah sich um. Wer kam für ein Interview in Frage? Da, nur ein paar Meter entfernt, stand eine Gruppe Jugendlicher. Die sahen doch nett aus und schienen gut gelaunt. Ohne zu zögern, ging sie auf sie zu und sprach sie an: »Hey Leute, habt ihr Lust, ins Fernsehen zu kommen?«

Erst erntete Emma verwirrte Blicke, dann ein albernes Kichern.

»Klaaar! Wie geil ist das denn bitte? Wir kommen ins Fernsehen!«, rief ihr ein Mädchen mit blauen Haaren entgegen. Neben ihr stand eine junge Frau mit feinen Gesichtszügen, langen, dunklen Haaren und blitzend grünen Augen. Sie lächelte Emma schüchtern an. In ihrem Haar hatte sie eine große Sonnenblume, und das glitzernde Top, das sie trug, war mit kleinen aufgenähten Schmetterlingen verziert. Die Schmetterlinge waren Emma sofort ins

Auge gefallen, denn in nicht mal zwei Monaten – im September – wollten sie und Tom heiraten. Auf ihren Einladungskarten, den Menükarten, an den Autoschleifen, ja eigentlich überall würden Schmetterlinge sein. Tom und sie wollten nach ihrer Trauung sogar welche fliegen lassen, statt Tauben. Tauben fand Emma kitschig und langweilig.

»Was müssen wir denn sagen?«, fragte das Mädchen mit dem Schmetterlingstop.

»Ach, macht euch keine Gedanken. Ich stell euch einfach ein paar Fragen, und ihr antwortet. Ganz unproblematisch. Und vorher dürft ihr ruhig ein bisschen grölen und Party machen, wenn ihr wollt.«

Das Mädchen lächelte nun noch ein bisschen breiter. »Cool, vielleicht sieht uns ja jemand, den wir kennen, im Fernsehen«, sagte sie zu der Freundin mit den blau gefärbten Haaren. Emma würde erst in zehn Minuten auf Sendung gehen und bat die Gruppe deshalb um etwas Geduld.

»Kein Problem, wir bleiben. Und dafür kriegst du sogar deine eigene Fankurve; wir brüllen alle W D R, W D R, okay?«, mischte sich ein etwas rundlicher Junge mit einer riesigen rosa Sonnenbrille ein.

Emma schmunzelte. »Macht ihr mal, wie ihr denkt.«

Dann hatte sie Jens auf dem Ohr. »Jens für Emma. Hörst du mich?«

»Klar und deutlich.«

»Sehr gut. Wie sieht denn die nächste Liveschalte aus? Wie stellst du dir den Ablauf vor?«

Sie erklärte ihm, dass sie zuerst über die Stimmung berichten wolle, dann sollte er die Umfrage einspielen, gefolgt von den Bildern der ankommenden Züge und des Glascontainers. Zum Schluss würde sie die Gruppe interviewen.

»Noch fünf Minuten bis zur Schalte«, warf Roman ein.

»Und dann sind wir für drei Minuten im On.«

Einige in der Gruppe wurden ungeduldig. »Ach komm, wir wollen feiern, scheiß aufs Fernsehen!«, brüllte ein Junge mit Cap und einem Muskelshirt ohne Muskeln drin. Andere protestierten. Die Loveparade laufe schließlich nicht weg, und auf zehn Minuten mehr oder weniger komme es ja wohl nicht an. Das Mädchen mit dem Schmetterlingstop beruhigte den Muskelshirt-Typen: »Bleib locker, ist doch lustig, ins Fernsehen zu kommen. Außerdem haben die doch eben durchgesagt, dass man besser hierbleiben soll.« Demokratisch entschieden sie zu bleiben.

Emma hörte die Moderatoren vom Partygelände über den Stecker in ihrem Ohr. Nur noch eine Minute. Beate nahm die Kamera auf die Schulter. Jens hatte einen Beleuchter zum Set geschickt, der aus dem Studio Köln nachgekommen war. Er hielt nun ein LED-Panel nach oben, das hässliche Schatten im Gesicht von Emma und den anderen verhinderte, die die seitlich einstrahlende Sonne verursachte. Ohne Licht von vorne sähe es aus, als hätten sie dunkle Ränder unter den Augen, denn sogar die Wimpern warfen Schatten.

»Okay Leute, es ist gleich so weit. Sobald ich ›Fankurve‹ sage, legt ihr los! Alles klar? Und nicht in die Kamera gucken, nur mich angucken, wenn ihr antwortet«, instruierte Emma die Gruppe, die sich im Halbkreis um sie herumgestellt hatte. »Ach ja, und denkt dran, das ist *nur* Fernsehen, keine Chirurgie am offenen Herzen.«

Alle waren bereit und offenbar in Hochstimmung. Emma hörte, wie jemand »Cool, cool, cool« hinter ihr trällerte, und als Nächstes wieder irgendein Gebrabbel auf ihrem Ohr. Die Moderatoren vom Partygelände hatten etwas gesagt. Oder vielleicht gefragt? War Emma etwa schon dran? Sie konnte beim besten Willen nichts verstehen. Um sie herum schrie und johlte die Menge. Ein paar Trillerpfeifen mischten sich ein, und von irgendwoher kam Musik, die plötzlich lauter wurde. Emma spürte die Vibration der Bässe. Und in all dem Durcheinander rief ihr Jens, so laut er konnte, aufs Ohr: »DU BIST DRAUF!«

»Jupiter 1 für Wedau 60, kommen!«
»Jupiter 1 hört.«
»Der Raumschutz West gibt gerade nach.
An der Vereinzelungsanlage … krschhhh.«
»Wiederholen Sie das, Wedau 60!«
»Die reißen den Zaun nieder.
An der Vereinzelungsanlage wird
der Zaun niedergerissen.
Wir können das allein nicht unterbinden.«
»Wir verlagern gerade Kräfte vom Wedaustadion
zur Unterstützung in Ihre Richtung.«
»Hier Wedau 60, habe verstanden.«

10

RENÉ

Das Mädchen hockte auf einem großen Stein, auf einem Grünstreifen, in der Mitte der Fahrbahn. Es hatte eine riesige weiße Sonnenbrille auf der Nase und war kreidebleich. Die Beine der zierlichen jungen Frau zitterten. Sie atmete schnell. Daneben stand ein Junge in tief auf die Hüften gezogener Hose und trat nervös von einem Fuß auf den anderen.

»Da sind Sie ja endlich. Ihr geht's nicht gut. Sie ist mir fast umgefallen.«

»Hallo, was ist denn los?« René ging vor dem Mädchen in die Hocke. »Wie heißt du denn?«

»Miriam.« Ihre Stimme war dünn, sie rang nach Luft.

»Hallo Miriam, ich bin René. Was ist denn passiert? Warum atmest du so schnell?«

»Sie ist einfach zusammengeklappt«, antwortete ihr Freund für sie.

Die Kleine war höchstens vierzehn und hatte rotblondes, langes Haar. Sie umklammerte mit den Armen ihre Knie und wippte ohne Unterlass mit dem Oberkörper nach hinten und vorne.

»Ist dir erst schwindelig geworden und atmest du seitdem so schnell, oder hast du erst so schnell geatmet und bist dann umgekippt, Miriam?«

Das Mädchen öffnete den Mund, als wollte es etwas sagen, aber kein Ton kam heraus. Seine Atemgeräusche wurden lauter.

Es keuchte.

Frank holte eine Plastiktüte aus dem Wagen und reichte sie Miriam.

»Halt dir die mal vor den Mund. Immer schön in die Tüte atmen und ganz ruhig«, wies er sie in sanftem Ton an. Von ihrem Freund wollte Frank wissen, ob etwas vorgefallen sei, es einen Auslöser dafür gegeben habe, dass sie anfing, so schnell zu atmen. Er erzählte von der Zugfahrt. Eng sei es im Waggon gewesen, so eng, dass einen Bahnhof vorher niemand mehr zusteigen konnte. Da habe sie das erste Mal angefangen zu schnaufen.

»Und dann sind wir gerade wieder voll in die Drängelei gekommen. Das hätten Sie sehen müssen! Hier, auf der Straße. Da ist sie richtig panisch geworden.« Das sei keine zehn Minuten her. Seitdem atme Miriam so hektisch. Er habe versucht, sie zu beruhigen, ohne Erfolg. Im Gegenteil: Sie habe nur noch schneller geatmet und schließlich angefangen zu taumeln. Er habe sie festgehalten und dafür gesorgt, dass sie sich auf den Stein setze. Dann habe er die Notrufnummer gewählt.

René sah Frank nachdenklich an. Innerlich diskutierten sie darüber, ob sie sie mitnehmen und in ein Krankenhaus bringen sollten oder sich ihre Atmung wohl innerhalb der nächsten Minuten wieder normalisieren würde. Hyperventilation hatte meistens psychische Ursachen. Die Atemfrequenz beschleunigte sich, weil jemand in Panik geriet, er Angst oder Schmerzen hatte. Ein kleines Gedränge oder die Enge im Zug konnte unter Umständen schon reichen. Keine große Sache. Der Haken war nur: Wenn Miriam dauerhaft so weitermachte, nahm die CO_2-Konzentration in ihrem Blut ab. Ihre Lungen sogen die Luft so schnell ein, dass sie immer mehr Kohlenstoffdioxid ausatmete, aber kaum noch Sauerstoff aufnahm. Die Blutgefäße im Hirn verengten sich. Ihr Nervensystem würde nicht mehr ausreichend mit Sauerstoff versorgt. Es war also kein Wunder, dass sie taumelte und sich setzen musste. Deshalb auch der Trick mit der Tüte, in die Miriam atmen sollte. Dadurch nahm sie das Kohlenstoffdioxid, das sie abatmete, wieder auf. Frank deutete mit einem Kopfnicken an, dass er der Meinung war, die Kleine gehöre ins Krankenhaus. Die beiden Männer holten die Trage aus dem Wagen und halfen Miriam hinauf.

»Sie kommt wieder in Ordnung, oder?«, fragte ihr Freund. »Dann würd ich jetzt nämlich weiterziehen. Meine Jungs warten.«

»Ja klar, geh du mal feiern«, sagte René verständnislos. »So schlimm ist es nicht.«

Der Junge gab seiner Freundin einen Kuss auf die Wange. Sie riss die Augen weit auf, als wollte sie sich darüber beschweren, dass er nicht bei ihr blieb. Doch sie sagte nichts, atmete stattdessen hektisch weiter in die Tüte.

»Ruf mich an, wenn's dir besser geht!« Dann zog er ab. René und Frank trugen Miriam durch die Menschentraube, die sich um sie herum gebildet hatte, in ihren RTW und schlossen die Tür. Drinnen hörten sie immer noch den dumpfen Klang eines weit entfernten Basses. Die Stimmen, die draußen wild durcheinanderredeten, wurden leiser. Ab und zu bahnte sich der schrille Ton einer Trillerpfeife den Weg in den Wagen.

René versuchte, Miriam zu beruhigen. Er erzählte ihr von einem Konzert, auf dem er als Jugendlicher war, und dass es dort auch so eng geworden war, dass er Beklemmungen bekommen hatte. Plötzlich habe die gesamte Menge angefangen zu pogen, und er habe mittendrin gestanden. Damals sei er noch kleiner gewesen und habe um sich herum nur noch Menschen und keinen Ausweg gesehen. Glücklicherweise habe ihm ein älterer Freund, der größer und kräftiger gebaut gewesen sei, die Hand gereicht und ihn aus der Enge gezogen. Auch er habe damals Panik bekommen, das sei ganz normal in einer solchen Situation, sagte er. Aber nun müsse sie versuchen, wieder ruhiger zu werden. Sie sei in Sicherheit, in einem Rettungswagen. Er sei bei ihr. Ihr könne nichts geschehen. Frank zog die Sauerstoffmaske über Miriams Kopf.

»So, Mädel, gleich ist's besser.«

René stülpte die Manschette des Blutdruckmessgeräts über ihren Arm. Der Stoff blähte sich auf.

»80 zu 50, der Blutdruck ist ganz schön im Keller«, stellte er fest.

Frank blieb hinten im Wagen, um Miriam beobachten zu können. René setzte sich hinters Steuer.

»Leitstelle für RTW 6!«

»Hier Leitstelle, kommen!«

»Eine Person, weiblich, aufgenommen, hypoton, Verdacht auf respiratorische Alkalose. Welche Klinik sollen wir anfahren?«

»Warten Sie, RTW 6, ich kläre das ab.«

Es dauerte eine knappe Minute, bis die Leitstelle René anwies, das St. Anna anzufahren. Es lag im Duisburger Süden, rund neun Kilometer entfernt. Die Fahrt würde mindestens 15 Minuten dauern. Der schnellste Weg war über die A 59, doch *die* dürften sie nur im absoluten Notfall befahren. Die Autobahn sollte freigehalten werden, für einen möglichen Großeinsatz, falls irgendwas Schlimmes passieren sollte.

Also fuhr René durch die Stadt. Am Anfang war das Durchkommen schwierig; erst wegen der Menschen, dann wegen mehrerer kleiner Staus, die sich rund um die Sperrungen gebildet hatten. Doch je weiter sie sich von der Innenstadt und den Wegstrecken zur Loveparade entfernten, desto unwirklicher wurde die Vorstellung, dass in Duisburg gerade die größte Techno-Party der Welt gefeiert wurde. Drum herum ging das Leben seinen gewohnten Gang: Menschen kauften ein, fuhren von der Arbeit nach Hause, Mütter schoben Kinderwagen vor sich her. René dachte darüber nach, wie es wäre, wenn er eine Tochter hätte und sie schon mit 14 auf eine solche Großveranstaltung gehen wolle. Wie würde er als Vater reagieren? Er fand das zu früh. Gut, dass er Jungs hatte und die noch weit davon entfernt waren, auf Partys zu gehen.

»Sie wird langsam ruhiger«, gab Frank von hinten durch.

Das Krankenhaus lag in einer gutbürgerlichen Gegend. Auf der anderen Straßenseite reihten sich Einfamilienhäuschen aneinander. Das Gebäude wirkte wohnlich, sah eher aus wie ein Altersheim als eine Klinik. Vor einigen Zimmern waren kleine Balkone angebracht, hübsch bepflanzt mit roten Geranien. Neben der Zufahrt stand ein Fahnenmast. Eine große rote Flagge wehte im Wind. »MALTESER« stand in weißen Lettern darauf.

Als René den RTW um die Ecke lenkte, sah er sofort das große Zelt, das auf dem Klinikgelände aufgebaut war. Auch hier hatte sich das Personal auf zahlreiche Patienten eingestellt. Die beiden Sanitäter meldeten sich an. Dann brachten sie Miriam auf der Trage in das Zelt und lagerten sie auf eines der Betten um. Ein Arzt sah nach ihr. Sie war wieder ansprechbar, atmete jetzt ruhiger und antwortete auf die Fragen, die ihr gestellt wurden. Frank trat einen Schritt auf sie zu. »Den Typen, den du da bei dir hattest – schieß ihn in den Wind, du hast was Besseres verdient«, sagte er mit durchdringendem Blick. Sie schluchzte und nickte.

Wie schon im Bethesda war auch im St. Anna kaum etwas los. René beobachtete, wie ein Arzt eine Schnittwunde am Fuß eines Mädchens versorgte. Er kniete vor ihr, während sie sich die Tränen von den Wangen wischte. Auf dem Boden lagen türkisfarbene Flip-Flops. Einer war mit Blut beschmiert. Offenbar war sie aus ihm herausgerutscht und in eine Glasscherbe getreten. Ihr großer Zeh blutete heftig. Mehrere Tupfer hatten sich mit Blut vollgesogen. Es sah schlimmer aus, als es war. Eine einfache Fleischwunde, so etwas verheilte normalerweise schnell. Der Arzt reinigte die Wunde und begutachtete sie. Er überlegte offenbar noch, ob er sie nähen musste.

René und Frank verabschiedeten sich.

»Danke!«, rief ihnen Miriam leise hinterher.

Frank drehte sich noch einmal um. »Ach bitte, bitte, gerne geschehen. Das ist unser Job.« Er lächelte dem Mädchen zu und deutete mit der einen Hand ein Winken an, während er mit der anderen die Trage zurück Richtung Rettungswagen bugsierte.

Routinemäßig desinfizierten die beiden ihre Ausrüstung, zogen wieder ein neues Laken auf und tauschten dieses Mal die Sauerstoffmaske aus. Alles wieder wie neu. René schob sich hinters Steuer des Rettungswagens, Frank setzte sich auf den Beifahrersitz und griff zu Renés Kamera. Er fotografierte das Zelt vor der Klinik. »Muss man doch mal festhalten, diesen ganzen Aufwand.« Sogar ein Spülbecken hatten sie draußen über einem Gully aufgestellt, um Bettpfannen und Brechschalen zu reinigen.

Das Team meldete sich über Funk wieder einsatzbereit. Bis sie zurück am Stützpunkt waren, brauchten sie gute 20 Minuten. Die enge Einsatztaktung, von der ein Kollege bei der Loveparade in Dortmund gesprochen hatte, schienen sie bei Weitem nicht zu erreichen. Es war schon 14 Uhr, und sie hatten bisher gerade einmal zwei Einsätze gehabt. Das war kaum der Rede wert.

Auf dem Rückweg versuchten sie, die Hauptzulaufstrecken zum Loveparadegelände so gut es ging zu umfahren, doch kurz vor dem Ziel mussten sie die Düsseldorfer Straße kreuzen. René traute seinen Augen kaum. Als er langsam auf die Straße zufuhr und nach rechts blickte, sah er ein Meer oder – von der Form her – einen Fluss aus Oberkörpern und Köpfen. Eine einzige bunte, wabernde Masse. Der Wahnsinn. Mehrere Polizeibeamte öffneten die Gitterabsperrung, damit der Rettungswagen einfahren konnte. Frank schaltete kurz das Martinshorn ein. Ein wenig Aufmerksamkeit konnte nicht schaden. Der Menschenstrom geriet ins Stocken. René manövrierte den RTW Meter für Meter über die Straße. Immer wieder bremste er plötzlich ab, weil er zu erkennen glaubte, dass jemand noch seinen Fuß in der Nähe eines Reifens haben könnte. Gut, dass es nicht schnell gehen musste. Sie hatten Zeit.

Ein Mädchen mit schwarzen, lockigen Haaren blieb mit nach oben gestreckten Armen vor dem Wagen stehen, zeigte mit beiden Händen das Zeichen für Frieden, brüllte dabei laut »Peace« und setzte sich wieder in Bewegung. Irgendjemand bollerte gegen die Seitenwände des Wagens. René versuchte, im Spiegel zu eruieren, wer es gewesen sein könnte und ob es sich lohnte auszusteigen, aber derjenige war längst weitergezogen. Ihm wurde wärmer. Schweißperlen bildeten sich auf seiner Stirn. Die Straße war vierspurig und an die 20 Meter breit. Wenigstens mussten sie sie nicht entlangfahren, sondern nur einmal quer rüber. Frank sagte kein Wort. Nach wenigen Minuten hatten sie es geschafft.

»Alter, was ist denn hier los?« Es schien, als hätte Frank die ganze Zeit die Luft angehalten und nun platzte es aus ihm heraus.

»Ja, heftig. Ich würde sagen, jetzt ist es wirklich voll.«

Als sie wieder am Einsatzstützpunkt ankamen, reihten sie sich erneut in die Schlange der Rettungswagen ein. Bestimmt zehn RTW parkten vor ihnen, sie konnten sich also erst mal entspannen. Jede Menge Rettungskräfte standen tatenlos rum, unterhielten sich, scherzten, fotografierten. Frank ging schnurstracks auf die Verpflegungsstation zu und zog sich an einem der Spender einen Kaffee. Dann steckte er sich genüsslich eine Zigarette an. Mit dem Becher in der einen und der Kippe in der anderen Hand ging er rüber zu einer der Bierzeltgarnituren neben der Verpflegungsstation. René holte sich eine Flasche Wasser und hockte sich dazu. Immer im Wechsel führte Frank die Zigarette und den Kaffeebecher zum Mund.

»Und, was meinst du, bleibt es so ruhig?«, pustete er den Rauch aus.

»Kann ich mir bei den Massen beim besten Willen nicht vorstellen.«

Sie unterhielten sich über den nächsten Urlaub, den Frank plante – es sollte nach Kroatien gehen –, über Renés Sohn, der gerade eine Eins in Mathe geschrieben hatte, über Franks Ex, die ihn monatelang betrogen und die er deshalb erst kürzlich zum Teufel gejagt hatte. Glücklicherweise waren keine Kinder im Spiel. René drehte nervös an seinem Ehering herum. Er hoffte, dass ihm das nie passieren würde. Er war glücklich mit Nora und vertraute ihr. So etwas würde sie ihm nicht antun. Nora liebte ihn, da war er sich sicher. Sie hatte ihn darin unterstützt, wieder als Rettungssanitäter zu arbeiten. Eigentlich war er Informationstechniker im Außendienst, ein Computer-Spezi, doch während des Studiums hatte er immer wieder Schichten auf dem Rettungswagen geschoben. Als er mit dem Studium fertig war, hörte er eine Weile damit auf, zwei Jahre vielleicht. Der Berufseinstieg kam ihm so anstrengend vor, dass er einfach keine Zeit mehr hatte. Doch er merkte schnell, dass ihn der Job als IT'ler nicht glücklich machte. Rettungssanitäter war er mit Anfang zwanzig aus Überzeugung geworden. Er hatte als Jugendlicher einmal einen älteren Mann auf der Straße liegen sehen, der bewusstlos war. Niemand half ihm. Alle standen herum und gafften. René ging damals auf den Mann zu und sprach ihn an. Keine Reaktion. Daraufhin brüllte er die Gaffer an, sie sollten nicht so blöd rumstehen, sondern einen Krankenwagen rufen. Was hätte er sonst tun sollen? Er konnte nicht helfen, obwohl er helfen wollte. Als der Rettungswagen ankam, beobachtete er die Sanitäter bei der Arbeit. Der Mann lebte noch. Warum er bewusstlos geworden war, erfuhr René nicht. Aber als er die Sanitäter sah, die genau wussten, was sie tun mussten, bei denen jeder Handgriff saß, und er Zeuge wurde, wie sie den älteren Mann innerhalb kürzester Zeit wieder zu Bewusstsein brachten, da keimte der Wunsch in ihm auf, das auch tun zu können.

Ausgebildet zu sein, um anderen Menschen zu helfen – nichts erschien René erstrebenswerter. Seinen Eltern aber schon. Sie hatten gewollt, dass er studierte. Und er hatte sich nicht widersetzt. Da er sich viel mit Computern beschäftigte und seinen Freunden in seiner Freizeit half, wenn sie Probleme mit ihren Rechnern hatten, wurde es ein Informatikstudium. Für Medizin hätte er bessere Noten gebraucht. Doch eigentlich machte er das Studium nur nebenbei. Seine wahre Leidenschaft war der Rettungsdienst. Die Ausbildung machte er in den Semesterferien, und in jeder freien Minute saß er auf einem RTW.

Als er mit dem Studium fertig war und seinen ersten Job bei einem großen Unternehmen antrat, merkte er allerdings schnell, dass er beides nicht unter einen Hut bekam. Es war zu viel, und er beschränkte sich auf seinen neuen Job. Doch Nora sah, dass es ihm nicht gut ging, und irgendwann schlug sie ihm vor, seine Arbeitszeit im Außendienst auf 75 Prozent zu reduzieren und stattdessen wieder, zumindest aushilfsweise, Rettungswagen zu fahren. Seitdem ging es René besser. Er brauchte diesen Job, der ihn immer wieder zurück auf den Boden der Tatsachen holte und ihm nur allzu oft zeigte, was wirklich wichtig war im Leben, als Ausgleich zu der von ihm als oberflächlich empfundenen Welt der Bits und Bytes.

»Einsatz für RTW 6!«, schallte es über die Lautsprecheranlage. Frank drückte seine Zigarette aus, ging zu dem großen Reisebus und holte sich den Zettel ab, auf dem stand: »Pat weiblich, Verdacht auf Fraktur, UFH 92-5, Krankentransport ins Bethesda.« René freute sich. Endlich bekam er die Chance, etwas von der Veranstaltung zu sehen.

»Wedau 30 für Jupiter 655!«
»Wedau 30 hört.«
»Wir brauchen dringend Securitykräfte an der Rampe. Und zwar oben am Ende. Die sollen dafür sorgen, dass sich die reinströmenden Menschen nach rechts und links verteilen. Die müssen zu den Seiten gedrängt werden, damit Platz ist. Die zwei Securitys schaffen das nicht.«
»Verstanden. Ich gebe das weiter. Ende.«

11

KATTY

»Nächster Halt Essen Hauptbahnhof. Anschlusszüge zur Loveparade in Duisburg Gleis 1 und 2«, tönte es über die Lautsprecheranlage. Mit leichten Anlaufschwierigkeiten erhob sich Verena von Steffens Schoß. Der Zug bremste, und sie fiel wieder zurück. Grinsend genoss er es. Verena suchte vergeblich Halt auf ihren Plateaustiefeln und griff nach der Lehne des Sitzes. Ines rutschte nervös hin und her. »Wir sind gleich daaaaa!« Der Zug fuhr ein. Um mich herum fingen alle im Chor an zu singen.

»Jetzt geht's looos, jetzt geht's looos!«, brüllte Janek in mein Ohr. Gar nichts ging los. Erst mal mussten wir umsteigen. Wir zwängten uns durch die Zugtür auf den Bahnsteig. Über den Treppenabgängen hingen große, weiße Schilder, auf denen mit schwarzen Buchstaben »ZUR LOVEPARADE« stand. Plötzlich wurde es real, ich war tatsächlich auf dem Weg zur Loveparade. Genial! Eine Megaparty mit meiner Lieblingsmusik! Es sollte die dritte Parade bei uns in der Nähe sein. Letztes Jahr war sie abgesagt worden, weil die Bochumer Oberbürgermeisterin meinte, dass der Bahnhof für so viele Menschen zu klein und die Straßen zu eng seien. Was für eine Spaßbremse, hatte ich damals gedacht. Im Jahr davor war die Loveparade in Dortmund. Und davor in Essen. Bei der ersten war ich mit meinen Eltern im Urlaub. Eigentlich wollte ich allein zu Hause bleiben oder mit einer Jugendgruppe irgendwohin fahren, ohne Mama und Papa. Aber meine Eltern buchten zwei Wochen in einem hübschen Hotel auf Mallorca, direkt am Strand. Das überzeugte mich. Also hörte ich Meeresrauschen, während in Essen die Bässe durch die Häuserschluchten schallten. Das war okay. Doch umso mehr freute ich mich danach auf die Loveparade in Dortmund. Ich war mit mehreren Leuten aus meiner Clique verabredet, darunter auch Tim. Wäre in der Woche vor der Loveparade nicht ein fieses Magen-Darm-Virus in der Firma meines Vaters umgegangen und hätte er sich nicht angesteckt und danach mich, dann wäre es sicher ein toller Tag geworden. Stattdessen hing ich, während meine Freunde feierten und tanzten, den Großteil des Tages über unserer Kloschüssel und verfolgte die Loveparade in der kotzfreien Zeit im Fernsehen.

Was für ein Glück, dass es dieses Mal endlich geklappt hatte! Bevor in den nächsten Monaten der Endspurt zum Abitur angesagt war, wollte ich noch mal richtig Party machen. Nach den Ferien würde es noch stressig genug werden. Ich war fest entschlossen, Jura zu studieren, weil ich einen großen Sinn für Gerechtigkeit hatte. Aber der Numerus clausus lag an den Unis in NRW bei um die 2,0, und die blöde Karlmeier hatte mir in Physik eine Vier reingedrückt. Davon müsste ich im nächsten Halbjahr unbedingt runterkommen. Wenigstens stand ich in Deutsch glatt Eins.

»Wovon träumst du denn?«, riss mich Ines aus meinen Gedanken.

»Ach, nichts. Ich bin nur saufroh, hier zu sein.«

»Jo, megageil, oder?«

Ich nickte.

Wir gingen die Treppen runter in den Bahnhofstunnel. Die bunt verkleideten Raver mischten sich mit normalen Fahrgästen. Ein junger Vater hatte seinen kleinen Sohn auf den Schultern und zeigte auf uns. Das Kind lachte. Auf einer Bank saßen zwei ältere Damen, die in unsere Richtung sahen und sich angeregt unterhielten. Knittrige Gesichter, schlohweißes Haar. Worüber sie wohl sprachen? Vielleicht über ihre eigene Jugend und dass es so etwas wie die Loveparade früher nicht gegeben hatte. Vielleicht über die Jugend von heute, die so selbstbewusst, so laut durch den Bahnhofstunnel zog und so tat, als sei das heute ihr Tag, ihr Bahnhof, ihr großer Auftritt. Aber genauso war es ja auch. Die Welt gehörte uns. Eine der Frauen lächelte. Sie lästerten also nicht. Wie es wohl ist, so alt zu sein?

Tim legte den Arm um meine Schultern. »Freust du dich?«

»Und wie!«

Er bot mir eine Flasche Bier an, Steffen hatte einen ganzen Vorrat in seinem Rucksack. Ich lehnte ab. Vielleicht würde ich mir später auf dem Gelände eins genehmigen, aber jetzt wollte ich erst mal ankommen und nicht schon vor der Party angeschickert sein.

Mit der Rolltreppe fuhren wir hoch zu Gleis 2. Ein paar Stufen unter mir alberten Verena und Steffen miteinander rum. Sie strich ihm über die blonden, in die Stirn gekämmten Haare, als wollte sie seine Frisur richten. Wahrscheinlich suchte sie nur einen Vorwand, um ihn zu berühren. Tim unterhielt sich mit Janek. Die beiden prosteten sich zu und nahmen synchron einen großen Schluck Bier aus ihren Flaschen. Ines schien im Takt einer imaginären Musik zu tanzen. Daniel stand teilnahmslos daneben und sah sie skeptisch an.

Als der Regionalexpress wenig später einfuhr, war er schon voll. Wir quetschten uns hinein und standen dicht gedrängt. Der Schaffner pfiff, und die Türen schlossen sich nur knapp hinter den Rücken einiger Raver. Die Bahn setzte sich in Bewegung. An der nächsten Haltestelle konnte niemand mehr zusteigen. Kein Platz. Von Minute zu Minute wurde die Luft dicker. Es stank beißend nach Schweiß. Ich hielt meine Nase in Richtung Tim und Ines. Noch rochen beide angenehm. Vor allem Tim natürlich. Aber bei all den anderen Gerüchen in diesem Zug konnte ich selbst das kaum wahrnehmen. »Es müffelt«, sprach es Ines aus. Da mussten wir jetzt durch.

»Wir könnten es auf einen Musikwagen schaffen, falls wir jemanden kennenlernen, der uns raufschmuggelt«, fing sie an zu phantasieren. Das war Ines' Art, dem Gestank zu entfliehen.

Ich fragte, warum das jemand tun sollte, und sie warf mir einen verschwörerischen Blick zu, als ob sie sagen wollte: »Wart's ab, heute ist alles möglich.« Natürlich wäre es ein Traum, einmal auf einem Float mitfahren zu dürfen und von dort aus über die feiernden Menschenmassen zu gucken. Aber in erster Linie wollte ich mit meinen Freunden eine gute Zeit haben und so lange tanzen, bis meine Füße streikten. Wenn ich auch sonst nicht besonders sportlich war, beim Tanzen hatte ich Kondition.

»Duisburg Hauptbahnhof.«

Als der Zug bremste, rutschte ich Tim entgegen. Er hielt mich fest und lachte. »Du sollst mich nicht gleich anspringen.«

War das peinlich. Ich kicherte verlegen.

»Hatte ich auch nicht vor.«

Aber dagegen hatte ich auch nichts.

Es war lange her, dass ich ihn so unbeschwert und gut gelaunt gesehen hatte. Wie schön, dass es ihm besser ging.

Vor einigen Monaten – es war noch kein Jahr her – war sein Vater bei einem Motorradunfall verunglückt. Was genau passiert ist, weiß ich nicht. Ich weiß nur, dass er zunächst überlebt hatte. Aber als ihm die Ärzte sagten, dass er wahrscheinlich vom Hals abwärts gelähmt bleiben würde, ist er zwei Tage später gestorben. Wasser in der Lunge. Tim war davon überzeugt, dass sein Vater sich bewusst aufgegeben hatte, und fühlte sich von ihm im Stich gelassen. Schon wieder jemand, der ihn im Stich ließ. Seine Mutter hatte Tim schon seit zehn Jahren nicht mehr gesehen. Sie hatte ihn und seinen Vater verlassen und war nach Mallorca ausgewandert. Einfach so. Damals war er elf. Auf den Kontakt zu ihr legte Tim keinen Wert. »Mit dem Thema bin ich durch«, sagte er mir mal. Nun waren er und seine Schwester allein. Eigentlich nur er. Denn sie lebte mit ihrem Mann und zwei Kindern in Hamburg. Wenigstens hatte Tim schon eine eigene Wohnung und einen Job, als sein Vater starb. Er arbeitete als Mechatroniker bei einem großen Automobilkonzern. Sein Leben ging also weiter, irgendwie.

Eine Weile fuhr Tim kein Motorrad mehr, obwohl das Motorrad sein Ein und Alles war. Auch bei unserer Clique ließ er sich wochenlang nicht blicken. Als ich mich darüber wunderte, dass er wie vom Erdboden verschluckt war, erzählte mir Steffen das mit Tims Vater. Mit mir sprach Tim nie darüber. Ich rief ihn an, aber er ging nicht ans Telefon.

Dann war er plötzlich wieder da und tat so, als ob nichts gewesen sei. Darin war er gut. Als wir auf einer Party zusammensaßen und gerade niemand anderes in Hörweite war, sagte ich ihm, dass mir das mit seinem Vater unendlich leidtue. Er nickte, stand auf und ging. Wahrscheinlich wollte er nicht daran erinnert werden. Ich weiß noch, wie es für mich war, als Torben starb. Da wollte ich auch nicht darüber reden. Ich wollte nicht mal, dass es irgendjemand erwähnte. Denn wenn niemand darüber spricht, dann ist es vielleicht gar nicht passiert.

Dass Tim mir wieder dumme Sprüche drücken konnte, war jedenfalls ein gutes Zeichen.

Als der Zug stoppte, war es für einen Moment beinah still. Nichts geschah. Dann rumste es, die Türen gingen auf, und plötzlich konnten wir uns wieder frei bewegen. Die Ersten stiegen aus, der Druck im Inneren des Zuges nahm ab. Janek fächerte sich mit der Hand Luft zu. Er sah blass aus. Sein Kreislauf spielte verrückt. Tim holte die Wasserflasche aus dem Rucksack und hielt sie ihm hin. Janek nahm sie dankend an und kippte sich einen großen Schluck in den Mund. Auch mir war warm, und meine Haare klebten im Nacken fest. War ich froh, als wir endlich aussteigen konnten. Noch nie zuvor hatte ich die frische, kühle Luft auf einem Bahnsteig so genossen. Ich inhalierte die Freiheit. Tat das gut.

Hier hingen die gleichen großen, weißen Schilder mit dem schwarzen Schriftzug »ZUR LOVEPARADE« wie in Essen. Rechts und links war das Symbol für die Loveparade abgebildet: ein schwarzes Herz, umrahmt von einem Kreis schwarzer Punkte. Einige Beamte der Bundespolizei sahen uns mit prüfendem Blick an. Wir folgten den Schildern. Obwohl ich mich freute, drückte mein Magen unangenehm, wie vor einer schweren Klausur. Wir gingen durch den Bahnhofstunnel, und anders als in Essen waren hier kaum »normale« Fahrgäste zu sehen. Scharen von Jugendlichen zogen durch den Tunnel. Wir hatten den Duisburger Hauptbahnhof übernommen – sangen, grölten, feierten, und einige pusteten in ihre Trillerpfeifen. Die Töne hallten von den Wänden zurück und wurden durch sie verstärkt. Krass, wie viele unterschiedliche Menschen diese Party mit uns feiern würden. Da waren jüngere Mädchen, vielleicht gerade 14 oder 15, da waren richtige Frauen, sicher um die 30, und auch einige Leute, die so alt wie meine Eltern aussahen. Vielleicht sogar älter. Jungs mit Rastazöpfen, andere mit glatt nach hinten gegeltem Haar, einige mit Haaren, die sie zu Stacheln geformt hatten, alle waren so unterschiedlich, und doch hatten sie *eins* gemeinsam: Sie wollten eine der größten Partys ihres Lebens feiern. Wir alle mochten elektronische Musik. Wir alle wollten Spaß haben. Niemand guckte ernst oder angestrengt. Selbst Janek nicht mehr.

Als wir aus dem Bahnhofsgebäude kamen, blendete mich die Sonne. Ich blinzelte. Die Sonnenbrille lag zu Hause auf meinem Schreibtisch, so ein Mist. Aber egal: Hauptsache gutes Wetter. Das war toll. Der ausgeschilderte Weg führte vom Seitenausgang einmal um den Bahnhof herum. Wir marschierten über eine Autobahnbrücke. Doch kein Auto weit und breit. Ein ungewohnter Anblick. Dann liefen wir auf den Bahnhofsvorplatz zu. Er lag links von uns. Dort standen Polizisten in schwarzen Uniformen und bewachten hüfthohe Absperrgitter, die den Durchgang verengten. Unzählige Raver saßen auf den Mauern diverser Blumenbeete. Geradeaus schien es nicht weiterzugehen. Dort standen hohe Zäune und dahinter mehrere Mannschaftswagen der Polizei. Daneben hatten Sanitäter ihren Stützpunkt eingerichtet.

»Und jetzt?«, fragte Janek.

»Ich würde vorschlagen, wir folgen einfach der Masse, und die geht offensichtlich dort entlang.« Ich zeigte nach rechts. »Die werden schon wissen, wo sie hinlaufen.« Zwischen den Häuserschluchten schoben sich die Menschen langsam vorwärts.

»Vielleicht sollten wir uns erst mal orientieren«, entschied Steffen und scherte Richtung Bahnhof aus. Wir folgten ihm. Tiefe Bässe dröhnten über die Bahnhofsplatte. Wow, klang das toll. Reflexartig ging ich tanzend weiter.

Ines kreischte: »Ist das geil!«

Wenn wir hier schon die Musik hörten, konnte es nicht mehr weit zur Loveparade sein.

»Achtung, Achtung, bitte bleiben Sie im Bahnhofsbereich! Der Zugang zum Gelände ist voll! Bitte warten Sie hier! Achtung, Achtung, bitte bleiben Sie im Bahnhofsbereich! Der Zugang zum Gelände ist voll! Bitte warten Sie hier!«

Was bitte war das? Ich drehte mich im Kreis. Hinter uns stand ein Polizeiwagen mit einem Megafon auf dem Dach. Dann folgte die Durchsage ein weiteres Mal.

»Das kann doch nur ein Witz sein.« Ines war entrüstet.

»Ach komm, die wollen uns doch verarschen.« Tim konnte es nicht glauben. Und Janek stellte fassungslos fest: »Wir sind doch nicht hierhergekommen, um am Bahnhof zu feiern.«

Das konnte nicht deren Ernst sein. Es war noch nicht mal drei. Wir sahen uns ratlos an.

»Scheiß drauf, wir gehen weiter!«, sagte Daniel und drehte den Schirm seines Caps von vorne nach hinten.

Steffen stellte seinen Rucksack auf den Boden, öffnete ihn und verkündete: »Cool bleiben, Leute, wir trinken jetzt einfach erst mal alle ein Bier.« Er drückte jedem von uns eine Flasche in die Hand. Also gut, ein Bier würde schon nicht schaden. Wir stießen miteinander an.

In diesem Moment hörte ich eine Stimme hinter mir.

»Hey Leute, habt ihr Lust, ins Fernsehen zu kommen?«

Eine junge Frau im schwarzen Kleid mit türkisfarbenen Blumen kam auf uns zu. Sie hielt ein Mikrofon in der Hand, auf dem WDR stand.

»Ach du Scheiße, das ist kein Scherz«, dachte ich, und Ines rief: »Klaaar! Wie geil ist das denn bitte? Wir kommen ins Fernsehen!« Keiner widersprach.

Okay, wenn der Eingang zum Gelände voll war, hatten wir ohnehin Zeit. Und die Reporterin schien ganz nett zu sein. Jedenfalls lächelte sie freundlich und stellte sich uns vor. Emma Weber hieß sie. Außer dass ich kurz vor einem Herzkasper stand, sprach eigentlich nichts dagegen. Sicher würden sich meine Eltern freuen, mich im Fernsehen zu sehen. Also nahm ich meinen ganzen Mut zusammen und fragte: »Was müssen wir denn sagen?«

»Ach, macht euch keine Gedanken. Ich stell euch einfach ein paar Fragen, und ihr antwortet. Ganz unproblematisch.« Außerdem dürften wir ruhig ein bisschen Stimmung machen, sagte sie. Das war unsere leichteste Übung. Ines grinste über das ganze Gesicht. Hinter der Reporterin stand eine weitere Frau, die eine riesige Kamera in der Hand hielt, daneben ein Mann, der etwas mit sich herumschleppte, das aussah wie eine überdimensionierte Stehlampe.

Die Reporterin bat uns um etwas Geduld. Es dauere noch zehn Minuten, bis wir dran seien. Janek drehte jetzt voll auf. Sein Kreislauf hatte sich offenbar beruhigt. Die Chance, ins Fernsehen zu kommen, ließ seinen Blutdruck zur Höchstform auflaufen. Er sah putzmunter aus und wollte sich diese Gelegenheit keinesfalls entgehen lassen. Deshalb machte er sogar noch ein Zusatzangebot: Er schlug der Reporterin vor, eine WDR-Fankurve zu organisieren. Wir sollten alle nebeneinanderstehen und gleichzeitig »W D R! W D R!« rufen. Nein danke, ich würde auf keinen Fall mitbrüllen. Sollte Janek mal machen. Er war bestimmt die unterhaltsamste Ein-Mann-Fankurve, die der WDR je auf Sendung hatte.

Tim verdrehte die Augen, und auch Frau Webers Gesichtsausdruck ließ den Schluss zu, dass sie Janek für mittelmäßig durchgeknallt hielt. »Macht ihr mal, wie ihr denkt«, sagte sie.

Dann warteten wir. Ines tippte eine SMS, die sie an sämtliche Freunde und natürlich ihre Eltern schickte. Der Inhalt: »Alle sofort WDR gucken! Bin gleich im Fernsehen!« Ich versuchte, meine Eltern zu erreichen, aber ich hatte kein Netz, also schrieb auch ich eine SMS.

Janek schien gedanklich komplett abwesend. Er bereitete sich wohl innerlich auf seinen großen Auftritt vor. Daniel steckte sich eine Zigarette an und nestelte an seiner Goldkette herum. Er sah genervt aus. Steffen fragte, was mit ihm los sei, und Daniel schimpfte, dass er endlich feiern wolle. Wir versuchten, ihn zu beruhigen.

»Bleib locker, ist doch lustig, ins Fernsehen zu kommen. Außerdem haben die doch sowieso eben durchgesagt, dass man besser hierbleiben soll«, sagte ich.

Daniel setzte die Bierflasche an seinem Mund an, kippte sich eine ordentliche Menge in den Hals, schluckte, setzte die Flasche wieder ab und zuckte mit den Schultern.

»Na schön. Aber danach machen wir uns auf den Weg, egal was die durchsagen.« Wir waren uns einig.

Die Reporterin kam wieder auf uns zu. »Es ist gleich so weit«, verkündete sie und erklärte, dass wir loslegen könnten, sobald sie »Fankurve« sage. Außerdem sollten wir nicht in die Kamera gucken und einfach auf ihre Fragen antworten. So schwer konnte das ja wohl nicht sein.

Frau Weber stellte sich zwischen uns und die Kamerafrau. An dem Gürtel auf ihrem Rücken war ein kleines technisches Gerät befestigt. Ein Kabel führte zu ihrem Ohr. Darüber bekam sie sicher irgendwelche Regieanweisungen. Der Mann neben der Kamera hielt die Lampe nach oben. Sie strahlte mir grell ins Gesicht und blendete. So ein Mist, dass ich die blöde Sonnenbrille vergessen hatte. Nicht nur wegen des Lichts, auch weil ich mich gerne hinter den abgedunkelten Gläsern versteckt hätte.

»Cool, cool, cool«, sang mir Ines ins Ohr und lächelte mich an. Sie schien aufgeregt, aber nicht ängstlich. Eine Strähne ihrer blauen Haare hatte sich aus der Hochsteckfrisur gelöst und fiel locker über ihre Schultern. Meine Hände waren schwitzig, ich wischte sie nervös an meiner Jeanshose ab. Nervenflattern. Was für ein Tag: Es war meine erste Loveparade, und jetzt kam ich auch noch ins Fernsehen.

Um uns herum versammelten sich immer mehr Raver, die mitbekommen hatten, dass hier gleich eine Liveübertragung stattfinden würde. Ein Mann mit einer Stoppuhr in der Hand fuchtelte plötzlich wild herum. Die Reporterin fing an zu reden.

12

EMMA

»Ist schon Vollchaos, oder geht's noch?«, war die Frage der Moderatorin. Für eine Schrecksekunde hielt Emma inne. Sie verstand kein Wort. Was sollte sie antworten? Egal. Nur nicht schweigen, machte ihr Jens unmissverständlich klar. Sonst hätte er ihr wohl kaum so ins Ohr gebrüllt. Auch Roman gab ihr Handzeichen, die wohl bedeuten sollten: »Du bist drauf. Rede!« Also setzte Emma ein: »Ich hab euch leider nicht verstanden, aber die Besucherströme reißen nicht ab. Hier ist richtig was los, und wir haben sogar schon unsere eigene Fankurve.« Emma hielt ihr Mikrofon nach hinten in die Gruppe.

Alle schrien: »W D R, W D R, W D R!«

Jugendliche, die den Westdeutschen Rundfunk feierten. Das war doch mal was. Emma war ein bisschen stolz auf sich und ihre Fankurve. »Die Stimmung hier ist fast so gut wie auf dem Partygelände«, übertrieb sie. Das treffe sich gut, denn man solle ohnehin lieber am Bahnhof bleiben, habe die Polizei gesagt. Drei Halbstarke schoben sich zwischen Emma und die Kamerafrau. »Der Zugang zum Gelände, der ist momentan anscheinend so verstopft, wie es hier jetzt gerade ist«, reagierte sie prompt und drückte die Jungs mit einer Hand beherzt zur Seite. Sie moderierte wie geplant weiter, erklärte das Wegesystem zum Gelände und alles zu den Sonderzügen und zum Glasverbot. Jens brüllte ihr ständig Kommandos aufs Ohr. Emma schob noch ein, dass die

Züge nur in gewissen Abständen einfahren dürften, damit nicht zu viele Besucher auf einmal auf dem Weg zum Partygelände seien. Und auch die 1.200 zusätzlichen Bundespolizisten, die im Einsatz seien, erwähnte sie. Die sollten verhindern, dass einzelne Raver direkt über die Bahnschienen zum Partygelände liefen.

Emma kannte jede Menge Zahlen und Fakten zu der Veranstaltung. Details konnte sie sich gut merken. Nachdem sie das Gefühl hatte, alles Wichtige gesagt zu haben, drehte sie sich zu der Gruppe um und fragte den rundlichen, großen Jungen in der Mitte: »Was erwartest du von der Loveparade in Duisburg?« Er schrie beinah hysterisch in ihr Mikrofon: »Party ohne Ende, Party ohne Ende«, und wedelte dabei mit der Hand nervös in der Luft herum. Der Typ war lustig, aber auch ziemlich überdreht.

Emma brauchte dringend eine vernünftige Antwort mit etwas mehr Inhalt. Sie wandte sich dem Mädchen im Schmetterlingstop zu. Das sah vernünftig aus, sympathisch und vor allem nüchtern. Sie stellte ihm die gleiche Frage. Die junge Frau lächelte und enttäuschte Emma nicht. Sie freue sich riesig auf die Loveparade und wolle einfach nur feiern und eine richtig gute Zeit haben, sagte sie.

Emma bedankte sich und wünschte ihr viel Spaß. Danach erklärte sie das Prinzip der Musikwagen auf den Wegen zum Partygelände. Die gäben jetzt richtig Gas, damit sich möglichst viele Raver länger auf den Wegen zum Gelände aufhielten. Den Moderatoren prognostizierte sie, dass es bei ihnen auf dem Gelände gleich richtig voll werde. Schließlich kämen immer mehr Menschen mit dem Zug an, und die Straßen seien voll. Dann gab sie zurück.

Puh, das war krass. Was für ein Ritt. Ihre Fankurve hatte sich schon einige Meter entfernt. Das Mädchen mit dem Schmetterlingstop drehte sich noch einmal zu Emma um. Sie winkte. Emma winkte zurück. »Danke!«, rief sie den Jugendlichen heiser hinterher. Sie war ein bisschen neidisch auf sie. Hoffentlich konnte sie pünktlich Feierabend machen, dann würde sie rüberlaufen zum Partygelände und auch feiern gehen.

Das Team ging zurück zum Wagen. In der Tür der »Fly away«

standen Jens und Azubi Jonas. Beide sangen im Chor: »Party ohne Ende, Party ohne Ende!« Sie kicherten wie Kindergartenkinder.

Emma musste lachen. »Na kommt, die waren cool. Die haben auf jeden Fall Stimmung gemacht.«

»Ja, hast ja recht«, sagte Jens.

Von jetzt an hatten sie Zeit. Die nächste Schalte war erst für zehn nach sechs eingeplant, das waren noch fast drei Stunden. Jens schlug vor, etwas Essbares zu organisieren. Eine gute Idee. Sicherheitshalber wollte Emma noch schnell im Studio anrufen, um zu klären, ob es bei der bisherigen Planung bliebe. Nicht dass sie nachher in irgendeiner Imbissbude saß, während die Regie versuchte, sie auf Sendung zu nehmen.

Sie wählte. Kein Netz. Zweiter Versuch. Wieder nichts. Seltsam.

»Na schön, wird schon alles okay sein, wir sind ja nicht ewig weg. Und irgendwann müssen wir schließlich mal was essen. Also los!«

Sie machten sich auf den Weg Richtung Fußgängerzone. Nur der Beleuchter blieb zurück und schob Wache. Um sich nicht durch die Menschenmassen drängeln zu müssen, nahmen sie Parallelstraßen. Ihr Plan ging auf. Hier war es vergleichsweise ruhig. Ein paar Raver saßen auf Bänken oder dem Boden, aßen und tranken etwas. Die Musik war kaum noch zu hören. Nur die nackten Bässe drangen bis in den hintersten Winkel der Duisburger Innenstadt, ein permanentes dumpfes Wummern.

Das Team landete schließlich im Restaurant einer großen Fast-Food-Kette. Emmas Magen hatte sich längst beruhigt. Nachdem die ersten beiden Liveschalten gut über die Bühne gegangen waren, hatte sie nun richtig Hunger. Sie bestellte sich einen großen Burger und eine mittlere Pommes mit Mayo. Auch Jens, Jonas, Beate und Roman langten ordentlich zu.

Emmas Handy klingelte. Es lag auf ihrem Tablett, und der Vibrationsalarm ließ ihre Pommes leicht auf und ab hüpfen. Offensichtlich hatte sie wieder Empfang. Sie ging ans Telefon. Ein Redakteur aus dem Studio war dran und eröffnete ihr, dass das Studio Duisburg heute nicht senden werde. Der Brand heute Morgen, direkt gegenüber vom Studio, sei doch nicht bei Staples, sondern in einem Trafohäuschen nebenan gewesen. Deshalb sei der Strom im Studio ausgefallen, und selbst der Notstrom funktioniere nicht. Emma schüttelte ungläubig den Kopf. Das durfte doch nicht wahr sein.

»Wir versuchen noch, das hier irgendwie wieder hochzufahren, aber ich glaube, das wird nichts mehr. Wir halten dich auf dem Laufenden. Kannst du mir mal den Techniker vom Wagen geben?«

Emma reichte Jens ihr Handy. Der hörte zunächst zu, nickte, lachte und sagte: »Klar, geht theoretisch alles. Okay, wir telefonieren später noch mal.« Emma und die anderen sahen Jens fragend an. »Die denken allen Ernstes darüber nach, die Lokalzeit komplett über unseren Wagen zu senden. Also vom Bahnhof aus, weil das Studio tot ist, da geht gar nichts mehr.« Jens war sichtlich amüsiert.

»Bitte? Geht das denn?«, wollte Emma wissen. Jens erklärte, dass das theoretisch ginge, die »Fly away« sei allerdings nicht dafür ausgelegt. Aber wozu sollte man sich jetzt schon verrückt machen? Bisher war es schließlich nur eine Idee. Und Redakteure hatten immer mal wieder Ideen, die dann doch nicht in die Tat umgesetzt wurden.

Was war das nur für ein schräger Tag? Ausgerechnet heute, bei *dem* Großereignis in der Stadt, gab es einen Brand und einen Stromausfall. Und dabei wurde ausgerechnet das Fernsehstudio im Duisburger Innenhafen lahmgelegt.

Emma gluckste albern. »Man fasst es nicht«, sagte sie mit vollem Mund und stopfte den letzten Happen ihres Burgers in sich hinein. Sie spürte, wie er ihre Speiseröhre hinunter in den Magen glitt. Das Essen fiel ihr plötzlich wieder schwerer. Aus irgendeinem Grund war sie nicht mehr entspannt. »Wer weiß, was noch kommt«, dachte sie. Vielleicht sollten sie doch lieber schnell zurück zum Wagen gehen.

Auch Beate, Jens und Jonas hatten ihr Esstempo merklich angezogen. Nur Roman aß in aller Seelenruhe weiter.

»Wir sollten zurück, oder?«, fragte Jens.

Emma nickte.

»Bleibt mal locker, die Lokalzeit ist erst um 19 Uhr 30 und die nächste reguläre Schalte ins Hauptprogramm erst nach 18 Uhr. Entspannt euch!«, versuchte Roman das Team zu beruhigen und schob sich demonstrativ langsam eine Pommes in den Mund.

In Emma brodelte es. Sie wollte zurück. Ihre Intuition sagte ihr, dass es an der Zeit sei, sich zu beeilen. Warum auch immer. Roman hatte offenbar keine Intuition, zumindest keine, die in dieselbe Richtung ging.

»Ich geh schon mal raus, eine rauchen«, sagte Beate.

Emma, Jens und Jonas schlossen sich ihr an, auch wenn sie nicht rauchten. Während die drei draußen vor der Tür standen, saß Roman weiterhin im Schnellrestaurant und aß alles andere als schnell.

Beate inhalierte den Rauch ihrer Zigarette.

»Der hat die Ruhe weg«, stellte sie fest.

»Ich könnte dazu ja jetzt was sagen, aber ich lass es.« Jens erinnerte sich noch gut an den morgendlichen Ärger wegen des Standplatzes für den Satellitenübertragungswagen. Das passte ins Bild.

»Wenn er nicht kommt, gehen wir halt vor«, traf Emma eine Entscheidung. Das Team setzte sich langsam in Bewegung, zurück Richtung Bahnhof.

Nach wenigen Minuten schrie Roman hinter ihnen her: »Hey Leute, wartet! Ich komm ja.« Er schloss schnell wieder auf. Emma lächelte Jens verschwörerisch an. Ging doch.

Gegen 16 Uhr waren sie zurück. »Jetzt haben wir immer noch über zwei Stunden Zeit«, echauffierte sich Roman. »Also hätten wir auch noch in Ruhe essen können.« Er setzte sich in das Häuschen der leeren Reisebushaltestelle direkt nebenan, schlug ein Bein über das andere und begann, sein Handy zu bearbeiten.

Der Bahnhofsvorplatz war nun voller Raver. Die Malteser neben der Polizeiabsperrung hatten die ersten kleineren Einsätze. Emma beobachte, wie ein Sanitäter einer jungen Frau, die auf einem Feldbett saß, aus einer Plastikflasche Wasser zu trinken gab.

Sie trug einen weißen Minirock, um den Hals eine pinkfarbene Federboa und fellbesetzte, weiße Plateaustiefel. Unglaublich, wie hoch die Dinger waren. Wie kann man darauf nur laufen?, fragte sich Emma. Das Mädchen schien Kreislaufprobleme zu haben, sah blass aus. Der Sanitäter kniete vor ihm und redete auf es ein. Stellte ihm Fragen. Das Mädchen schüttelte immer wieder den Kopf. Um die beiden herum tanzten und lachten Hunderte Menschen, junge und auch ein paar ältere. Das Trillerpfeifenkonzert riss nicht ab, und Emma wippte im Takt der wummernden Bässe. Es war ihre Musik, und sie war gut gelaunt.

»Stehst du da etwa drauf?«, rief Jens zu ihr rüber. Er saß im Satellitenübertragungswagen und hatte sie durch die offene Schiebetür beobachtet. »Siehst aus, als würdest du gleich lostanzen.«

Emma drehte sich zu ihm um, ging ein paar Schritte auf ihn zu und biss sich verlegen auf die Unterlippe. »Erwischt. Ja, ich geh gleich noch feiern.« Sie fischte den Pass für den »1Live-Float« aus ihrer Handtasche und wedelte stolz damit vor Jens' Gesicht herum. »Cool, oder?«

Jens rümpfte die Nase. »Na ja, meins ist das nicht, aber ich wünsche dir trotzdem viel Spaß. Bei wie vielen Loveparades warst du denn schon?«

»Auf acht. Das erste Mal mit meiner Mutter in Berlin.«

Er lachte und sah sie ungläubig an. Mutter und Tochter zusammen auf der Loveparade? Das hatte er noch nie gehört.

»Doch, doch, das war super. Meine Mutter ist cool, und wir haben bis zum Ende durchgetanzt.«

Sie beschrieb Jens, wie großartig sie es gefunden hatte, als sie auf einem der Musikwagen mitfahren durfte. Alle seien gut gelaunt gewesen und der Blick von da oben über die Menschenmenge. »Atemberaubend, unbeschreiblich, einfach der Hammer«. Sie erzählte, dass sie sich immer gewünscht habe, einmal – so wie jetzt – die Live-Berichterstattung machen zu dürfen. »Noch lieber wäre ich natürlich direkt auf dem Gelände gewesen oder hätte von einem der Musikwagen geschaltet, aber man kann nicht alles haben«, sprudelte es aus ihr heraus.

Jens mochte die Musik zwar nicht besonders, aber ihm gefiel, wie begeistert Emma von ihren Erlebnissen erzählte. Ihre Augen glänzten im Sonnenlicht, und sie redete so schnell, dass sie sich fast überschlug. »Schade, dass ich die Fly away nachher wieder zurückfahren muss, da bekomme ich ja fast Lust, noch mit dir rüber auf das Partygelände zu gehen.«

Emmas Handy unterbrach die Unterhaltung. Der Pressesprecher der Bundespolizei rief an. Er hatte versprochen, sich zu melden, falls etwas Unvorhergesehenes passieren würde. Nun war es so weit. »Der Zugverkehr wurde bis auf Weiteres eingestellt, weil Personen in der Gleisanlage gesehen wurden«, sagte er.

Das, was die Bundespolizei verhindern wollte, war eingetreten. Einige Raver hatten bemerkt, dass das Partygelände direkt schräg hinter dem Bahnhof lag, und anstatt die vorgegebenen Wege zu nehmen, war ihnen offenbar in den Sinn gekommen, quer über die Gleise zu laufen. Das war jedenfalls das, was der Pressesprecher der Bundespolizei Emma in diesem Moment erklärte.

Es war 16 Uhr 25.

»Jupiter 1 für Jupiter 20/15!«
»Jupiter 1 hört.«
»Wir haben ein Problem.
Im Bereich der Rampe stauen sich jetzt Personen.
Der Vorschlag des Veranstalters, der sich
auch vernünftig anhört, ist, dass wir
die Einlassstellen Ost und West beide für
maximal zehn Minuten sperren.
Wenn diese Sperren eingezogen sind,
gehen wir mit der 15ten auf halbe Höhe
der Rampe und machen da dicht.
Mit Kräften der 15ten und des Veranstalters
versuchen wir, die Leute dann in
den Südbereich des Geländes zu bringen.
Damit oben wieder Platz ist.
Das geht aber nur, wenn wir die Abschnitte
Ost und West sperren.
Bitte einmal klären, ob das geht.«
»Ja, habe verstanden.«

13

KATTY

Ich konnte nicht verstehen, was die Reporterin sagte. Aber nach wenigen Sekunden hielt sie ihr Mikrofon in unsere Richtung, und Janek krakeelte: »W D R, W D R, W D R!«

Na gut, ich gebe es zu, ich habe dann doch mitgemacht und alle anderen auch. Aber Janek war der Lauteste und übertönte uns alle. Er hüpfte bei seiner Performance nervös auf und ab und winkte hektisch. Aus unerfindlichem Grund erinnerte er mich dabei an Queen Mum. Ich musste mir das Lachen verkneifen. Dann nahm die Reporterin das Mikrofon wieder weg und redete weiter. Was sie erzählte, verstand ich nicht, aber mir schwante, das konnte noch nicht alles gewesen sein. Mir wurde warm und dann wieder kalt. Ich bekam eine Gänsehaut. Meine Knie zitterten. Ich stand wackelig und verlagerte mein Gewicht unruhig von einem Fuß auf den anderen. Entspann dich!, redete ich mir ein und versuchte, mich auf die Bässe zu konzentrieren. Die Musik gab mir Halt, wie jemand, der hinter mir stand und mir Mut zusprach.

»Das ist *nur* Fernsehen, keine Chirurgie am offenen Herzen«, hatte die Reporterin noch kurz vor der Liveübertragung zu uns gesagt. Die hatte gut reden. Es sahen einen schließlich nicht jeden Tag Gott und die Welt im Fernsehen. Das war vielleicht der einzige Fernsehauftritt meines Lebens. Und die machte das schließlich jeden Tag. Wie macht sie das nur? Dass sie gar nicht aufgeregt wirkt?, fragte ich mich. Wobei mir auffiel, dass sie, kurz bevor sie zu reden anfing, mehrfach tief durchatmete. Vielleicht war sie doch auch nervös und hatte nur gelernt, ihre Aufregung zu kontrollieren. Neben mir stand Tim – der schien absolut relaxed. Er wippte im Takt und guckte in der Gegend herum. »Reiß dich zusammen!«, sagte ich mir. Diese blöden paar Minuten Fernsehen würde ich ja wohl überstehen, ohne in Ohnmacht zu fallen und ohne mich zu blamieren.

Plötzlich drehte sich die Reporterin zu Janek um. Sie wollte wissen, was er von der Loveparade erwarte, das konnte ich verstehen, weil er direkt schräg vor mir stand. Janek hatte sich immer noch nicht unter Kontrolle. »Party ohne Ende, Party ohne Ende«, schrie er schrill ins Mikrofon. Tim drehte sich lachend weg, und auch Verena prustete los. Ich versuchte, die Contenance zu wahren, und blieb, ohne die Miene zu verziehen, stehen. Die Reporterin schien das zu registrieren. Sie sah zu mir rüber. Wahrscheinlich hatte sie die Hoffnung, ich könnte ihr eine etwas vernünftigere Antwort geben. Ich war mir da nicht so sicher. Sie machte einen Schritt auf mich zu, beugte sich zu mir rüber und brüllte mir ins Ohr: »Und? Was erwartest du von der Parade in Duisburg?«

»Ich freue mich riesig auf die Loveparade und wäre auch gerne früher schon mal dabei gewesen, aber es hat nie geklappt. Jetzt freue ich mich sehr, dass die Loveparade in Duisburg ist, und möchte einfach nur feiern und eine richtig gute Zeit haben.«

WOW, ich hatte es geschafft – ohne zu stammeln oder zu stottern. Ich hatte keinen Blödsinn geredet und auch nicht nervös herumgezappelt. Die Reporterin bedankte sich bei mir, wünschte uns viel Spaß, wandte sich wieder der Kamera zu und redete weiter.

»Ganz großes Kino!«, flüsterte mir Ines ins Ohr.

Und Tim zollte mir Anerkennung, indem er den Daumen hob. Hoffentlich hatten meine Eltern rechtzeitig eingeschaltet und meinen großen Auftritt gesehen.

Daniel fing an zu drängeln: »So Leute, jetzt aber los!«

Also setzten wir uns in Bewegung. Ich drehte mich noch einmal zu der Reporterin um und winkte ihr zu. Sie winkte zurück und schien »Danke« zu rufen, aber das konnte ich nur noch anhand ihrer Lippenbewegungen vermuten, denn längst hörte ich nur noch die Bässe der Musik.

Links von uns stand ein riesiges Hochhaus. Es hatte grau-blaue Querstreifen und mindestens zwölf Stockwerke. Die Häuser auf der rechten Seite waren kleiner. Kein Partygelände weit und breit. Alles sah nach einer gewöhnlichen, gesperrten Hauptverkehrsstraße aus. Die Musik, die wir hörten, konnte unmöglich vom Loveparadegelände kommen. Vor dem Hochhaus stand eine Gruppe Jugendlicher und debattierte offenbar über den Weg. Einer von ihnen gestikulierte wild herum und zeigte in alle möglichen Himmelsrichtungen. Auch wir fragten uns, welcher wohl der kürzeste Weg zum Gelände sei, zumal Verena mit ihren hohen Schuhen keine Lust hatte, weit zu laufen.

»Wartet, ich frag die mal eben«, schlug ich vor und huschte zu der Gruppe herüber.

»Hi, ich bin Katty. Ihr seht so aus, als ob ihr euch hier besser auskennt als wir«, kam ich sofort zur Sache. Der Vierertrupp, bestehend aus zwei Mädels und zwei Jungs, hatte soeben entschieden, den Weg von der anderen Seite des Bahnhofs zu nehmen. Dort würde man sicher besser durchkommen, nahmen sie an. Begründen konnten sie das nicht.

Ich ging zurück zu den anderen und teilte ihnen mein Rechercheergebnis mit. Ines stellte fest, dass es hier jedenfalls ziemlich verstopft aussehe und die andere Seite vielleicht tatsächlich besser sei. Daniel wollte einfach nur auf dem schnellsten Weg zur Party und hatte keine Lust mehr, am Bahnhof rumzustehen, und Verena brachte in die Verhandlung ein, dass für sie – mit ihren hohen Hacken – auf jeden Fall der kürzere Weg der richtige sei. Welcher das war, konnten wir allerdings nicht sagen. Schließlich entschlossen wir uns aus einer Laune heraus, dem Rat der anderen Gruppe zu folgen und ebenfalls den Weg auf der anderen Seite zu nehmen.

Wir gingen zum Haupteingang des Bahnhofs. Ein Polizist stellte sich uns in den Weg. Er war komplett in Schwarz gekleidet und streckte seinen rechten Arm vor uns aus, als wollte er eine Schranke nachahmen, die sich soeben geschlossen hatte.

»Wo wollt ihr denn hin?«

Ich vermute, er sollte verhindern, dass sich zu viele Menschen gleichzeitig im Bahnhof aufhielten.

»Freunde von uns stehen auf der anderen Seite, mit denen sind wir verabredet, wir müssen da unbedingt hin«, log ich, ohne rot zu werden.

Der Mann mit den breiten Schultern sah nachdenklich aus.

»Komm, lass uns durch, Alter«, rief Daniel von hinten.

Das war eindeutig kontraproduktiv. Wenn der Polizist den Eindruck gewinnen würde, dass wir alle besoffen waren, ließe er uns sicher nicht durch.

»Psst«, zischte ich und warf Daniel einen ernsten Blick zu. Anscheinend verstand er trotz seines Pegels, was ich von ihm wollte, und hielt die Klappe.

»Bitte, wir müssen wirklich auf die andere Seite«, bettelte ich. »Außerdem muss ich mal dringend zur Toilette, ich habe da ein Problem. Sie wissen schon. So ein Frauending.«

Natürlich war auch das gelogen. Ich improvisierte.

»Im Bahnhof sind doch richtige Toiletten, wo man sich auch die Hände waschen kann. Das wär mir echt lieber als so 'n Dixi-Klo.«

Der Polizist legte die Stirn in Falten, entschied dann aber doch, uns durchzulassen. Wir sollten zügig durch den Bahnhofstunnel gehen und uns nicht länger drinnen aufhalten als unbedingt notwendig.

»Versprochen«, sagte ich und lächelte ihn an.

Er trat einen Schritt zur Seite, und wir gingen hinein.

Im hinteren Teil des Bahnhofs kamen Hunderte Jugendliche die Treppen von einem Bahnsteig herunter. Gerade musste ein Zug angekommen sein.

»Passt auf, dass wir uns nicht verlieren. Bleibt dicht beieinander«, ermahnte uns Ines. Wir rückten näher zusammen. Ich blickte mich um. Janek war nicht zu übersehen. Groß ragte er mit seiner pinkfarbenen Sonnenbrille aus der Masse heraus. Mein Blick ging weiter: Tim, Daniel, Steffen, Verena … alle noch da.

Als wir auf der gegenüberliegenden Seite des Bahnhofs ankamen und aus der Tür hinausgingen, standen rechts und links Männer mit schwarzen Hosen und T-Shirts. Darüber trugen sie gelbe Warnwesten, auf denen »POLIZEI« stand. Sie hatten Megafone in der Hand. »Weitergehen bitte! Nicht stehen bleiben! Weitergehen bitte! Glasflaschen im Container entsorgen!« Scheiße, mussten die mir so ins Ohr brüllen?

Die Wasserflasche, die Tim in seinem Rucksack hatte, war aus Plastik. Sie war also kein Problem. Doch Steffen hatte noch einige Flaschen Bier in seinem Rucksack. Er sah Tim fragend an. Sie wägten ab, ob sie das Risiko eingehen könnten, die Bierflaschen heimlich mitzunehmen, oder ob sie wohl später noch einmal kontrolliert werden würden und sie die Flaschen besser direkt entsorgen sollten.

»Wie viele sind es noch?«, fragte Tim.

»Drei.«

»Ex oder Arschloch«, schlug Daniel vor. Es war entschieden.

Steffen nahm seinen Rucksack vom Rücken, holte die Flaschen heraus, öffnete sie mit einem Feuerzeug und reichte Janek und Daniel jeweils eine. Die dritte behielt er selbst. Janek und Daniel kippten sich das Bier in die Hälse.

Janek setzte die Flasche als Erster ab. »Mir reicht's. Wer will noch?«, fragte er und rülpste. Tim nahm die halb volle Pulle und leerte sie. Daniel exte seine Flasche allein, und Steffen reichte das Bier an Verena weiter, die es danach mir in die Hand drücken wollte. Ich schüttelte den Kopf, und auch Ines verweigerte. Nach fünf Minuten waren dennoch alle drei Bierflaschen geleert. Steffen sammelte sie wieder ein, ging zum übergroßen Glascontainer, der eigentlich ein Baucontainer war, und warf die Flaschen hinein.

»Erledigt«, stellte er fest. »Jetzt können wir endlich los.«

Mitten vor uns lag eine kleine Wiese, auf der eine Litfaßsäule stand. Im Kino zu unserer Linken lief »Inception«, ein Film, in dem es um Reisen in die Träume anderer ging. Ich hatte davon schon einen Trailer gesehen und wollte auf jeden Fall reingehen. Das Thema interessierte mich. Also nahm ich meinen ganzen Mut zusammen, zeigte auf das Kinoplakat und fragte Tim: »Wollen wir uns den nicht mal zusammen ansehen?«

»Klar, warum nicht?«

Die Antwort hätte ich kaum zu träumen gewagt. Wahnsinn. Wir waren verabredet. Fürs Kino. Es war so einfach. Viel einfacher, als ich erwartet hatte.

»Okay, nächste Woche?«, wollte ich ihn festnageln.

»Geht klar.«

Es war, als hätte ich jahrelang in einem verschlossenen Raum gesessen und gerade zum ersten Mal die Türklinke nach unten gedrückt, um festzustellen, dass ich frei war. Das Gefängnis war in meinem Kopf. Hatten wir tatsächlich ein Date? Noch bevor ich Zeit hatte, darüber nachzudenken, rief Ines: »Na kommt schon, ihr Turteltäubchen, wir warten nicht ewig auf euch!«

»INES!«, brüllte ich zurück und wurde rot. Ich hätte sie erwürgen können. Tim sollte nicht denken, dass ich ihm schmachtend hinterherrenne. Ich lächelte ihn unsicher an. Er grinste und zuckte mit den Schultern, als wollte er sagen: »Alles gut, mach dir keine Gedanken.«

Der Rest unserer Gruppe war schon ein Stück weitergegangen. Wir schlossen auf. Um uns herum war es voll, aber wir konnten uns einigermaßen frei bewegen. Wir folgten den Massen und hielten uns rechts. Die anderen Wege waren durch hohe Gitterzäune oder Mannschaftswagen der Polizei versperrt.

Die nächste Straße, in die wir einbogen, war umsäumt von Mehrfamilienhäusern. Aus den Fenstern reckten sich Menschen über den Sims, um das Spektakel zu beobachten. Die Vorgärten bestanden aus winzigen Wiesen und niedlichen Hecken. Davor: Absperrgitter. Sie sollten die kleingärtnerische Ordnung schützen und verhindern, dass wir sie niedertrampelten. Rechts und links standen Parkverbotsschilder. Eine alte Frau blickte ungläubig aus ihrem Fenster im zweiten Stock und schüttelte immer wieder fassungslos den Kopf. Statt mit Autos war die Straße komplett gefüllt mit jungen Menschen in ziemlich schrägen Klamotten. Die Alte hatte einen blauen, gelb geblümten Hausfrauenkittel an. Der war nicht weniger schräg. Wie konnte man so ein Ding nur freiwillig anziehen? Die weißen Haare hatte sie zu einem Dutt zusammengebunden. Sie starrte in unsere Richtung, als ob sie so etwas wie uns noch nie in ihrem Leben gesehen hätte. Dann trat sie einen Schritt zurück und schloss mit einem heftigen Rumms das Fenster.

Aus einer Parterrewohnung schallte laute House-Musik. Drinnen hatte jemand seine Boxen voll aufgedreht. Es war »One«, der aktuelle Titel der Swedish House Mafia. Am Fenster tanzten, mit Sektgläsern in den Händen, zwei junge Frauen und ein junger Mann. Er war oben ohne und trug seinen im Fitnessstudio gestählten Oberkörper zur Schau. Die Mädels hatten beide enge schwarze Trägertops an, als ob sie sich zum Partnerlook verabredet hätten.

Ines sah zu ihnen rüber, kreischte und warf einen Arm im Takt nach oben. Die beiden Frauen kreischten zurück und stießen miteinander an. Der Typ winkelte beide Arme an und ließ seine Muskeln im Takt spielen. Ich kramte die Digitalkamera aus meiner Umhängetasche und schoss das erste Foto an diesem Tag. Was für eine Stimmung!

Wir zogen an der Fensterparty vorbei, bewegten uns nur langsam fort. Es wurde immer voller. Irgendwann drehte ich mich um, und es waren so viele Menschen hinter uns, dass es kaum möglich sein würde zurückzugehen. Ein komisches Gefühl. Aber wir wollten ja auch nicht zurück. Wir wollten zur Loveparade. Nur wo war sie bloß, die größte Party unseres Lebens?

»30/48 für die 25, kommen!«
»30/48 hört.«
»Also ich bin die Strecke jetzt noch mal abgegangen. Von ganz vorne im Eingangsbereich bis zu unserer Sperre. Ich sag mal … ähm … es hat sich nicht wirklich entspannt.«
»Ja, ich weiß. Es wird auch langsam darüber nachgedacht, keine Züge mehr nach Duisburg fahren zu lassen, weil der Veranstaltungsbereich zu 70 Prozent gefüllt ist.«
»Ich will ja nichts sagen, aber ich glaube, das war absehbar.«

14

RENÉ

Als René und Frank an der Stelle am Rand des Partygeländes ankamen, die eigentlich ein Notausgang sein sollte, stutzten sie. Die Gitter waren verschlossen, mit Kabelbindern zusammengehalten und ohne Werkzeug nicht zu öffnen. Das durfte doch nicht wahr sein. Der Bereich war als Notausgang gekennzeichnet. Bei einer Veranstaltung mit diesen Dimensionen gab es eine klar festgeschriebene Anzahl von Fluchtwegen, und wenn ein Notausgang, der geplant und eingezeichnet worden war, versperrt war, dann konnte man mit Fug und Recht behaupten: Es gibt ein Sicherheitsrisiko.

»Was'n das für 'ne Verarsche?« Frank guckte irritiert.

»Keine Ahnung, ist schon merkwürdig. Sollen wir das Gitter aufmachen?«

»Klar machen wir das.«

René prüfte, wie fest die Binder saßen und ob er sie mit der Hand öffnen konnte. Keine Chance. Also kramte Frank eine Schere aus seinem Notfallrucksack und durchschnitt die Kabelbinder. Es waren vier Stück. Dann konnten sie das Gitter gemeinsam aus dem steinernen Anker heben. »Erledigt«, sagte René zufrieden und registrierte im selben Augenblick einen kleinen, schmächtigen Mann mit rötlichem Vollbart, der im Stechschritt auf sie zukam.

»Sind Sie wahnsinnig? Dazu sind Sie nicht befugt! Stellen Sie das sofort wieder hin!« Auf seinem T-Shirt stand »SECURITY«.

René versuchte, den Mann zu beschwichtigen. Man könne die Gitter schließlich leicht wieder verschließen, aber eigentlich sei das ohnehin ein Notausgang, gab er zu bedenken. Der Typ ließ sich nicht beirren. Die Notausgänge müssten verschlossen bleiben. Er fluchte sich in Rage: »Kompetenzüberschreitung«, »Sachbeschädigung«, »Verstoß gegen die Regeln des Veranstalters« waren Begriffe, mit denen er um sich warf.

Frank platzte der Kragen. »Pass mal auf, du Wichtigtuer – das hier ist ein Notausgang. Verstehst du, was ich dir sage? Ich kann es dir auch gerne noch mal buchstabieren, wenn du es nicht kapierst. Ein NOTAUSGANG! Und wofür ist so ein Notausgang gut? Genau, um im Notfall einen Ausgang zu haben. Und was ist, wenn der Notausgang mit Kabelbindern verschlossen ist? Richtig! Dann gibt es im Notfall keinen Ausgang. Und wie finden wir das? Ganz schlecht! Also halt mal die Luft an. Ich rate dir, lass das Gitter auf und lass uns unsere Arbeit machen!«

Das war deutlich. Frank hatte die Stimme bei seiner Ansprache nur leicht angehoben, er wurde nicht laut. Trotzdem zeigte seine Ansage Wirkung. Der Mann nickte und verabschiedete sich mit der Ankündigung, dass er das überprüfen werde.

Die beiden Sanitäter gingen auf das Gelände. Der Boden war schotterig. Überall lagen Steine, einige kleine, aber auch ein paar größere. Selbst durch die Sohlen der Sicherheitsschuhe konnte René sie deutlich spüren. Einen Moment blieben sie neben der großen Halle des alten Güterbahnhofs stehen. Das Dach des Gebäudes hatte ein Graffiti-Sprayer zu seiner Leinwand gemacht, in der Front darunter fehlten einige Fenster. Eine Ruine als Partykulisse. Sie blickten auf die Menschenmassen, die sich um die alte Bahnhofshalle herum verteilten. Es sah voll aus. Links, Richtung Eingang, noch voller als an der Stelle, an der sie gerade standen. Die Bässe dröhnten und mischten sich mit einem undefinierbaren, konstanten Ton des Vergnügens, den die Masse von sich gab: ein Johlen, Pfeifen, Kreischen, Lachen. Zwei Musiktrucks schoben sich in unmittelbarer Nähe durch das Meer der Partywütigen: Lkw mit großen Aufbauten, auf denen einige privilegierte Raver mitfahren durften. Auf einem der sogenannten Floats war ein riesiger, blauer Babykopf installiert mit einem ebenso überdimensionalen Kopfhörer auf den Ohren. Das Baby hatte einen Nasenring, wie ein Bulle. Über dem anderen Wagen flatterten schwarze und weiße ballonartige, längliche Gebilde, in die von unten mit einer Maschine Luft geblasen wurde. Die Tänzer auf den Trucks zuckten im Takt des Basses. Frauen in Bikinioberteilen rekelten sich an der Brüstung. Um die Wagen drängten sich die Menschen besonders eng, tanzten ausgelassen, getrieben vom Rhythmus der pulsierenden Beats. Ordner versuchten, sie mit rotweißen Flatterbändern auf Distanz zu den riesigen Reifen zu halten. Eine solche Party hatte René noch nie gesehen. Das war mit nichts zu vergleichen. Nicht mit einem Konzert, auch nicht mit einem Karnevalsumzug.

Direkt neben dem vermeintlichen Notausgang, der jetzt wieder einer war, lag die Unfallhilfsstelle 92-5: mehrere große, weiße Zelte, abgeschirmt von der Menge durch einige Bauzäune. Ein Schild mit einem roten Kreuz prangte über allem. Nachdem René und Frank sich bei einer Schwester gemeldet hatten, führte diese sie zu einer jungen Frau, deren Bein bereits geschient war. Sie saß auf einem Plastikstuhl und hatte das Gesicht traurig in die Hände gestützt. Daneben stand ein Notarzt. »Janine Schütte, 26, sieht nach einer Fraktur aus«, teilte er ihnen die Diagnose mit. »Das muss auf jeden Fall geröntgt werden. Also sorgt dafür, dass sie in die Chirurgie kommt.«

Die Patientin war beinah so bleich wie ihr weißes T-Shirt. Nur um die Augen herum war die Haut vom Weinen gerötet. Auf ihrem Schoß lag ein staubgrauer Turnschuh.

»Na dann, spielen wir mal Ihr Taxi, was?«, sagte René und sah sie mitfühlend an.

»Komm ick ja wohl nich dran vorbei, wa?« Sie stammte eindeutig aus Berlin.

»Wie ist das denn passiert?«, fragte René. Und sie begann zu erzählen: Ihre Clique habe nicht gewusst, wie sie zum Gelände kommen sollte. Also seien sie mit der Menge mitgelaufen und irgendwann ziemlich genervt gewesen. »Det war ja so brechend voll, da jing teilweise jar nüscht mehr. Ick hab jedacht, wir kommen nie an.« An einer Stelle, irgendwo zwischen den Tunneln, hätten ein paar Jungs dann eines der Absperrgitter eingerissen und seien einen steilen Hang nach oben geklettert. »Die ham einfach die Nerven verlorn.« Alle seien davon ausgegangen, dass da oben das Veranstaltungsgelände sein müsse. Und weil sie sich in dem Tunnel ohnehin nicht wohlgefühlt habe, sei sie kurzerhand hinterhergerannt.

»Ick weeß, det is janz schön blöd jewesen, aba alle meene Freunde sind da ruff, und ick wollte ooch nich alleen in diesem bescheuerten Tunnel bleiben. Oben war dann so 'ne Kante, keene Ahnung, wat det war. Da bin ick dann umjeknickt, un det hat janz schön wehjetan.« Sie guckte reumütig, als hätte sie ein Schwerverbrechen begangen.

»Na ja, gibt Schlimmeres, ist ja nur ein gebrochener Knöchel«, beruhigte René sie. »Warten Sie hier kurz, wir kommen gleich wieder.«

»Wo sollt ick denn hinjehen, mit dem dicken Knöchel? Ick kann ja sowieso nich loofen.«

René fuhr den Rettungswagen ein Stück auf den Platz, dann holten sie die Trage aus dem Transportraum, halfen Janine hinauf und schoben sie zum Wagen.

»Sonst alles in Ordnung bei Ihnen?«, erkundigte sich Frank.

»Ja, bis daruff, det die Party für mich zu Ende is, bevor se anjefangen hat, is allet jut.«

Während der Fahrt erfuhren René und Frank weitere Details über Janines Weg zur Loveparade. Anstrengend sei er gewesen. »Viel zu weit, viel zu voll und total schlecht orjanisiert«, fasste sie zusammen. Und das nach sieben Stunden Zugfahrt. Sie habe keine Schilder gesehen, niemand sei da gewesen, der ihnen gesagt hätte, wie weit es noch ist. Das könne man doch nicht machen, das sei total bescheuert. Außerdem war sie davon überzeugt, dass die Loveparade nach Berlin gehöre. Da sei sie schließlich jahrelang gewesen. »Det war da janz wat anderet, det sach ick Ihnen, da war wenigstens Platz. Die Straßen sind da viel breiter, und außerdem ham wa den Tierjarten, det war um Längen besser als die Nummer hier.« Aus ihrer Stimme war Enttäuschung herauszuhören. Sie hatte sich auf den Tag gefreut, war extra von weit her angereist, und nun saß sie in einem Rettungswagen und würde sicher einige Wochen – wenn nicht Monate – nicht mehr richtig laufen, geschweige denn tanzen können.

Frank, der hinten bei ihr saß, erzählte von seinem Skiunfall vor einigen Jahren. Er hatte sich damals eine komplizierte Unterschenkelfraktur zugezogen. »Das war kein Spaß. Damals dauerte es fast sechs Monate, bis ich das Bein wieder komplett belasten konnte, dagegen ist ein Knöchelbruch wahrscheinlich harmlos«, versuchte er, sie aufzumuntern.

René umfuhr die Strecken zur Loveparade so weit wie möglich. Auf Umwegen kam man heute schneller zum Ziel. Einmal musste er die Düsseldorfer Straße auf dem Weg zum Krankenhaus dennoch überqueren. Es kam ihm noch voller vor als vor einer Stunde. Er schaltete das Martinshorn ein und arbeitete sich erneut Zentimeter für Zentimeter vorwärts. Wie viele Menschen würden wohl noch kommen? Hörte das denn gar nicht mehr auf? Und trotzdem war die Schicht immer noch eine der ruhigsten, die er je bei einem Festival oder Konzert hatte. Seltsam war das. Vielleicht lag es daran, dass so exorbitant viele Einsatzkräfte vor Ort waren. Ist ja eigentlich naheliegend, dass dann jeder Einzelne nicht so viel zu tun bekommt. Oder Frank und er hatten einfach Glück und bekamen die entspannten Fälle, mal von ihrem ersten Einsatz mit dem Randalierer abgesehen. Das hier war jedenfalls nicht viel mehr als eine Taxifahrt unter etwas ungewöhnlichen Umständen. Gut, die Patientin im Wagen hatte eine Fraktur, und die Straße war mit Tausenden Menschen verstopft, das war dann aber auch schon alles.

René scannte die Menschenmenge: Was waren das für Leute, die da um seinen Wagen herumdrängten? Neben vielen Jugendlichen machte er nun auch einige aus, die die dreißig locker überschritten hatten. Sie waren eher in seinem Alter, also um die vierzig, vielleicht auch noch älter. Einige hatten sich dem Ereignis angepasst –

ältere Männer trugen rote Cowboyhüte und große Sonnenbrillen, zwei Frauen, die René auf um die fünfzig schätzte, hatten Blumen im Haar. Andere sahen ganz normal aus. Wahrscheinlich wollten sie sich das Spektakel einfach nur ansehen.

Was für ein Glück, dass der Wagen eine Automatikschaltung hatte. Das ewige Kuppeln hätte in dieser Situation ganz schön nerven können. Das war ja schlimmer als beim täglichen Stau im Berufsverkehr auf der Autobahn. Wenn er da drin stand, wusste er wenigstens, wann er vorfahren konnte, und musste sich keine Sorgen machen, dass er jemanden über den Haufen fuhr. Hier musste er ständig aufpassen, dass nicht noch jemand im Weg war, den er vielleicht nicht auf Anhieb registrierte.

Doch auch dieses Mal klappte die Überquerung des Raverstroms problemlos. Als sie am Bethesda ankamen, waren ein paar Betten mehr besetzt. Das Zelt war zwar immer noch weit davon entfernt, voll zu sein, aber es erschien zumindest nicht mehr überflüssig. René und Frank trugen Janine hinein und übergaben das Protokoll des vorher behandelnden Notarztes an den dünnen, übermotivierten Arzt, den sie schon beim ersten Einsatz kennengelernt hatten. Von hier aus würde Janine dann in die Chirurgie gebracht.

»Und, langweilen Sie sich immer noch?«, wollte René von dem Mann in Weiß wissen.

»Geht so, langsam haben wir wenigstens zu tun, aber hält sich immer noch sehr in Grenzen«, entgegnete er. Wie bei den ersten beiden Einsätzen verabschiedeten sich die Sanitäter kurz darauf, desinfizierten die Trage, wechselten das Laken und fuhren zurück zum großen Einsatzstützpunkt. Wieder mussten sie die Düsseldorfer Straße überqueren, wieder kostete es René Nerven, aber er meisterte die Situation auch dieses Mal.

Die Schlange der Einsatzfahrzeuge am Stützpunkt war nahezu gleich lang. René und Frank setzten sich an die gewohnte Bierzeltgarnitur zu mehreren anderen Einsatzkräften. Susanne, die Notärztin, die sie am Morgen kennengelernt hatten, war auch dabei. Sie tauschten sich über ihre bisherigen Einsätze aus. Jeder hatte etwas zu erzählen. René berichtete von dem Randalierer, der wahrscheinlich auf Drogen war. Frank regte sich noch einmal über den verschlossenen Notausgang auf, und Susanne steuerte die Geschichte eines Mädchens bei, das gestolpert, hingefallen und allen Ernstes mit dem Auge seitlich in einer Glasscherbe gelandet war. Ziemlich dumm gelaufen, befanden die anderen. Ob das Auge noch zu retten sein würde, konnte Susanne schlecht einschätzen. »Das Mädchen war gerade mal sechzehn, und es wäre ihr auf jeden Fall zu wünschen«, sagte sie. Ein ehrenamtlicher Sanitäter erzählte, dass er angekotzt worden war. Hätte Frank im Wagen nicht so schnell reagiert, wäre es ihm ähnlich ergangen. Angekotzt zu werden gehörte nicht unbedingt zu den schönsten Momenten im Berufsleben eines Rettungsassistenten.

»Guckt mal, hier können wir live im Fernsehen verfolgen, was los ist.« Ein älterer Kollege zückte ein Tablet. Darauf war der Livestream des WDR-Programms zu sehen. Gerade stand ein Reporter mitten auf dem Gelände und berichtete: Der Zugang zum Gelände sei so verstopft, dass nun einige Raver auf die gesperrte A 59 auswichen. Das durften sie natürlich nicht. Aber anscheinend hielt sich die Masse nicht an die Spielregeln, die sich die Stadt und der Veranstalter ausgedacht hatten, und ließ sich auch von Absperrgittern nicht aufhalten. Die Polizei versuchte nun, die Menschen wieder von der Autobahn runterzubekommen und die Schotten dicht zu machen. Frank beugte sich zu René rüber und flüsterte: »Pass mal auf, das bleibt nicht so ruhig, da kommt noch was.«

»Glaub ich nicht.«

Feiernde Menschen tanzten über den Bildschirm, Musikfloats fuhren durch die Menge. Die Moderatoren berichteten, dass der Innenminister gerade zu Besuch in der Leitstelle der Polizei sei. Er verschaffe sich einen Überblick über die Lage. Natürlich musste ein Politiker bei einem solchen Großereignis Präsenz zeigen. Das erwartete man. Wenn ein Politiker irgendwohin kam, hatte er in der Regel einen ganzen Tross Presse dabei. Und alle, die eigentlich arbeiten mussten, ließen sofort alles stehen und liegen, um dem Minister die Hand zu schütteln und ihn über die unglaublich wichtige Arbeit zu informieren, die sie gerade leisteten. Nur dass sie sie genau in diesem Moment nur noch eingeschränkt leisten konnten. René wusste das nur allzu gut. Politiker und die Leute von der Presse, das waren die Schlimmsten. Sie standen nur im Weg rum und hielten die Menschen, die wirklich Wichtiges zu tun hatten, von der Arbeit ab.

Vor allem bei Großlagen kam das immer wieder vor. Ein Kollege von der Feuerwehr hatte René erst kürzlich von einer Situation beim Hochwasser in einem anderen Bundesland erzählt. Da war ein ranghoher Politiker gekommen und hatte einige Sandsäcke geschleppt. Natürlich war er nicht wirklich eine Hilfe gewesen. Im Gegenteil: Etwa zwanzig Einsatzkräfte waren eine knappe halbe Stunde damit beschäftigt, das Bild für die Medien möglichst gut aussehen zu lassen. Sie hatten die Säcke gemeinsam mit dem Politiker an eine Stelle geschleppt, an der sie gar nicht benötigt wurden. Aber genau dort war nun mal Wasser im Hintergrund zu sehen gewesen, und das machte sich auf den Bildern für die Zeitungsleser und Fernsehzuschauer natürlich besser als irgendwelche langweiligen Häuserzeilen.

Bei Unfällen oder Bränden war es ganz schlimm, da hatte René es schon x-mal selbst erlebt. Natürlich kamen bei herkömmlichen »Standardunfällen« keine Politiker, da musste es schon mindestens zwanzig Tote geben. Aber die Journalisten kamen. Noch bevor alle Menschen gerettet waren, wollten sie ein Interview. Natürlich waren nicht alle so. Es gab große Unterschiede. Das hing vom Sender ab oder der Zeitung, für die sie schrieben.

Sicherlich waren auch nicht alle Politiker gleich, dachte René. Aber er hatte mal einen Artikel gelesen, in dem stand, dass sich Journalisten und Politiker sehr ähnlich seien. Er fand das einleuchtend, sie hingen ja auch voneinander ab. Für irgendwas waren sie natürlich gut; die Öffentlichkeit musste erfahren, was in der Welt passierte, und manchmal war es gewiss wichtig, kritisch nachzufragen. Eigentlich hatte René nur etwas gegen eine bestimmte Art von Journalisten: die, die Grenzen überschritten und kein Gefühl dafür hatten, wann es besser war, sich zurückzuhalten. Und ja, natürlich waren auch Politiker für etwas gut; wenn sie nicht gerade Präsenz zeigten, regierten sie unser Land. Jemand musste das ja tun. Und schließlich hatte der Innenminister sich bestimmt darüber gefreut, dass die Parade in Duisburg stattfand. Da war es klar, dass er jetzt auch sehen wollte, wie es lief. Konnte man ihm nicht verdenken.

Wenig später wurde in die Liveübertragung ein Ausschnitt aus einem Interview mit dem Oberbürgermeister der Stadt eingespielt. Der rundliche Mann mit dem grau melierten Vollbart sagte, er sei stolz auf dieses große friedliche Fest, ein Erfolg für Duisburg. Er lächelte und blickte zufrieden aus dem Fenster des großen Hochhauses in der Nähe des Hauptbahnhofs hinüber zum Partygelände. Von dort oben betrachtet wirkten die Menschen wie ein riesiger, bunter Ameisenhaufen.

Frank zündete sich eine Zigarette an.

»Will noch jemand Kaffee?«

»Jupiter 1 für Jupiter 20/18!«
»Jupiter 1 hört.«
»Wir müssen jetzt an den Zulaufstellen Ost und West sperren. Es ist dringend erforderlich, damit … krssschhhhh …«
»Wiederholen, Jupiter 20/18!«
»Krssschhh … ist es möglich, den Zulauf vom Bahnhof … krssschhhh …«
»Wiederholen Sie, Jupiter 20/18. Keine Verständigung möglich.«

15

KATTY

Unterschwellig hörte ich das Dröhnen der Bässe. Je weiter wir gingen, desto lauter wurde es. Andere Töne mischten sich dazu, und aus den Bässen wurde Musik. Ines griff nach meiner Hand. »Nicht dass wir uns verlieren«, sagte sie. Kurz schöpfte ich Hoffnung, dass wir vielleicht da sein könnten, doch dann sah ich, wo die Musik herkam. Links von uns tauchte ein kleiner Park auf, und mitten auf der Wiese, vor einer Kirche, stand ein Musik-Float, umsäumt von stattlichen Buchen – ein Lkw, der den gesamten Straßenzug beschallte. Vor dem Park, am Rand der Straße, stand ein rotes Haltestellenhäuschen. Einige Raver hatten es zu ihrer privaten Bühne gemacht. Sie waren hinaufgeklettert und tanzten auf dem Dach. Am Rand des Dachs hatten sich mehrere Jugendliche hingesetzt, ließen die Beine nach unten baumeln und bewegten die Arme im Takt. Hammer! Genau so hatte ich mir das vorgestellt. Im Fernsehen hatte ich bei den Berichten über die Loveparade in Berlin immer gesehen, wie Menschen auf Schildern oder Ampeln saßen und von dort aus mitfeierten. Wann bekam man schon mal die Gelegenheit, eine Stadt zu einer einzigen großen Disco zu machen?

Verena fing an zu tanzen, wobei sie sich in ihrer engen Korsage und auf den High Heels nur eingeschränkt bewegen konnte. Sie ruderte mit den Armen und trat von einem Bein auf das andere. Ganz im Gegensatz zu Ines: Die hüpfte wie ein Flummi auf und ab und wirbelte völlig enthemmt mit dem Kopf herum. Auf dem Lkw standen Menschen und feierten, drum herum jubelte die Menge. Viele tanzten, manche bewegten nur ihre Oberkörper im Takt.

»Lasst uns doch einen Moment hierbleiben«, schlug Verena vor.

»Ach komm, nein, ist doch nur ein einzelner blöder Wagen, lasst uns weitergehen«, wiegelte Daniel ab. »Auf dem Gelände ist es bestimmt viel geiler.«

Mir war es egal. Ich wäre bei der Ein-Float-Parade stehen geblieben, aber auch weiterzugehen war okay für mich. Während die Jungs diskutierten, blickte ich zu den Menschen auf dem Truck. Niemand stand still, alle tanzten. In der Mitte hatte der DJ sein Pult und heizte den Leuten ein. Über ihm war ein blauer Sonnenschirm aufgespannt. Den brauchte er auch, wenn er über mehrere Stunden auf dem Wagen stehen wollte, denn mittlerweile knallte die Sonne ganz ordentlich. Der DJ hielt sich einen Kopfhörer ans Ohr. Mit der anderen Hand drehte er erst an den Plattentellern, dann ballte er sie zu einer Faust und warf sie im Takt nach vorne, als schlüge er auf einen Boxsack ein. Nach einer melodischen Sequenz in der Musik wurde das Intervall des Basses wieder enger, der Beat schneller. Die Menge johlte. Ich auch. Der Rhythmus durchzuckte meinen Körper. Ich warf den Kopf im Takt von rechts nach links und hob die Arme gen Himmel. Um mich herum Hunderte glückliche Gesichter. Ich schwebte auf den Schallwellen. Schwerelos. Janek ging es wie mir, er war euphorisiert und tanzte sich wild in Ekstase. Das, was er da machte, sah ein bisschen aus wie der Moonwalk von Michael Jackson, nur viel schneller. Ines lächelte mich an und kreischte: »Wuhuuuu!« Dann drehte sie sich hüpfend im Kreis.

»Kommt Leute, auf geht's!«, unterbrach uns Steffen.

Die Jungs hatten entschieden, dass wir weiterziehen würden. Niemand legte ernsthaft Widerspruch ein. Nur Ines nörgelte: »Och menno, ist doch cool hier.«

Ich sah noch einmal zu den tanzenden Menschen auf dem

Truck. Dann gingen wir los. Normalerweise fuhr hier offenbar eine Straßenbahn. Verena rutschte mit ihren hohen Absätzen auf einer Schiene aus und knickte sich das Fußgelenk um.

»Aua, scheiß Schienen«, fluchte sie.

Ich verkniff mir, den Gedanken auszusprechen, den ich hatte. Mit Plateaustiefeln auf der Loveparade herumzustöckeln war einfach saudämlich. Verena humpelte ein paar Schritte, dann hakte sie sich bei Steffen ein und ging plötzlich wieder ganz normal.

Kein schlechter Trick, den Schmerz zu spielen, um mit ihm auf Tuchfühlung zu gehen. Vielleicht sollte ich mir auch den Fuß umknicken, um einen Grund zu haben, mich bei Tim einzuhaken. Ich sah zu ihm rüber und nahm ihn wie in Zeitlupe wahr. Die braunen Haare fielen ihm in die Stirn, und er schüttelte sie mit einer ruckartigen Kopfbewegung zur Seite. Er sah unbeschwert aus. Seine Gesichtszüge wirkten entspannt. Die Musik des Floats wurde leiser, langsam überwog wieder das wirre Geräusch vieler durcheinandersprechender Menschen. Zwischendurch blies jemand in eine Trillerpfeife.

Es wurde enger. Wir wurden langsamer. Rechts und links tauchten weitere Zäune auf. Die Masse geriet ins Stocken. Dann standen wir. Haut an Haut. Schweiß an Schweiß.

»Boah, was ist das denn für eine Scheiße!«, nölte Daniel.

»Wird schon, Leute, in der Ruhe liegt die Kraft«, beschwichtigte ihn Steffen.

Ich stand neben Tim.

»Alles klar?«, fragte er.

»Ja, alles in Ordnung.«

»Willst du einen Schluck Wasser?«

»Gerne.«

Tim nahm seinen Rucksack vom Rücken. Das war nicht ganz unproblematisch, weil es so eng war, dass er sich nur schwer bewegen konnte. Er entschuldigte sich mehrfach bei Menschen, die um ihn herumstanden und die er bei seiner Aktion unvermeidbar anrempelte. Beinah stolz präsentierte er mir die Wasserflasche.

Ich bedankte mich und nahm ein paar Schlucke. Zu viel wollte ich nicht trinken, sonst müsste ich nachher noch zur Toilette, und ich hasste Dixie-Klos. Die Dinger standen hier an jeder Ecke, reihenweise. Kleine blaue Toilettenhäuschen, die – spätestens nachdem der Zehnte sie benutzt hatte – entsetzlich stanken. Ein einziges Mal nur hatte ich den Fuß in solch ein Häuschen gesetzt, auf einer Gartenparty eines Arbeitskollegen meines Vaters. Ich hatte keine Wahl gehabt, denn in der Schrebergartensiedlung gab es keine richtige Toilette. Hätte ich gewusst, was mich erwartet, hätte ich den kompletten Abend nichts getrunken oder mich in irgendeinen Busch geschlagen. Ich weiß noch genau, wie mir der Geruch beißenden Urins entgegenschoss, als ich die Türe öffnete. Unter der Klobrille schwamm Toilettenpapier in einer undefinierbaren Brühe aus Fäkalien. Seitdem fand ich Dixie-Klos widerlich und wollte unter allen Umständen vermeiden, eines der Dinger jemals wieder betreten zu müssen, auch wenn mir klar war, dass ich im Laufe des Tages wahrscheinlich nicht komplett daran vorbeikommen würde. Dennoch reichte ich die Flasche schnell an Ines weiter, die ebenfalls zaghaft ein paar Schlückchen nahm und die Flasche dann an Tim zurückreichte. Der packte sie weg, ohne davon zu trinken. Dabei hatten Männer doch wirklich Glück. Wenn sie pinkeln mussten, gab es immer irgendwo ein Eckchen, in dem sie sich erleichtern konnten, ohne dass sie dafür ein Dixie-Klo betreten mussten. Wobei, wenn ich mich hier so umsah, gab es eigentlich keine Möglichkeit, denn an den Zäunen kamen wir sicher nicht vorbei, und durch ein Absperrgitter zu pinkeln war wohl keine gute Idee. Unbeobachtet wäre man dabei jedenfalls nicht.

Die Masse setzte sich langsam wieder in Bewegung, und ich ließ mich mitschieben. Es gab nur eine Richtung, nur einen Weg. Rechts und links überall Gitter. Ich fühlte mich eingepfercht und fremdbestimmt. Wir bewegten uns vielleicht 100 Meter, vielleicht auch weniger, dann kamen wir wieder zum Stehen. Nichts ging mehr. Von hinten kamen immer mehr Menschen nach. Es wurde wieder enger.

»Boah, meine Füße«, jammerte Verena. Ich hatte mir schon gedacht, dass sie es auf diesen High Heels nicht lange aushalten würde, und freute mich über meine Ballerinas. Der Junge neben mir schimpfte über die »beschissene Organisation«.

»Das ist keine Loveparade, das ist eine KZ-Parade«, meinte er witzeln zu müssen.

Auch ich war genervt, kam mir vor wie ein Stück Vieh, das durch die Stadt getrieben wurde, und bekam langsam Beklemmungen. In meinem Nacken spürte ich den alkoholisierten Atem eines Jungen, der Wodka oder anderes Hochprozentiges getrunken hatte. Seine Arme drückten in meinen Rücken. Ich drehte den Kopf zur Seite und versuchte, den Schnapsgeruch auszublenden. Auch Ines wirkte angespannt. Sie guckte ernst und reckte den Hals immer wieder so weit nach oben, wie sie konnte. Tim wollte uns Platz verschaffen, stellte die Füße weit auseinander und versuchte, seine Schultern breiter aussehen zu lassen, als sie waren.

»Bleibt hier bei mir, ich geb euch Rückendeckung«, bot er Ines und mir ritterlich an. Wir schoben uns vor ihn, und tatsächlich schaffte er es, den Druck von hinten abzufedern. Wir konnten uns wieder halbwegs frei bewegen. Ich sah zu ihm auf.

»Danke«, sagte ich erleichtert.

»Kein Problem.«

Er grinste. Offensichtlich gefiel er sich in der Beschützerrolle.

»Ahhh, pass doch auf!«, schrie Verena. Ihr war jemand auf den Fuß getreten. Ich war froh, dass ich mit meinen 1 Meter 65 wenigstens Tim angucken konnte, denn ansonsten sah ich nicht mehr weit, fast alle um mich herum waren größer. Eigentlich wollte ich den Überblick behalten, doch nun fühlte ich mich ausgeliefert. Daniel wurde immer ungeduldiger. Er war der Betrunkenste von uns allen und meckerte: »Was für eine blöde Scheiße. Da ist ›Rock am Ring‹ tausendmal besser organisiert!«

Das half uns jetzt auch nicht weiter. Wir standen in einem Stau, in einem Stau aus Menschen. Nichts rührte sich mehr. Es ging weder vor noch zurück, und keiner von uns hatte auch nur den Hauch einer Ahnung, wie weit es noch bis zur Loveparade war und wann es endlich weitergehen würde. Am Rand der Strecke, hinter einem der Absperrgitter, erspähte Steffen einen Polizisten.

Er beschloss, sich zu ihm durchzuschlagen und ihn zu fragen, wo das Gelände sei und wann es endlich weitergehe.

»Wartet hier auf mich!« Er klang zynisch.

Wohin sollten wir schon gehen? Steffen verschwand in der Menge.

»Siehst du ihn noch?«, fragte ich Tim.

»Nee.«

Ines fing an, über die nächsten Wochen zu plaudern. Zur Ablenkung. Wir hatten Schulferien und wussten noch nicht so recht, was wir mit der ganzen freien Zeit anfangen sollten. Sie fragte mich, ob ich ihr in Mathe helfen könne. Ich bekam schließlich schon eine ganze Zeit Nachhilfe und hatte mittlerweile einen recht guten Durchblick. Ines tat sich mit Vektorenrechnung extrem schwer. Natürlich versprach ich, ihr zu helfen. Sie brauchte gute Noten, denn nach dem Abitur wollte sie Veterinärmedizin studieren. Tierärztin zu werden war schon ihr Traum, als wir noch gemeinsam in die Grundschule gingen. Ihr Entschluss stand fest, seit sie mit sieben an einer Kinderfreizeit auf einem Reiterhof teilgenommen hatte und bei der Geburt eines Fohlens dabei sein durfte. Das, was der Tierarzt da tat, wollte sie auch tun, da gab es kein Wenn und Aber. Niemals.

Nachdem das mit der Nachhilfe also geklärt war, schmiedeten wir Pläne, was wir in den Schulferien noch alles machen wollten. Warum nicht mal eine Fahrradtour mit meinem Vater? Der würde sich sicher freuen, mit uns Mädels etwas zu unternehmen. Ines wollte außerdem unbedingt ihre neuen Inlineskates ausprobieren, und wir beschlossen, einen Tag zum Baldeneysee nach Essen zu fahren und dort um den See zu bladen. Tim warf ein, dass es in Duisburg eine Wasserskianlage gebe und wir alle zusammen dorthin fahren könnten. Ich fand die Idee gut, hatte aber auch ein bisschen Angst, mich vor ihm zu blamieren, weil ich noch nie auf Wasserski oder einem Wakeboard gestanden hatte. Sicher würde ich nach wenigen Metern nicht gerade grazil ins Wasser plumpsen.

»Klasse!«, fand Ines. »Das machen wir auf jeden Fall, dann

könnt ihr Jungs wakeboarden, und wir Mädels gucken euch zu und genießen die Sonne.« Die Idee gefiel mir besser. Tim auf dem Wasser zu beobachten – am besten mit nacktem Oberkörper – und mit Ines in der Sonne zu sitzen, klang nach einem guten Plan.

Nach zehn Minuten hatten wir die Hoffnung aufgegeben, dass Steffen zu uns zurückkommen würde, doch genau in dem Moment tauchte er wieder auf. Er quetschte sich durch die Menschen, die um uns herumstanden, und sah wütend und angestrengt aus.

»Die wissen gar nichts. Die Bullen sind total hilflos und labern nur«, regte er sich auf. Steffen hatte den Polizisten gefragt, wie es denn nun weitergehe, wo das Gelände sei und wie lange wir uns hier noch die Beine in den Bauch stehen sollten. Der Polizeibeamte hatte ihn aufgefordert, Ruhe zu bewahren, und ihm gesagt, dass das schon alles seine Richtigkeit habe. Eine Antwort auf seine Frage konnte oder wollte er ihm nicht geben.

Verena jammerte: »Mir ist heiß, und es ist viel zu eng, ich will hier raus.« Janek fächerte sich hektisch mit der Hand Luft zu. Er wurde immer blasser. Ich kramte mein Handy aus der Tasche, weil ich wissen wollte, wie spät es war. Fünf vor vier. Meine Eltern hatten mir auf meine SMS geantwortet, die ich ihnen kurz vor unserem Fernsehauftritt geschickt hatte. »Super Auftritt, Liebes! Wir sind stolz auf Dich! Wünschen Euch noch ganz viel Spaß! Mama & Papa.« Cool, dass sie mich gesehen hatten.

Nachdem ich das Telefon weggesteckt hatte, ging es langsam wieder vorwärts. Schritt für Schritt tippelten wir nach vorne. Das nächste Mal kamen wir an einer großen Kreuzung zum Stehen. Rechts von uns schien endlich der Eingangsbereich zur Loveparade zu sein. An den Gittern vor uns hing ein großes schwarzes Schild. Obendrauf stand in gelben, großen Buchstaben »LOVE-RULES« – eine Auflistung von Regeln, an die wir uns halten sollten. Darunter waren große, weiße Felder mit schwarzer Schrift. Die war viel zu klein, um sie aus der Entfernung lesen zu können. Da war ein Symbol für ein Glas, das durchgestrichen war – wohl wieder ein Hinweis auf das Glasverbot, auf das wir schon am Bahnhof aufmerksam gemacht worden waren.

»Wir sollen keine Hunde mit reinnehmen und keinen Kinderwagen«, stellte Janek trocken fest. Er hatte bessere Augen als ich.

»Sekunde, ich muss jetzt ganz schnell meine Bulldogge irgendwo loswerden«, witzelte Daniel. Das war fast schon absurd. Wer würde bei einer solchen Veranstaltung seinen Hund oder einen Kinderwagen mitnehmen? Da müsste man ja ganz schön wahnsinnig sein. Aber wahrscheinlich kam es tatsächlich vor, sonst hätten sie es ja nicht aufschreiben müssen.

»Nehmt Rücksicht!«, konnte ich noch am unteren Rand des Schildes erkennen.

Vor uns schien eine Art Einlasskontrolle stattzufinden.

»Siehst du was?«, wollte Tim von Janek wissen. Janek war mit Abstand der Größte von uns und hatte den besten Überblick.

»Nicht wirklich. Dahinten stehen so Typen in blauen T-Shirts. Sieht nicht so aus, als ob die jemanden durchlassen.«

»Jupiter 20/18 für Jupiter 1!«
»Jupiter 20/18 hört.«
»Für Sie zur Kenntnis: Lopavent hat jetzt beide Vereinzelungsanlagen an der Karl-Lehr-Straße geschlossen. Die Zugangsschleusen sind dicht.«
»Verstanden.«

Ich guckte wieder auf mein Handy. Mittlerweile war es zehn nach vier. Unfassbar. Dass wir so lange brauchen würden, um zur Party zu kommen, hatte ich nicht erwartet. Ich war davon ausgegangen, dass wir aus dem Zug aussteigen, vielleicht zehn Minuten laufen und dann dort sind und feiern. Stattdessen verbrachten wir den Nachmittag damit, in irgendwelchen Straßenschluchten, zwischen Hunderten Menschen, eingepfercht von Zäunen zu stehen. Jetzt musste es doch mal gut sein. Ich wollte mir nicht die Laune vermiesen lassen, aber das hatte ich mir echt anders vorgestellt. Vielleicht wären wir doch besser bei dem Float in dem kleinen Park geblieben. Nein, nein, nein, bleib positiv Katty, redete ich mir gut zu. Die Party geht noch bis heute Nacht um zwölf. Es sind also noch viele Stunden übrig, um zu feiern, und wenn wir es einmal auf das Gelände geschafft haben, ist bestimmt alles super.

In den Wohnhäusern um uns herum standen viele Anwohner an den Fenstern und beobachteten uns. Ich kam mir ein bisschen vor wie im Zoo, nur dass Zootiere mehr Platz hatten als wir. Ohne dass wir uns hätten dagegen wehren können, wurden wir näher an die Absperrgitter gedrängt. Neben mir stand eine Gruppe Jungs und sang schweinische Lieder; irgendetwas mit Italien und großen Genitalien. Es sollte sich ganz klar reimen. Einer lachte laut. Es gab also Menschen, denen die gute Laune bei der ewigen Warterei noch nicht abhandengekommen war. Ich versuchte, mir ein Beispiel daran zu nehmen.

Von hinten baute sich Druck auf. Das war nur logisch. Es kamen immer mehr Menschen vom Bahnhof nach, und *wir* wurden nicht weitergelassen. Also drückte die Masse von hinten. Instinktiv nahm ich die Arme nach vorne, um meine Brust zu schützen. Tim stand hinter mir. Er umfasste meine Hüfte mit beiden Händen, um zwischen ihm und mir ein wenig Abstand halten zu können. Ines ächzte. »Boah, ist das eng, mir reicht's langsam.« Neben mir stand eine ziemlich korpulente Frau, die mir permanent ihren Ellenbogen in die Seite rammte. Sie schien Beklemmungen zu haben und verschaffte sich Platz, indem sie meinen weiter minimierte. Vor mir hatte ein Junge einen Rucksack auf, und jedes Mal, wenn er sich bewegte, ratschte der Rucksack an meinen Unterarmen entlang.

»Hey Alter, pass doch mal auf, hier steht eine Frau hinter dir.« Tims Beschützerinstinkt hatte zugeschlagen, und ich war froh darüber.

»Ich kann auch nichts dafür, wo soll ich denn hin?«, antwortete der andere patzig.

Er hatte recht, er hatte tatsächlich keine Wahl. Aber immerhin stand er, nachdem Tim ihn ermahnt hatte, etwas ruhiger.

»Aua, meine Hand«, motzte die Frau neben mir und zog sie ruckartig zwischen ihrer und meiner Hüfte weg. Janek nahm seine Sonnenbrille von der Nase und setzte sie auf den Kopf. »Hast du noch mal etwas Wasser für mich?«, fragte er Tim mit brüchiger Stimme. Tim nickte, doch ihm war klar, dass er nicht mehr ohne Weiteres an die Flasche in seinem Rucksack herankommen würde. Er bat Janek, sich das Wasser selbst herauszuholen.

Janek fummelte an Tims Rucksack herum. Nach einer Weile hatte er die Wasserflasche in der Hand und leerte sie mit einem Zug um weit über die Hälfte. Dann packte er sie wieder weg.

»Ich will hier raus, ich hab keinen Bock mehr.« Verena sah schlecht aus. Sie atmete schwer, und obwohl sie viel Make-up im Gesicht hatte, wirkte sie blass, fast ein bisschen grün im Gesicht. Mich wunderte das nicht. Die Korsage, die sie trug, war ohnehin sehr eng geschnürt, und nun auch noch die Hitze und die Enge, da musste einem ja der Kreislauf wegsacken.

»Komm, dreh mal den Rücken zu mir, ich lockere deine Korsage ein bisschen«, bot ich ihr an. Sie willigte ein und kämpfte erfolgreich um so viel Bewegungsspielraum, dass sie mir den Rücken zudrehen konnte. Ich öffnete die Schleife, die sie am Rücken trug, und lockerte die Schlaufen, die die Korsage hinten zusammenhielten, wie bei einem Paar Schuhe. Dann schloss ich die Schleife wieder. Verena atmete tief durch.

»Pffff, besser!«, stellte sie fest.

Neben einem Absperrgitter standen mehrere Polizisten, bestimmt vier oder fünf, alle mit dunkelgrünen Polizeijacken und Mützen. Wir beschlossen, die Beamten darum zu bitten, uns herauszulassen. Es reichte. Verena wollte sich unbedingt einen Moment setzen. Janeks Kreislauf spielte wieder verrückt, und mir war mittlerweile schon beinah alles egal. Ich wollte am liebsten raus aus der Menge und wieder zurück, zu dem einzelnen Musik-Float. Doch ein Zurück gab es nicht. Hinter uns waren viel zu viele Menschen, dicht an dicht zusammengedrängt. Steffen stand am nächsten am Gitter.

»Hey, können Sie uns bitte rauslassen?«

»Nein, tut mir leid, das geht nicht.«

»Warum nicht?«

»Es geht gleich weiter.«

»Bitte! Meiner Freundin ist nicht gut, wir brauchen etwas Luft.«

»Tut mir leid, es geht nicht, ich habe meine Anweisungen.«

»Was sind das denn für Anweisungen? Wenn es Leuten schlecht geht, müssen Sie die doch wohl rauslassen.« Steffens Stimme fing an zu zittern. Er wurde wütend. Das war völlig untypisch für ihn, den Sunnyboy, den wohl jede Mutter gerne zum Schwiegersohn gehabt hätte.

»Bitte beruhigen Sie sich, es geht gleich weiter.«

»Ich will mich aber nicht beruhigen. Was ist das für eine Scheiße? Sie können uns hier doch nicht einsperren.« Steffen wurde lauter.

Auf der anderen Seite des Gitters stand ein weiterer Polizist mit einem Funkgerät. Immer wieder drückte er die Sprechtaste und hielt das Gerät danach ans Ohr.

»Ich krieg da gerade niemanden, der kack Tunnel stört den Funk«, rief er zu dem Polizisten, der mit Steffen diskutierte. Dann zückte er sein Handy, wählte eine Nummer und versuchte zu telefonieren. Mehrfach drückte er auf den Knöpfen des Mobiltelefons herum. Anscheinend gab es auch Probleme mit dem Handyempfang. Zu uns kam eine junge Polizistin, vielleicht Mitte 20, mit angespanntem Gesichtsausdruck. Sie hatte ihr blondes Haar unter ihrer Mütze zu einem Zopf zusammengebunden. Wahrscheinlich wollte sie ihrem Kollegen moralisch beistehen, der sich dafür rechtfertigen musste, dass er den Anweisungen der Einsatzleitung folgte.

»Bitte verstehen Sie doch! Wenn wir hier aufmachen, wollen alle raus. Dann gibt es Chaos. Das können wir nicht verantworten. Sie müssen Ruhe bewahren. Es geht sicher gleich weiter«, versuchte sie, der Lage Herr zu werden.

Ein junger Mann mischte sich in die Diskussion ein: »Mal im

Ernst, was ist das hier für eine bescheuerte Organisation? Das können Sie doch nicht mit uns machen, den Leuten wird schlecht hier drin.« Nun erhob der Polizist seine Stimme: »Ich bitte Sie nun wirklich, ruhig zu bleiben. Noch ist ja wohl niemand umgekippt.«

In diesem Moment ließ der Druck auf meinen Körper nach. Es ging weiter. Der Menschenpfropfen löste sich auf. Plötzlich sahen wir den Grund für den Stau. Mitten auf der Straße standen längs mehrere Wellenbrecher, sodass immer nur einzelne Personen hintereinander hindurchgehen konnten. Das sah nach Taschenkontrollen aus. Davor standen große Mülltonnen, die schon komplett überfüllt waren. Trotzdem warfen immer wieder Menschen ihre leeren Glasflaschen obendrauf, die rechts und links herunterrutschten und auf den Boden knallten. Neben den Wellenbrechern standen auf beiden Seiten Männer und Frauen mit hellblauen T-Shirts, auf denen vorne und hinten in Gelb der Schriftzug »SECURITY« prangte. Ich zog meine Tasche, die locker auf meiner rechten Hüfte hing, nach vorne vor meinen Bauch. Sicher wollte gleich jemand hineinsehen. Doch niemand sprach mich an.

Die Security ließ uns einfach durchgehen. Seien wir mal ehrlich: Alles andere wäre auch Schwachsinn gewesen. Schon allein die Idee war beknackt, Tausende von Menschen einzeln kontrollieren zu wollen, während hinter ihnen weitere Tausende in einem Gitterkäfig standen und um jeden Zentimeter Bewegungsfreiheit kämpften. Doch das war nicht die einzige Merkwürdigkeit. Auch die Männer und Frauen in den blauen Shirts sahen seltsam aus. Nicht wie Türsteher oder Sicherheitsbeamte. Beileibe nicht. Einer war unglaublich dick. Also nicht kräftig oder muskulös, sondern wirklich so dick, dass man sich Sorgen machen musste, dass er kollabierte, wenn es hier zu stressig für ihn würde. Neben ihm stand eine ältere Frau, schon deutlich über sechzig, hager und abgemagert. In ihrem Gesicht hatten sich tiefe Furchen gebildet, und ihre Nase war rot und grobporig. Sie sah ungesund aus. Das waren doch keine Security-Leute. Aber was scherte es mich? Wir waren endlich durch den Eingangsbereich gekommen, und dahinter hatten wir tatsächlich wieder etwas Platz.

»Gott sei Dank, wir sind drin«, jubilierte Ines.

»Halleluja, das wurde aber auch Zeit«, sagte Janek.

Und Verena ergänzte mit dünner Stimme: »Lange hätte ich das nicht mehr ausgehalten.«

Auch Tim wirkte erleichtert.

Sehr gut, wir hatten es geschafft. Vielleicht würde es ja doch noch die größte, ja die großartigste Party meines Lebens werden. Etwa 100 Meter vor uns lag ein Tunnel aus Backsteinen. Die Straße, die in den Tunnel führte, war voller Menschen.

»Wir kooooommen!«, brüllte jemand von hinten.

»Jupiter 1 für Wedau 317!«
»Jupiter 1 hört.«
»Wir haben die Information bekommen, dass angeblich eine Weisung ergangen sein soll, die Eingangsbereiche wieder zu öffnen, weil der Druck auf die Düsseldorfer Straße zu groß ist. Wir möchten dagegen remonstrieren. Das Gelände ist voll. Die Karl-Lehr-Straße steht komplett voll. Vor dem Veranstaltungsgelände gibt es extremen Druck. Wenn die Außensperren aufgehoben werden, wird der Druck hier noch größer. Ist eigentlich nicht zu verantworten aus unserer Sicht.«
»Verstanden.«

16

EMMA

Emma blickte von ihrem Handy zu Jens auf. »Der Bahnhof ist dicht, wir müssen der Senderedaktion von WDR-Extra Bescheid geben.« Jens nahm Kontakt zur Ablaufregie der Loveparade-Sondersendung auf und gab die Information durch. Es dauerte nur wenige Sekunden, und am anderen Ende der Leitung fragte jemand: »Könnt ihr in drei Minuten drauf sein?« Jens bejahte. Emma wollte noch intervenieren und anmerken, dass sie doch gar nicht viel wisse, entschied sich aber, dass es wohl sinnlos sei zu diskutieren.

Jens brüllte aus dem Wagen: »Wir sind in drei Minuten drauf, Leute.« Beate schnappte sich die Kamera, Jonas drückte Emma das Mikrofon in die Hand, und Roman wollte wissen, was zum Henker eigentlich los sei. »Der Bahnhof ist dicht, weil irgendwelche Idioten auf die Gleise geklettert sind«, fasste Emma die Lage zusammen. »Wir sind gleich drauf.« Roman sah auf seine Stoppuhr. »Gibt es eine Zeitansage? Also für wie lange wir drauf sind?« Es gab keine.

Emma, Beate und Roman gingen auf den Bahnhofsvorplatz. Er war verhältnismäßig leer. Kein Gedränge, keine Menschenmassen. »Noch zwei«, hörte Emma über den Knopf in ihrem Ohr. Sie versuchte, sich zu sammeln. Was würde sie gleich sagen, und in welcher Reihenfolge? Ein einfacher Kniff half ihr: Wenn ihre Mutter jetzt anriefe – was würde sie ihr erzählen? Emmas

Gedanken reihten sich aneinander, wie Perlen an einer Schnur. Der Fernsehzuschauer wollte schließlich die gleichen Dinge wissen. Davon war jedenfalls auszugehen. Also würde sie genauso antworten, als ob ihre Mutter am Telefon wäre. Nur dass es kein Telefongespräch war, sondern bundesweites Fernsehen. Aber es war nun wirklich keine Zeit, daran auch nur einen Gedanken zu verschwenden.

»Noch eine«, rief Roman ihr zu.

»Hey, weißt du, was hier los ist?« Vor Emma hatte sich ein junger Mann aufgebaut, vielleicht 16 oder 17 Jahre alt. Seine Haare waren mit viel Gel und Haarspray zu kleinen Stacheln geformt. Mit eisblauen Augen sah er Emma fordernd an.

»Äh ja, der Bahnhof ist gesperrt, aber ich bin gleich live auf Sendung«, versuchte sie, eine Diskussion im Keim zu ersticken.

»Voll scheiße hier, das kannst du ruhig mal im Fernsehen sagen. Das Gelände ist komplett dicht, da kommste nicht mehr drauf. Jetzt sind wir umgedreht, und was ist? Man kommt nicht mal mehr zurück, weil die scheiß Züge ausfallen«, machte der Typ seinem Unmut Luft.

Von hinten rief ein Mädchen: »Ja, ätzend! Scheiß Organisation hier!« Das Wörtchen Scheiße fiel an diesem Tag überproportional häufig.

»Noch zehn«, sagte Jens auf Emmas Ohr.

Der Wind hatte ihr die Haare ins Gesicht geweht. Einige klebten in ihrem Lipgloss. Sie versuchte sie hektisch, ohne die rosa Farbe auf ihren Lippen zu verschmieren, wieder zurechtzuzupfen. »Es tut mir leid, ich kann jetzt nicht länger mit dir reden, ich bin jetzt dran.« Roman schob den Jugendlichen zur Seite. Im selben Moment hörte Emma einen der Moderatoren auf dem Partygelände sagen: »Der Duisburger Hauptbahnhof ist offenbar dicht. Dort steht für uns Emma Weber. Emma, was ist denn da los?«

Emma erzählte, dass der Zugverkehr momentan tatsächlich komplett stillstehe, weil Menschen auf den Gleisen gesehen worden seien und keiner wisse, ob sie immer noch dort herumliefen oder nicht. Zur Sicherheit habe man nun den Zugverkehr gestoppt.

Ein Szenario, das man eigentlich unbedingt verhindern wollte. »Die Situation spitzt sich zu, weil jetzt auch noch die ersten Raver zurück vom Partygelände kommen. Da ist anscheinend alles dicht. Natürlich sind die nun mächtig sauer, dass nicht mal die Züge fahren.«

Zum Ende der Schalte versprach Emma, sich zu melden, sobald sie genauere Informationen habe. Als sie fertig war, sagte die Moderatorin, die auf dem Veranstaltungsgelände stand: »Also von Menschen, die sauer sind, ist hier wirklich gar nichts zu spüren, denn hier wird gefeiert.« Schräg, wie unterschiedlich die Stimmung zu sein schien.

Emma war erleichtert: kein Versprecher, eine Minute dreißig durchgeredet, ohne sich zu verzetteln.

»Lief gut!«, bestätigte Beate. Das Team ging zurück zum Wagen. Emma versuchte, den Pressesprecher der Bundespolizei zu erreichen, und hatte wieder kein Netz. Beate reichte ihr ihr Handy. Sie war bei einem anderen Mobilfunkanbieter, und dessen Netz funktionierte gerade. Also bat Emma den Polizeisprecher, zum West-Eingang des Bahnhofs zu kommen. Sie wollte ihn in der nächsten Schalte live interviewen. Er sagte zu.

Dann klingelte Emmas Handy. Anscheinend ging das Netz gerade wieder. Der Senderedakteur von WDR-Extra fragte, wann sie das nächste Mal schalten könne. Sie versprach, sich zu melden, wenn sie etwas Neues wisse und der Pressesprecher der Bundespolizei für ein Interview bei ihr sei.

»Jetzt kriegen wir ja doch noch ein bisschen Action«, sagte Jens.

»Aber echt!«, seufzte Emma. Damit, dass tatsächlich jemand auf die Gleise springen würde, hatte sie nicht gerechnet.

Sie fingerte ihr Schminktäschchen aus ihrer Handtasche und öffnete den kleinen, runden Handspiegel, den ihr Vater ihr geschenkt hatte. Ihr Spiegelbild sah angestrengt aus. Die Nasenwinkel glänzten, und die Haare, die auf ihren Lippen klebten, hatten auf der Wange feine Streifen hinterlassen. Emma wischte sie weg und hoffte inständig, dass sie so dünn waren, dass man sie im Fernsehen nicht sehen konnte. Mit einer Puderquaste mattierte sie ihre Wangen. Das ist Regel Nummer eins beim Fernsehen: Du darfst nicht glänzen. Denn wenn man komisch aussieht, nehmen die Zuschauer nicht mehr wahr, was man erzählt, sondern gucken nur noch auf das, was komisch aussieht. Zum Beispiel eine glänzende Stirn oder eine blöde abstehende Haarsträhne oder eben Lipglossstreifen auf der Wange. Das behauptet zumindest die Wahrnehmungsforschung, und das wird Reportern immer wieder eingetrichtert. Emma bemühte sich also redlich, nicht komisch auszusehen, und sortierte ihre vom Wind zerzausten Haare.

»Frau Weber?«

Sie drehte sich um und schob Spiegel und Puderquaste verschämt zurück in ihre Tasche.

»Ja?«

»Ich bin Kurt Bergmann, wir haben eben telefoniert, und Sie sehen gut aus. Es sitzt alles.«

Emma lächelte. Sie fühlte sich ertappt und befürchtete kurz, sie könnte rot werden. Aber bei dem vielen Make-up würde das wohl ohnehin nicht auffallen. Es war der Pressesprecher der Bundespolizei. Er sah ernst aus, aber nicht unsympathisch. Kurt Bergmann trug eine neongelbe Warnweste und darunter ein blaues Hemd. Auf der Weste stand hinten groß: »BUNDESPOLIZEI«.

»Toll, dass Sie schon da sind, danke dafür.« Emma freute sich aufrichtig. Es war immer leichter, mit einem Interviewpartner auf Sendung zu gehen, als selbst alle Details auf der Pfanne haben zu müssen. »Wie ist denn die Lage?«

Der Pressesprecher kratzte sich die Halbglatze. Er erzählte, dass man den Bahnhof wohl bald wieder öffnen könne. Man habe die Personen auf den Gleisen »festgesetzt« und »entfernt«.

»Das sind gute Nachrichten, dann können wir ja gleich auf Sendung gehen.«

Jens sagte der Ablaufregie der Extra-Sendung Bescheid, und die entschied, gegen 16 Uhr 50 live zu schalten. Das waren noch fünf Minuten. Emma, Beate, Roman und Kurt Bergmann gingen vor dem Bahnhofsgebäude in Position. Sie warteten.

»Emma, hörst du mich?«, sprach Jens sie über den Stecker in ihrem Ohr an.

»Ja, klar und deutlich.«

»Ich habe gerade von den Kollegen auf dem Partygelände die Info bekommen, dass die Eingänge dichtgemacht worden sind, da kommt wohl erst mal keiner mehr rein.«

Emma stutzte. »Okay, krass. Danke für die Info.«

Sie weihte Kurt Bergmann ein und bereitete ihn knapp auf die Fragen vor: Wie ist die aktuelle Lage am Hauptbahnhof? Wann fahren die Züge wieder? Und nun, ganz aktuell: Was bedeutet es, wenn zu viele Raver gleichzeitig zurück zum Bahnhof kommen, weil das Partygelände abgeriegelt worden ist? Kurt Bergmann nickte. Sein Körper schien unter Spannung zu stehen. Mit hoch konzentrierter Miene sagte er: »Kein Problem, kann ich drauf antworten.«

Neben dem Fernsehteam hatte sich eine Gruppe junger Männer eingefunden. Einer von ihnen trug ein Kleid, eine Art Dirndl. Die anderen hatten alle die gleichen blauen T-Shirts an und ein paar ziemlich albern aussehende Schirmmützen auf. Emma bat den Pressesprecher, kurz auf sie zu warten, und ging mit festem Schritt auf die Gruppe zu.

»Hey Jungs, hängt ihr hier zufällig auch fest?«

»Jup«, antwortete der Typ in dem Kleid, und sein Kumpel ergänzte: »Es ist sein Junggesellenabschied, und wir wollten richtig Party machen. Aber wir kommen nicht mehr aufs Gelände und sind jetzt wieder hier gelandet.« Er schien die Situation mit Humor zu nehmen.

»Super! Also nein, natürlich nicht super.« Emma suchte die richtigen Worte. »Aber für mich gerade super«, versuchte sie, die Lage zu retten. »Habt ihr Lust, ins Fernsehen zu kommen? Ich hab in zwei Minuten eine Liveschalte für den WDR, darf ich euch da ein, zwei Fragen stellen?«

»Ja klar, warum nicht?« Wenn der Ehemann in spe schon nicht zur Loveparade kam, kam er jetzt wenigstens ins Fernsehen. Emma fragte noch nach den Namen der Jungs und bat dann den

Pressesprecher der Bundespolizei, näher an die Gruppe heranzurücken, sodass sie in ihrer Liveschalte erst mit Kurt Bergmann über die aktuelle Lage und danach mit dem Mann im Kleid und seinen Freunden sprechen konnte. Emma hielt das für eine gute Idee. Das war unterhaltsam, nicht so trocken. Außerdem verkauft sich Information am besten mit Emotion. Das hatte man Emma während ihrer journalistischen Ausbildung immer wieder vorgebetet. Natürlich interessieren sich die Zuschauer auch für Fakten, aber sie hören besser zu, wenn sie die emotionale Ebene begreifen. So stand es jedenfalls im Lehrbuch. In diesem Fall war die emotionale Ebene also ein Mann, der um seinen Junggesellenabschied gebracht wurde und jetzt statt auf der Loveparade am Bahnhof feiern musste. Die Geschichte war gar nicht so schlecht, fand Emma.

»Noch eine«, sagte Jens ihr aufs Ohr. »Du siehst gut aus«, schob er nach.

Das war ein Trick, und Emma wusste das. Wenn Reporter gestresst sind, kann man sie zur Ruhe bringen, indem man ihnen kurz vor ihrer Liveschalte noch einmal etwas Nettes aufs Ohr sagt. Und obwohl Emma wusste, dass Jens Profi war und ihr deshalb das Kompliment machte, freute sie sich darüber und fühlte sich ein bisschen ruhiger. Der Trick funktionierte also offenbar auch, wenn man ihn durchschaute.

Beate nahm die Kamera auf die Schulter. Emma sagte noch einmal allen, dass sie bitte nicht in die Kamera gucken, sondern nur sie ansehen sollten, und schon hörte sie die Moderatorin fragen: »Geht es endlich weiter mit der Bahn? Hat die Polizei die Menschen auf den Gleisen gekriegt?«

»Noch steht der Zugverkehr, aber bei mir ist jetzt Kurt Bergmann von der Bundespolizei, der einen genauen Überblick über die Lage hat. Herr Bergmann, wie ist denn die Situation aktuell?«

Kurt Bergmann erklärte, elf Menschen seien durch die Bundespolizei auf den Gleisen aufgegriffen worden. Man überprüfe in diesem Moment die Gleise und ob auch wirklich niemand mehr in Gefahr sei. In den nächsten Minuten könnten die Züge wohl wieder fahren. Auf die Nachfrage, was denn wäre, wenn zu viele Raver gleichzeitig zurück zum Bahnhof kämen, antwortete der Pressesprecher kurz: »Die Bundespolizei hat die Lage am Hauptbahnhof im Griff.«

Emma bedankte sich. Sie ging ein paar Schritte nach rechts und leitete über zu dem Männertrupp. »Tja, einige Raver sind aber leider schon wieder unverrichteter Dinge hierher zurückgekommen und sitzen nun fest. Diese Jungs zum Beispiel, die einen Junggesellenabschied auf der Loveparade feiern wollten. Josch ist der künftige Ehemann. Josch, jetzt hängt ihr hier am Bahnhof rum. Wie ist das für dich?«

Josch nahm das Ganze gelassen. Der junge Mann im Dirndl erklärte, man könne an der Situation, so ärgerlich sie auch sei, schließlich nichts ändern. Wahrscheinlich war ihm eh schon alles egal, schließlich trug er ein Kleid und hatte nun plötzlich auch noch einen dämlichen Strohhut auf. Emma verkniff sich das Lachen.

Einer seiner Freunde sagte, dass das Gelände wirklich komplett voll sein müsse. Er beschrieb die Massen vor dem Eingang. Die seien so gigantisch gewesen, da habe es keinen Zweck gehabt, sich hinten anzustellen. Darum hätten sie entschieden umzukehren. Auf Emmas Frage, was sie denn nun vorhätten, wollten die jungen Männer lieber nicht im Fernsehen antworten.

»Bringt das was, wenn ich es dir ins Ohr flüstere?«, fragte einer.

»Nein, das bringt nichts, ist dann vielleicht auch nicht fürs Fernsehen geeignet.« Emma musste nun doch lachen.

Sie wandte sich der Kamera zu und moderierte ab: »Also, hier vom Duisburger Hauptbahnhof erst mal vorsichtige Entwarnung.«

Sie war erleichtert. Das Schlimmste schien vorbei zu sein.

»Jupiter 1 für Wedau 13/32, kommen!
Auf der Westseite besteigen
etwa 200 Personen die Zäune.«
»Habe verstanden. Auf welcher Höhe?«
»Punkt 92/4.«
»Verstanden.«
»Wir ziehen jetzt eine Kette davor. Von innen.«
»Ja, habe verstanden.«

»Jupiter 1, kommen! … krssschhh …
Die Zäune … krssschhh … eingerissen …
krssschhh … 300 Personen versuchen …
krssschhh … ist nicht mehr … krssschhh …
brauchen Unterstützung.«
»Verstanden. Schicke Ihnen Unterstützung.«

17

KATTY

»Und jetzt alle lächeln!« Ines hielt meine Digitalkamera in der einen Hand und fuchtelte mit der anderen wild herum. Sie hatte eine genaue Vorstellung davon, wo sie uns für das Foto haben wollte: möglichst mittig, mit dem Tunnel im Hintergrund. Tim stand neben mir, lächelte mich an und legte den Arm um mich. Janek brachte sich hinter mir in Position und hielt zwei Finger so über meinen Kopf, dass es aussah, als hätte ich Hasenohren. Glücklicherweise bekam ich das noch mit und protestierte lautstark: »Lass das, du Arsch!« Janek zog die Hand weg. Steffen und Daniel standen seitlich und streckten die Arme nach außen, als wollten sie die Welt umarmen. Verena kniete sich vor mich.

An uns vorbei zogen Hunderte Menschen, alle auf dem Weg durch den Tunnel, zu der Party ihres Lebens. Einige sprangen vor Ines herum und machten dabei Faxen. Sie zogen ihre T-Shirts hoch, zeigten ihre nackten, weißen Oberkörper und prosteten ihr mit einem Bier zu. Andere hoben die geballten Fäuste nach oben und grölten irgendetwas Unverständliches. Entweder wollten sie mit aufs Foto oder einfach nur witzig sein. Ines konnte darüber nicht lachen. Sie zog die Kamera jedes Mal genervt zur Seite. Mit bösem Blick versuchte sie, die Jungs zu vertreiben, und erntete Reaktionen wie: »Ist ja gut, friss mich nicht gleich!«

»Dann geh mir doch einfach aus dem Weg«, zischte Ines den Typen mit dem roten Cowboyhut und der Bierdose in der Hand an, »du siehst doch, dass ich ein Foto machen will.« Ihre grünen Augen funkelten. Er zog ab.

Ines nahm die Kamera wieder vors Gesicht. »Los, lächeln hab ich gesagt!«

Ich setzte das schönste Lächeln auf, das ich gerade draufhatte, und Ines drückte auf den Auslöser.

»Wartet! Ich mach noch eins.«

Wir hielten die Stellung und den Gesichtsausdruck. Genau in dem Moment, in dem sie den Auslöser abermals betätigte, spürte ich einen weichen, warmen Druck auf der linken Wange. Nur ganz kurz. Ich brauchte ein paar Sekunden, bis ich realisierte, dass Tim mir gerade einen Kuss gegeben hatte. Und dann: Herzrasen, Hitzewallungen, schwitzige Hände. Das schien die Standardreaktion meines Körpers zu sein, wenn es um Tim ging. Er hatte mich tatsächlich geküsst. Okay, nur auf die Wange. Aber das war ja schon mal was.

Ich sah Tim fragend an. Er lächelte verschmitzt und auch ein bisschen frech. »Was denn? Ich hab doch gar nichts gemacht.«

Ines nahm die Kamera runter und begutachtete die beiden Fotos auf dem Display. »Sehr schön«, befand sie.

Wir drängten uns um sie herum. Jeder wollte einen Blick auf die Bilder erhaschen, um zu kontrollieren, ob er derselben Meinung war und nicht gerade blöd guckte. Auf beiden Fotos lächelte ich nett. Aber: Ich hatte Hasenohren. Sogar als Tim mir den Kuss auf die Wange drückte. Janek hatte seine Hand doch wieder hochgenommen und hielt Zeige- und Mittelfinger so über meinen Kopf, dass ich albern aussah.

»Du bist so ein Blödmann!«, drehte ich mich zu ihm um.

»Ist doch lustig, ich weiß gar nicht, was du hast.«

»Dafür machst du jetzt noch ein Foto, auf dem Ines auch drauf ist«, entschied ich

»Okay.«

Ines drückte ihm die Kamera in die Hand. Wir stellten uns ähnlich wie beim ersten Mal auf, nur dass Ines nun zwischen Steffen und mir stand. Wir legten uns die Arme gegenseitig um die

Schultern. Janek gab keine Anweisungen, wo wir zu stehen hatten, stattdessen brüllte er: »Und jetzt alle: Affenscheiße!«

»Affenscheiße!«, riefen wir im Chor, und Janek drückte auf den Auslöser. Dieses Mal kontrollierte ich das Bild nicht.

Ein paar Meter weiter stand eine Brezelbude, ein kleiner roter Verkaufswagen.

»Boah, hab ich einen Kohldampf«, wurde Daniel bewusst, als er den Stand entdeckte. Obwohl wir alle ungeduldig waren und wohl keiner von uns große Lust hatte, wieder auf irgendwas zu warten, gab es keine Diskussion. Daniel stellte sich an, um eine Brezel zu kaufen. Das ging schneller als erwartet. Ratzfatz wurden die zehn bis fünfzehn Leute vor ihm abgefertigt. Der Verkäufer war eindeutig ein Profi: eine Brezel rauszureichen und das Geld dafür entgegenzunehmen war ein Vorgang, den er aus dem Effeff beherrschte.

Keine zwei Minuten später kam Daniel mit einem Siegerlächeln zu unserer Gruppe zurück, biss genüsslich in seine Brezel und visierte den Tunnel an. »Also los Leute, auf geht's! Worauf warten wir noch?«

»Keine Ahnung, auf dich und deine Brezel vielleicht?«, lag es mir auf der Zunge, aber ich hielt die Klappe. Wir setzten uns in Bewegung.

Plötzlich war ich euphorisch, und es kribbelte in meinem Bauch. Das war ein bisschen so, wie wenn ich wegen Tim nervös war. Aber dieses Kribbeln hatte eindeutig nichts mit Tim zu tun: Ich freute mich einfach und wollte endlich tanzen, ausgelassen sein, die Loveparade erleben, die Atmosphäre aufsaugen, jede Sekunde genießen und meinen Körper dem Rhythmus der Bässe hingeben, gemeinsam mit den besten Freunden der Welt.

Noch 50 Meter bis zum Tunnel.

Rechts von uns war ein Supermarkt, links Wohnhäuser und danach eine kleine Grünanlage – durch Absperrgitter vor uns geschützt. Die Strecke war tatsächlich komplett eingezäunt. Schon fast unheimlich, wie konsequent die dieses Konzept durchhielten. Das konnte doch keine gute Idee sein, so viele Zäune aufzustellen. Lieber nicht zu viel darüber nachdenken!

Daniel und Steffen diskutierten dagegen, unüberhörbar, über den bisherigen Weg zur Parade.

»Die sind doch bekloppt, man kann doch eine Million Leute nicht einfach so einzäunen«, empörte sich Daniel.

Und Steffen erwiderte: »Man kann alles, siehst du doch, aber bescheuert ist es trotzdem.«

»Dann wollen die auch noch die Taschen kontrollieren und halten alles auf«, wurde Daniel lauter. Nachdem er die Brezel vertilgt hatte, schien er wieder so gut wie nüchtern zu sein.

»Na komm, reg dich ab. Das bringt doch nichts. Immerhin haben sie *uns* nicht kontrolliert, und jetzt sind wir ja drin«, sagte Steffen.

Ich stieg nicht in die Unterhaltung ein, wollte mir die Laune nicht vermiesen lassen. Stattdessen sah ich in die andere Richtung, rüber zu Menschen, die ich nicht kannte. Ein Mädchen lief neben mir her. Sie hatte lange Rastazöpfe und trug ein grünes Tanktop. Sie lächelte mich an. Ohne ein Wort zu sagen, gab sie mir zu verstehen: Wir haben es geschafft, jetzt wird es toll. Und ich sah sie an, lächelte zurück und meinte ebenso wortlos: Ja, ich weiß, ich freu mich auch. Riesig!

Nur noch ein paar Meter bis zum Tunnel.

Es war kein besonders hoher Tunnel, er wirkte flach und in die Breite gezogen, obwohl er für so viele Menschen immer noch zu schmal schien. Obendrauf standen mehrere große Hochspannungsmasten. Der Weg führte unter den Bahngleisen hindurch. Das erste Stück, bis ich wieder Tageslicht sehen konnte, war nicht weit. 30, 40 Meter vielleicht, dann war der Tunnel unterbrochen. Danach kam ein viel längerer, unterirdischer Abschnitt. Als ich vom Licht in den Schatten trat, veränderte sich die Geräuschkulisse. Die Wände reflektierten die Stimmen, verwandelten sie in einen atemlosen Singsang. Ließen sie dichter wirken, lauter. Wie Fans, die sich mit Gebrüll auf das Fußballspiel ihrer Lieblingsmannschaft einstimmen, stimmten wir uns auf die Loveparade ein. »Ohhhhhhh, oh, oh, ohhhhooooohooo«, sang die Menge, und ich sang wie angesteckt mit. Vor mir, um mich herum, hinter mir, überall Menschen, aber doch immer noch mit so viel Abstand, dass ich mich nicht unwohl fühlte.

Im Gegenteil.

Aus dem Schatten wurde wieder Licht. Ich sah nach oben und blickte in den Himmel. Es war ein wunderschöner Sommertag. Zwischen den beiden Tunnelabschnitten führte rechts ein schmaler Weg ins Nirgendwo. Er war abgesperrt. Links eine Betonmauer. Efeu wucherte hinab in die Unterwelt. Nun traten wir in den eigentlichen Tunnel. Er kam mir lang und eng vor. Es wurde wieder düster. Rechts und links kämpfte sich das milchige Licht der Neonröhren einen Weg ins Halbdunkle. Um mich herum Hunderte bunt gekleidete, fröhliche Menschen, umschlossen von Tunnelwänden in tristem Grau. Ein Himbeerrot, ein Sonnengelb, ein Grasgrün, ein Ozeanblau, ein Veilchenlila. Es war ein singender Fluss aus Farben, der durch ein düsteres, stummes Rohr rann. Ein Regenbogen in der Finsternis.

Ich ließ mich treiben. Je weiter wir gingen, desto lauter wurde unsere Vorfreude. Das »Ohhhhh, oh, oh, ohhhhooooohooo« wurde abgelöst von einem »Oleeeeeee, ole, ole, oleeeee«. Obwohl ich solche Sprechchöre eigentlich nicht mag und sie bei Fußballspielen ziemlich prollo finde, musste ich einfach mitgrölen.

Tim unterhielt sich mit Steffen und sah glücklich aus. Sie lachten. Worüber sie sprachen, konnte ich nicht hören. Dafür war es viel zu laut. Steffen hielt sein Ohr direkt vor Tims Mund und umgekehrt. Anders war keine Kommunikation mehr möglich. Steffen nickte Tim aufmunternd zu. Der verzog den Mund, als dächte er über etwas nach. Dann blickten beide wieder nach vorne.

Vor mir liefen Ines und Verena, die ihre Hüften und Schultern kreisförmig bewegten, sodass es aussah, als würden sie tanzen, obwohl im Tunnel keine Musik zu hören war – von den Sprechchören einmal abgesehen, aber die zählten nicht. Verenas langes blondes Haar wehte im Wind, der durch den Tunnel zog. Meine Muskeln spannten sich an, ich schob die Schultern selbstbewusst nach hinten, richtete den Kopf auf und lächelte. Am Ende des Tunnels sah ich ein gleißend helles Licht. Wahrscheinlich kam es mir nur so hell vor, weil sich meine Augen mittlerweile an den düsteren Tunnel gewöhnt hatten. Es war nicht mehr weit. Vielleicht noch 30 Meter.

Langsam geriet die Menge ins Stocken. Die Menschen rückten näher zusammen, aber es ging immer noch vorwärts. Ich wollte unter keinen Umständen länger als unbedingt notwendig in diesem Schlauch aus Beton stehen. Man hatte hier drinnen ja keine Chance, mal eben wieder raus-, geschweige denn pinkeln oder sonst was zu gehen. Ich hoffte inständig, dass wir nun nicht wieder dicht gedrängt warten müssten – und das auch noch ausgerechnet in dieser Röhre. Ich hatte zwar grundsätzlich keine Probleme mit engen Räumen, aber der Gedanke, nicht jederzeit herauszukönnen, machte mich doch ein wenig unruhig. Jedes Mal, wenn ich in einen Aufzug stieg, schätzte ich die Wahrscheinlichkeit ab, mit der er stecken bleiben könnte. Ein neueres Baujahr, das man meistens in der Nähe der Knöpfe zur Etagenauswahl irgendwo ablesen konnte, beruhigte mich. Ein Fahrstuhl aus den Siebzigern hingegen konnte mich schon ein wenig nervös machen. Dabei war ich noch nie stecken geblieben. Aber der Gedanke daran, nicht selbst entscheiden zu können, wann man aussteigen wollte, und darauf angewiesen zu sein, dass einen jemand befreite, gefiel mir nicht. So etwas bedeutete, einer Situation hilflos ausgeliefert zu sein. Und wer fühlt sich schon gerne ausgeliefert? Wenn mir der Aufzug nicht geheuer war, nahm ich die Treppe, egal in welchem Stockwerk sich mein Ziel befand.

Hier im Tunnel hatte ich keine Wahl. Ob wir notfalls wohl noch zurückgehen könnten? Ich drehte mich um. Immer mehr Menschen kamen nach, aber es schien so, als ob es noch möglich wäre, sich gegen den Strom zurück zum Ausgang zu schlängeln. Da waren immer noch Lücken. Okay, alles halb so wild. Das

Dröhnen eines Basses kam mir entgegen. Leise, aber deutlich. Jaaaaaa, das fühlte sich gut an. Langsam schoben wir uns weiter. Zentimeter für Zentimeter tippelten wir Richtung Licht. »Boah, zwanzig nach vier schon«, nölte Daniel hinter mir. Er hatte recht. Es war schon extrem ärgerlich, wie lange das alles dauerte.

Dann endete der Tunnel. Ich blinzelte ins Licht. Meine Augen brauchten einige Sekunden, bis sie sich auf die Helligkeit eingestellt hatten und ich die Szenerie wahrnehmen konnte. Erst schien alles schemenhaft, ein bisschen so, als hätte jemand mit einem Radiergummi über eine Zeichnung gerieben. Nur ganz leicht, so, dass die Umrisse zwar noch zu erkennen waren, aber schwächer, wie ausgewaschen. Auch die Farben wirkten fahl. Ich kniff die Augen zusammen. Dann wurde das Bild klarer. Aus dem bunten Menschenfluss wurde ein See. Ein See – kein Meer, weil die Menge nahezu still stand. Keine Wellen. Nur vereinzelt erkannte ich Strömungen: Gruppen von Menschen, die sich in verschiedene Richtungen durch die anderen hindurchschoben. Die meisten Köpfe und Oberkörper waren rechts von mir. Es waren Hunderte, vielleicht Tausende. Sie steckten zwischen zwei hohen, langen Mauern.

Der Weg erinnerte mich an einen künstlich angelegten Kanal für Schiffe: große, massive Betonwände, die das Wasser daran hindern, seinen natürlichen Weg zu finden. Hier hielten sie unzählige Menschen zusammen. Sie kamen mir hoch vor, bestimmt fünf, sechs Meter. Obendrauf, hinter verrosteten Stahlgeländern, standen einzelne Menschen und sahen zu uns herab. Der Kanal schien eine leichte Steigung zu haben, sonst hätte ich bei meiner Größe nicht so weit sehen können. Aber so konnte ich ganz oben, bestimmt mehr als 100 Meter entfernt, die Umrisse eines schwarzen Gebäudes ausmachen. War dort das Veranstaltungsgelände? Keine Ahnung. Die großen weißen Schilder mit der schwarzen Aufschrift »ZUR LOVEPARADE« waren anscheinend ausgegangen. Stattdessen hingen an einer Wand links von uns vier farbige Plakate. Auf jedem stand der Name einer Stadt, darunter ein Pfeil in die entsprechende Richtung und das Symbol für einen Zug.

Das System verstand auf jeden Fall jeder Depp, sei er auch noch so betrunken. Das blaue Schild wies den Weg nach Essen. Daran erinnere ich mich noch, wahrscheinlich, weil das unser Rückweg war. Dumm nur, dass wir nicht nach Hause, sondern zur Loveparade wollten, und ausgerechnet für *die* gab es kein Schild.

Statt in dem dämlichen Tunnel standen wir nun also hier orientierungslos rum, umgeben von Mauern. Großartig. Das war nicht viel besser.

Vor uns lag ein weiterer Tunnel, der aussah wie der, aus dem wir gekommen waren. Dorthin bewegte sich kaum jemand. Das schien nicht der richtige Weg zu sein. An der linken Kanalmauer führte eine kleine, steile Treppe nach oben. Sie war so schmal, dass nicht mal zwei Personen nebeneinander darauf gepasst hätten. Das Mauerwerk wirkte nicht besonders vertrauenerweckend, es war rissig und grob, das Geländer alt und angerostet. Die mattgrüne Farbe blätterte. Das konnte ja wohl kaum der richtige Weg zur Loveparade sein. Die Treppe führte direkt auf ein kleines fensterloses Häuschen zu, das oben auf der Mauer stand. Es schien keine Funktion mehr zu haben.

Am Fuße des Kanals schoben wir uns langsam in die Mitte vor. Von hier aus sah der Weg nach oben wie eine riesige Rampe aus. Das war die einzige halbwegs logische Richtung. Allmählich wurde es enger.

Warum ging es nicht weiter? War das Veranstaltungsgelände etwa tatsächlich schon voll?

Die Durchsagen der Polizei am Hauptbahnhof kamen mir in den Sinn. Aber selbst wenn, die konnten uns hier doch nicht ewig stehen lassen. Von hinten kamen schließlich immer mehr Menschen nach.

»Was ist denn das jetzt wieder?« Verenas Stimme klang verzweifelt.

»Ich glaub, da oben haben sie dichtgemacht, da steht Polizei«, zeigte Janek in die Menschenmenge im unteren Drittel der Rampe.

»Hat hier überhaupt irgendeiner einen Plan, wo's langgeht?«, fragte Steffen.

»Nö, ich glaub nicht, aber tendenziell würde ich sagen, wir müssen nach oben.«

Daniel stockte kurz und hob skeptisch die Augenbrauen. »So … wie die da vielleicht …«

Er zeigte auf einen dünnen Mast, der direkt an der rechten, hohen Mauer befestigt war. Daran hing ganz oben eine Lampe. Der Mast bestand aus weit auseinanderliegenden Stahlstreben, die mit ein bisschen sportlichem Geschick wie die Sprossen einer Leiter funktionierten. Ein Mann in Jeans und schwarzem T-Shirt kletterte daran empor. Dicht gefolgt von einer Frau im knappen Jeans-Mini, der den Menschen direkt unter ihr gerade gewiss ungewollte Einblicke gewährte.

Wir starrten nach oben. Auf der Mauer angekommen, führten der Mann und die Frau einen demonstrativen Freudentanz auf. Sie ließ die Hüften kreisen, ballte eine Faust und schlug damit mehrfach triumphierend gen Himmel. Er streckte beide Arme hoch und schwenkte damit nach rechts und links. Sie hatten es geschafft, waren raus aus dem Kessel. Beide stiegen über das Geländer und gingen in die Richtung, in die auch die Rampe führte. Was ich davon halten sollte, wusste ich nicht. Schließlich konnten wir nicht alle an diesem Mast nach oben klettern. Und auch die Treppe war zu schmal. Das würde ja ewig dauern, bis es darüber alle nach oben geschafft hätten.

»Denkt ihr, das ist eine gute Idee?«, wollte ich von Tim und Ines wissen. Mein kritischer Unterton ließ durchblicken, dass ich es für keine hielt. Ines sah ratlos aus. Sie hatte die Stirn über der Nase eng zusammengezogen und zuckte mit den Schultern.

»Kein Plan.«

»Wer weiß, ob die da oben überhaupt weiterkommen, vielleicht ist da auch alles abgesperrt«, warf Steffen ein. Er stemmte die Hände zur Bestandsaufnahme der Situation feste in die Hüften und rammte seinen Ellenbogen dabei einem anderen Jungen aus Versehen in die Seite.

»Aua!«, jaulte der auf.

»’tschuldigung.«

»Ich glaube das Veranstaltungsgelände ist direkt da vorne, also sollten wir vielleicht einfach warten, bis es weitergeht«, schlug Tim vor und zeigte in Richtung der schwarzen Silhouette des Gebäudes am Ende der Rampe. »Und wenn da Polizei steht, haben die wahrscheinlich irgendeinen guten Grund, uns hier festzuhalten.« Das klang vernünftig. Ich hoffte nur, dass es nicht mehr allzu lange dauern würde. Noch konnte ich mich halbwegs frei bewegen, aber von Minute zu Minute büßte ich Bewegungsspielraum ein. Die Menschen um mich herum drängten näher und näher. Was Tim anging, hatte ich da ja nichts gegen, aber der Rest durfte ruhig ein paar Zentimeter Abstand halten.

Es war laut. Tausende Menschen, die durcheinanderredeten, grölten, lachten, über die Organisation schimpften. Ich filterte einige Gesprächsfetzen aus dem Stimmenwirrwarr heraus. »Alter, ist das eine Scheiße«, sagte der Junge mit dem roten Cowboyhut, der Ines schon am Tunneleingang geärgert hatte. Er stand nur eine Armlänge von mir entfernt.

»Ich hab keinen Bock mehr«, jammerte ein Mädchen mit blonden geflochtenen Zöpfen, schräg vor mir. Das war die genervte Seite. Aber da waren auch Optimisten um mich herum.

»Gleich geht's voll ab!«, war sich ein Typ im weißen T-Shirt mit Pilotenbrille auf der Nase sicher, und sein Kumpel brüllte: »Jo, das wird noch richtig geil!«

Meine Stimmung lag irgendwo dazwischen. Ich hoffte, dass wir noch Spaß haben würden, eigentlich glaubte ich fest daran, aber ich hatte auch Zweifel. Ob ich mich wohl noch ungehindert bewegen konnte? Ich drehte mich um die eigene Achse. Mist, ohne Probleme ging das nicht mehr. Überall Reibungskontakte. Und kein Ausweg. Wir standen dicht an dicht. Auch hinter uns war es nun so voll, dass sich der Gedanke an Umkehr endgültig erledigt hatte.

»Alles in Ordnung?«, fragte Tim, der mittlerweile fest an mich gedrückt stand. Er sah mich besorgt an. Die Beine hatte er schon seit einigen Minuten wieder so weit auseinandergestellt, dass er mehr Platz einnahm, als er eigentlich brauchte. Damit verschaffte er mir etwas Luft.

»Ja, ja, mir geht's gut.« Das war nicht gelogen. Mir ging es gut, wenn ich auch langsam etwas nervös wurde. Außerdem schwitzte ich und machte mir Sorgen, dass mein Deo versagen könnte. Ich spürte die Feuchtigkeit unter meinen Achseln. Was war das nur plötzlich für eine Hitze? Die Sonne brannte, und es gab keinen Schatten, kein kühlendes Lüftchen. Ich atmete tief durch. Plötzlich fiel mir ein, dass ich vergessen hatte, mich mit Sonnenschutz einzucremen. Verdammt. Ich bekam schnell einen Sonnenbrand, und schon jetzt waren meine nackten Schultern gerötet. Die Haut spannte. Na toll, nun würde ich morgen auch noch aussehen wie ein gekochter Hummer. Es ließ sich nicht mehr ändern.

Die Jungs um mich herum waren alle größer als ich, die meisten Mädchen auch. Je näher sie kamen, desto weniger konnte ich von der Umgebung sehen. Ich stellte mich immer wieder auf die Zehenspitzen und reckte den Kopf, so weit es ging, nach oben. Ich wollte den Überblick behalten, sackte aber immer wieder zusammen. Diese Körperhaltung war auf Dauer zu anstrengend. Ines stand neben mir und streckte sich ebenfalls in regelmäßigen Abständen in die Höhe. Sie sah fragend zu mir rüber, als wollte sie von mir hören, wie ich die Lage einschätzte. Ich wusste nicht, was ich ihr sagen sollte.

Den Mast konnte ich noch gut sehen, der ragte weit genug heraus. Das Pärchen, das als Erstes nach oben geklettert war, hatte Nachahmer gefunden. Immer mehr Raver hangelten sich nach oben. Mittlerweile an allen drei Seiten, die vierte Mastseite war an der Mauer befestigt. Niemand wartete, bis der andere oben war. Mehrere Menschen stiegen übereinander hinauf, sodass neun, zehn Leute gleichzeitig am Mast hingen. Wenn da mal einer abrutschte – da durfte ich gar nicht drüber nachdenken –, das könnte böse ausgehen.

Die meisten Leute, die es nach oben geschafft hatten, blieben noch eine Weile auf der Mauer stehen und blickten zu uns herunter. Zwei junge Männer ließen ihre Arme so rotieren, dass es aussah, als wollten sie uns dazu animieren, es ihnen gleichzutun.

Vielleicht hörten sie da oben aber auch nur mehr von der Musik, und das, was sie da taten, sollte so etwas wie Tanzen sein.

Zwischen all den Köpfen ragte direkt unter dem Mast ein Absperrgitter heraus. Es hing schräg in der Menge. Nur sein oberer Rand war zu sehen, er wackelte ständig auf und ab. Dieses Gitter war wohl zuvor aufgestellt worden, um genau das zu verhindern, was jetzt geschah: dass der Mast den Menschen als Leiter diente, als Ausweg aus dem Gedränge.

Immer mehr Raver wollten ihn erreichen. Die Absperrgitter waren anscheinend nicht besonders stabil, sie konnten problemlos umgerissen werden, zumindest wenn mehrere Menschen gleichzeitig dagegen drückten. Aber wann rissen Menschen schon Gitter ein, die andere aufgestellt hatten? Normalerweise macht man so etwas doch nicht. Da muss man schon einen guten Grund haben: Angst zum Beispiel.

Mittlerweile stiegen auch Menschen die schmale Treppe auf der anderen Seite der Rampe nach oben. Nicht einer oder zwei. Es war ein nicht enden wollender Strom von bunt gekleideten Leuten, die fröhlich nach oben tanzten. Einige, die den Fuß der Treppe nicht direkt erreichen konnten, versuchten seitlich, über das Geländer, auf die engen Stufen zu gelangen. Das war schon ein wenig schräg. Hatten die keine Geduld?

»Ruhig bleiben!«, redete ich mir ein. Es würde schon gleich weitergehen, und dann könnten wir alle gemeinsam die Rampe hochlaufen und endlich feiern. Momentan ging es allerdings nicht Richtung Rampe, wir wurden stattdessen langsam auf die Treppe zu gedrückt und hatten darauf nicht den geringsten Einfluss. Alle bewegten sich in diese Richtung und schoben uns mit. Ich spürte Tim im Rücken. Er packte meine Hüften und versuchte, mich ein wenig auf Abstand zu halten.

»Sorry, Kleines, der Druck von hinten ist ziemlich heftig«, sagte er mir ins Ohr.

»Kein Problem, kannst du ja nichts für.«

Wieder nahm ich meine Unterarme schützend vor den Oberkörper. Den Abstand zu dem Mädchen vor mir konnte ich nicht mehr halten. Erst jetzt bemerkte ich, dass es das Mädchen mit den Rastazöpfen und dem grünen Tanktop war, das vor mir stand. Mein Gesicht war nun so dicht an ihrem Haar, dass ich den leicht muffigen Geruch ihrer verfilzten Rastas in der Nase hatte.

»Scheiße, Katty, das ist ganz schön eng«, gibbelte Ines, als wäre das alles ein Witz.

Ich zwang mich zu einem entspannten Gesichtsausdruck. »Ja, echt irre, was hier los ist. Aber ist ja eigentlich cool, dass so viele Leute gekommen sind. Könnte 'ne geile Party werden«, war mein Versuch, der Situation etwas Positives abzugewinnen.

Ines riss einen Arm nach oben und brüllte: »Yeaaaah!«

Wir bemühten uns aufrichtig, uns gegenseitig zu beruhigen. Ich nahm Ines schon da nicht mehr ab, dass sie noch gut drauf war. In den Augen meiner besten Freundin sah ich Anspannung und Sorge. Sie wahrscheinlich auch in meinen.

Etwas Vergleichbares hatte ich erst einmal erlebt, als ich mit meiner Mutter auf dem großen Straßenflohmarkt in Wuppertal gewesen war. Im Gedränge hatte ich die Arme vor meinen Oberkörper genommen, um mich zu schützen. Das Gefühl, sich nur mit der Menge mitbewegen zu können und keinen Einfluss mehr auf die Richtung zu haben, hatte ich als unangenehm, aber nicht bedrohlich empfunden. Denn meine Mutter hatte neben mir gestanden, mir zugelächelt und gesagt: »Ist gleich vorbei, Schatz.« Ich glaubte ihr, und sie enttäuschte mein Vertrauen nicht. Schon nach wenigen Minuten hatten wir uns damals wieder frei bewegen können, und ich sah und roch die süße Ursache für die Enge: einen Waffelstand, an dem die Menschen anstanden. Eng war es geworden, weil sich die Übrigen an der Schlange hatten vorbeiquälen müssen.

Wahrscheinlich war es jetzt ähnlich. Es musste irgendeinen plausiblen Grund für diesen Menschenstau geben, und den würde sicher bald jemand beheben. Und Janek hatte da oben Polizei gesehen. Es war also bestimmt alles in Ordnung.

»Jupiter 1 für Jupiter 13/18!«
»Hier Jupiter 1.«
»Der Tunnel ist vollgelaufen. Ich kriege auf dem Gelände keine Entfluchtung hin. Die Leute entfernen sich nicht aus dem Bereich der Rampe. Wir müssen die Leute über die Karl-Lehr-Straße wieder rausbringen, bevor sie hier kollabieren.«
»Jupiter 1 hat verstanden.«

Die schmale Treppe war nun vielleicht noch zehn Meter entfernt.

Eventuell wäre es doch gut, sie zu erreichen. Das war immerhin ein Ausweg. Aber vor mir standen noch unglaublich viele Menschen. Sich hindurchzudrängeln war unrealistisch. Es gab keine Lücken, keinen Spielraum. Und der Menschenstrom auf der Treppe geriet ins Stocken. Auf den Stufen ging es kaum noch vorwärts.

Steffen und Verena waren abgedriftet. Zwischen uns standen jetzt bestimmt zehn Leute, die ich nicht kannte – alle so dicht gedrängt, dass ich nur durch die Lücken zwischen ihren Köpfen und Hälsen zu den beiden hinüberspähen konnte. Steffen hatte sich, wie Tim es bei mir tat, hinter Verena gestellt und versuchte, ihr den Rücken freizuhalten. Er sah angestrengt aus, verzog immer wieder genervt das Gesicht. Sicher spürte auch er den Druck in seinem Rücken. Verena sah nicht in meine Richtung. Sie reckte den Hals und blickte zur Treppe. Tim wurde stoßweise gegen meinen Rücken gepresst und hielt mit aller Kraft dagegen, um mich so wenig wie möglich in Bedrängnis zu bringen. Dafür war ich ihm verdammt dankbar. Wenn es schon ihm schwerfiel, den Druck von hinten abzufedern, dann sollte das was heißen. Schließlich hatte er ein breites Kreuz und war alles andere als schwächlich.

Ich drehte den Kopf nach rechts und versuchte, meinen Körper so weit mitzudrehen, dass ich sehen konnte, wo der Rest von uns geblieben war. Janek stand schräg hinter Tim. Durch seine Größe war er nicht zu übersehen. Daneben entdeckte ich Daniel. Gut! Wir waren immerhin noch komplett.

Auf der Mauer über der Treppe versammelten sich immer mehr Menschen. Wer es über die Treppe oder den Mast nach oben geschafft hatte, dem schien sich ein spektakuläres Bild zu bieten, sonst würden wohl nicht so viele dort stehen bleiben. Sie hingen mit den Oberkörpern über dem Geländer und blickten auf uns herab.

Ich hatte Durst. Und was für einen. Aus irgendeinem Grund bemerkte ich das erst jetzt. Das hatte ich von meiner Oma und meiner Mutter geerbt. Wir hatten kein Durstgefühl. Und wenn wir eins hatten, dann waren wir kurz vorm Verdursten. So fühlte es sich jetzt an. Mein Mund war trocken, die Lippen rau. Ich drückte sie aufeinander und spürte, wie porös und rissig sie plötzlich waren. Für einen Moment schloss ich die Augen und überlegte, wie lange ich es wohl noch ohne etwas zu trinken aushalten würde. Nicht mehr lange. Ich hatte schon immer zu niedrigen Blutdruck, und wenn ich nichts trank, würde mein Kreislauf irgendwann versacken. Das passierte nicht ständig, kam aber immer mal wieder vor. Sogar beim Zahnarzt war ich schon mal umgekippt. Normalerweise musste ich mich dann hin- und die Beine hochlegen. Das würde hier, in dieser Situation, nicht funktionieren. Wir standen so eng, dass ich nicht mal umfallen konnte.

»Meinst du, du hast eine Chance, an die Wasserflasche in deinem Rucksack zu kommen?«, fragte ich Tim.

»Äh … ehrlich gesagt … ich glaube nicht.« Er hätte mir gerne etwas anderes gesagt, das merkte ich an seinem Tonfall und seinem Gesichtsausdruck. Tim drehte sich zu Janek. »Kommst du an die Wasserflasche in meinem Rucksack?«

Janek sah blass aus und fächerte sich mit der rechten Hand permanent Luft zu. Er nickte und fummelte hinter Tims Rücken herum. Dann hatte er die Flasche in der Hand. Sie war so gut wie leer. Drin war vielleicht noch ein winziger Schluck, aber der reichte unmöglich für Janek und mich. So fühlte es sich also an, Durst zu haben und zu realisieren, dass es nichts zu trinken gab. Das jagte mir eine Höllenangst ein.

In diesem Moment hielt mir jemand eine Flasche vor die Nase.

»Hast du Durst? Hier, ich hab noch was.«

Es war das Mädchen mit den Rastazöpfen. Ihr Freund hatte die ganze Zeit eine Wasserflasche in der Hand gehalten, und die reichte sie mir nun. Sie war noch halb voll. Die Arme des Mädchens waren angewinkelt, und sie konnte sie nur genau so weit bewegen, dass sie mir zu trinken geben konnte.

»Danke, das ist echt nett von dir.«

»Kein Problem.«

Erleichtert nahm ich einen großen Schluck. Dann noch einen. Tat das gut. Erstaunlich, wie erfrischend warmes, schales Wasser sein konnte. Es kam mir vor, als hätte ich schon eine Ewigkeit nichts mehr getrunken.

Ines sah mich flehend an. Auch sie hatte Durst.

»Darf ich?«, fragte ich das Mädchen mit den Rastas. Sie nickte.

Ich reichte die Flasche an Ines weiter. Sie nahm zwei große Schlucke, dann gab sie die Flasche zurück. Ich hatte immer noch Durst, Ines sicherlich auch. Aber wir wollten nicht unhöflich sein und dem Mädchen und ihrem Freund etwas übrig lassen. Wer wusste schon, wie lange wir hier noch rumstehen mussten?

»Hey, danke, Alter!«, rief Tim zu dem Freund des Mädchens mit den Rastas. Er hatte die gleiche Frisur wie seine Freundin, nur dass er seine Zöpfe zu einem dicken Zopf zusammengebunden hatte. Der Typ nickte.

Janek nahm den letzten Schluck aus Tims Wasserflasche. Ab jetzt saßen wir auf dem Trockenen.

Noch fünf Meter bis zur Treppe, vielleicht sechs.

»Geht es dir gut?«, fragte mich Tim erneut.

»Ja, alles okay.« Diesmal log ich. Mir war heiß, mein Mund war trocken, links neben mir stand der Junge mit der Pilotenbrille, der eben noch so gute Laune gehabt hatte, und sein Ellenbogen bohrte sich unaufhörlich in meine Hüfte. Ich konnte es ihm nicht übel nehmen er hatte selbst keinen Platz und entschuldigte sich in regelmäßigen Abständen. Ständig hing ich mit meinem Gesicht in den Rastazöpfen des Mädchens vor mir und musste den Kopf zur Seite drehen, um uneingeschränkt atmen zu können. Meine Situation war alles andere als angenehm. Aber daran konnte Tim nichts ändern. Warum sollte ich ihn beunruhigen?

Zwischen die Stimmen um mich herum quetschte sich der Rhythmus der Musik. Ein treibender Bass und eine Melodie. Es klang so nah und doch so weit weg. Langsam wurde ich wütend. Das durfte doch nicht wahr sein. Wer hatte diese Veranstaltung eigentlich geplant? Die mussten doch wissen, wie viele Leute kommen würden und wie breit der Eingang war. Und irgendjemand musste doch auch wissen, dass wir hier festhingen und es immer enger wurde.

Plötzlich war da ein brummendes Geräusch. Was war das? Es wurde lauter, übertönte alles. Und kam von oben. Ein Hubschrauber. Er kreiste über uns. Für einen Moment phantasierte ich, wie es wohl wäre, wenn die Männer da oben eine Strickleiter zu uns herunterließen und wir daran zu ihnen hinaufklettern könnten. Natürlich war das kompletter Schwachsinn. Aber die mussten aus der Luft doch wohl sehen, dass es hier unten zu eng war und dringend ein Eingang, eine Sperre oder sonst was geöffnet werden musste, damit es endlich weiterging. Ein Hoffnungsschimmer.

Dann drehte der Hubschrauber wieder ab. Ich sah zu Ines rüber. Sie rang sich ein Lächeln ab und zog die Augenbrauen nach oben. Ein netter Versuch, gelassen zu wirken. Jetzt nahm ich ihr erst recht nicht mehr ab, dass es ihr gut ging.

»Hast du noch Platz?«

»Na ja, geht so. Ich hab schon fast das Gefühl, dass es anstrengender wird zu atmen.«

Ines war tapfer. Wenn sie sagte, dass sie fast das Gefühl habe, dann hieß das, dass es ganz sicher so war. Sie wollte nur nicht jammern. Hinter Ines stand niemand, den sie kannte. Ein Mädchen und ein Junge hatten sich zwischen sie, Daniel und Janek geschoben. Da war keiner, der den Druck direkt hinter ihr abfederte. Das Mädchen war groß und stabil gebaut. Sie war jünger als wir, vielleicht 14 oder 15. Der Junge war in unserem Alter, hatte die Haare kurz geschoren und hielt krampfhaft eine Dose Bier nach oben.

»Könnt ihr vielleicht ein bisschen Abstand halten?«, bat ich das Mädchen.

»Du bist ja lustig. Wie soll das denn gehen? Ich kann mich selbst keinen Millimeter mehr bewegen«, antwortete sie schnippisch und warf mir einen verständnislosen Blick zu.

Das war nicht nett, aber natürlich hatte sie recht. Viel war nicht zu machen. Auch Tims Körper wurde stetig fester an meinen gedrückt. Mir wurde immer mulmiger. Hier ging ganz offensichtlich etwas gewaltig schief. Ich suchte verzweifelt einen Ausweg. Fluchtwege! Es musste welche geben! Irgendwie musste man hier doch rauskommen. Da – die Treppe! Während oben ein Polizist stand, der augenscheinlich nicht viel tat, rannte ein zweiter die Stufen herunter und traf auf einen jungen Mann, der sich gerade aus dem Gedränge gerettet hatte. Der Beamte gestikulierte, zeigte nach oben. Der junge Mann auf der Treppe ging weiter, wurde schneller, rannte. Wahrscheinlich hatte der Polizist ihn aufgefordert, das Tempo anzuziehen, damit mehr Menschen in einem kürzeren Zeitraum hier rauskämen. Der Beamte sah nicht aus wie ein normaler Streifenpolizist. Er war komplett in dunklem Grün gekleidet. Er blieb auf der Treppe stehen und drückte jedem Einzelnen, der sich auf den Stufen an ihm vorbeischob, auf den Rücken. Nicht stehen bleiben, zügig weitergehen, war wohl das, was er damit unmissverständlich klarmachen wollte. Auch der zweite Polizist fing nun an, wild mit den Händen herumzufuchteln. Oben sollte kein Stau entstehen. Doch unten kamen ohnehin nur vereinzelt Menschen nach. Der Zugang zur Treppe schien blockiert. Dann rannte plötzlich ein Mann in einem blauen T-Shirt die Treppe runter, an den Polizisten vorbei, und reichte Menschen aus der Menge die Hand, um sie mit einem Ruck auf die Stufen zu ziehen. Es schien einer der Ordner zu sein.

Noch vier Meter bis zur Treppe, höchstens fünf.

Der Druck von hinten wurde stärker. Tim stöhnte laut.

»Alles okay?«, erkundigte ich mich dieses Mal nach ihm.

»Wir werden uns auf jeden Fall irgendwo beschweren über diese scheiß Organisation.« Er antwortete nicht auf meine Frage.

Ines' Lächeln war verschwunden. Krampfhaft verzerrte sie das Gesicht. »Es tut weh«, jammerte sie. Ihre Augen waren glasig. Sie steckte zwischen den Menschen und war mittlerweile dermaßen eingekeilt, dass sie den Kopf nach hinten überstreckt hochhalten musste, um Luft zu bekommen.

»Durchhalten, Süße! Wir schaffen das!«, machte ich ihr Mut.

»Ich kann nicht mehr«, wimmerte sie.

Auch ich hatte Schmerzen. Der Druck auf meinen Brustkorb nahm unaufhörlich zu. Ich atmete flach. Die Schulter des Jungen neben mir drückte auf mein Schlüsselbein und kam meiner Kehle gefährlich nah. Ich versuchte, meinen Körper zu drehen, um meinen Hals in Sicherheit zu bringen, aber ich bekam die Schulter nicht an der des Jungen vorbei. Der Widerstand war zu groß. Panik stieg in mir auf. Mein Herz fing an zu rasen. Hitze. Was für eine Hitze. Die langen Haare klebten in meinem Nacken. Mir wurde schwindelig.

Nein, nein, nein, bloß nicht umfallen. Reiß dich zusammen!, dachte ich. Der Junge neben mir hatte keine Pilotenbrille mehr auf. Sein verzweifelter Blick passte nicht zu seinen moosgrünen Augen. Er sah seine Schulter an, wie einen Fremdköper, über den er keine Kontrolle mehr hatte. »Es tut mir leid, ich kann nichts dagegen machen. Scheiße, verdammte!«

In seinen Augen sah ich Angst. Angst, dass er mich verletzen könnte und keine Chance hätte, etwas dagegen zu tun. Obwohl es doch seine Schulter war. Ein Körperteil von ihm. Es konnte doch nicht sein, dass er diese verdammte Schulter da nicht wegbekam. Das war doch lächerlich.

»Es geht schon. Mach dir keine Gedanken«, beruhigte ich ihn.

Tim war mittlerweile schräg rechts neben mich gedrückt worden. Vor ihm war nun Ines. Die anderen konnte ich nicht mehr sehen.

»Geht es noch, Katty?«, fragte Tim.

Dieses Mal war ich ehrlich. »Eigentlich nicht.« Meine Stimme kippte weg. Ich war kurz davor zu heulen.

»Halt durch! Es dauert bestimmt nicht mehr lange. Dahinten klettern sie jetzt auch über den Container nach oben.« Tim war immerhin gut anderthalb Köpfe größer als ich und sah noch mehr von dem, was um uns herum geschah.

»Kannst du die anderen noch sehen?«

»Steffen sehe ich, ja. Ich glaube, Verena steht noch vor ihm. Den Rest seh ich nicht.«

»Geht es den beiden gut?«

»Ja, ich glaub schon.« Er machte eine kurze Pause.

»Ach du Scheiße!« Sein Gesichtsausdruck versteinerte sich.

»Was denn?«

»Guck dir das an! Die ist ohnmächtig!«

Ich reckte den Hals und drehte den Kopf Richtung Treppe. Dann sah ich mit an, wie sich mehrere Männer über das Geländer beugten und an den Füßen einer leblosen Frau zogen, die von der Menge über die Köpfe hinweg zur Treppe gereicht wurde. Die Männer hatten Probleme, sie richtig zu packen. Schließlich erreichte einer von ihnen einen Arm der Frau und hievte sie über die Brüstung. Zwei weitere halfen ihm. Die Frau war kreidebleich, wie blutleer, und rührte sich nicht. Sie trug eine weiße Bluse und eine beige Hose, sah adrett aus. Nicht schrill oder wie jemand, der eine wilde Party feiern wollte – ganz normal eben.

»Oh mein Gott, lebt sie noch?«, fragte ich Tim.

»Ich glaub schon. Guck mal, es sieht so aus, als ob sie ihre Handtasche festhält.«

Er hatte recht. Während ein junger Mann die Frau die Stufen nach oben trug, klemmte eine Tasche unter ihrem Arm. Es schien, als drückte sie sie mit letzter Kraft an sich.

»Was ist denn da?«, wollte Ines wissen. Sie merkte, dass Tim und ich beunruhigt zur Treppe sahen. Aber vor lauter Köpfen um sie herum konnte sie selbst nicht erkennen, was vor sich ging.

Obwohl ich mir nicht hundertprozentig sicher war, behauptete ich, die Frau sei nur erschöpft, aber nicht tot. Ich musste Ines ja nicht noch mehr verängstigen.

»Schlimm genug, die müssen doch irgendwas machen, das geht doch nicht.« Sie rang hörbar nach Luft.

»Jupiter 1 für … krsschh … kommen!
Wir brauchen dringend Unterstützung …
krsschhh … wir haben hier schwer
verletzte Personen.
Die vorhandenen Kräfte reichen nicht aus.«
»Verstanden, Unterstützung ist unterwegs.«
»Die müssen Durchsagen machen,
dass die Leute zurückgehen sollen!
Können Sie das weitergeben?«
»Negativ. Funktioniert nicht.
Die Lautsprecheranlage funktioniert
in dem Bereich nicht.«

Um uns herum wurde es lauter. Ein ohrenbetäubendes Kreischen und Rufen. Menschen schrien um Hilfe. Die Zeit schien zu zerfließen, sich zu dehnen, wie ein zäher Kaugummi ohne Geschmack.

»Holt uns hier raus!«, brüllte irgendwo jemand. »Meine Freundin wird gleich ohnmächtig!«

Am schlimmsten waren die Schreie einer Frau, die ganz in der Nähe zu sein schien. Ich reckte mich und versuchte, ihre Stimme einem der vielen Köpfe um mich herum zuzuordnen. Vergeblich. Sie klang hysterisch. Laut. Verzweifelt. In Todesangst. Der Klang ihrer Stimme ging mir durch Mark und Bein. Und was sie rief, zerriss mir das Herz. »Um Gottes willen, helft mir! Ich bin schwanger! Bitte helft mir, ich bin schwanger!«

Ich wollte mir nicht ausmalen, wie sehr sie in Panik sein musste. Was, wenn ihrem ungeborenen Kind in diesem Chaos etwas geschehen würde? Ein Alptraum. Und dann sah ich sie, vielleicht drei Meter von mir entfernt. Ihr aschblondes Haar hing ihr strähnig ins Gesicht. Ihre Haut war gerötet, ihr Gesicht aufgedunsen. Die Tränen auf ihren Wangen glänzten im Sonnenlicht. Hoffentlich kam bald Hilfe. Immerhin war sie näher an der Treppe als wir.

»Das ist ja schlimm«, sagte ich zu Tim.

»Ja, schrecklich.«

»Meinst du, wir kommen hier raus?«

»Ja, Kleines. Wir kommen hier raus. Mach dir keine Sorgen.«

»Ich hab mich doch so auf die Loveparade gefreut ... und jetzt das.« Tränen schossen mir in die Augen.

»Hey, nicht traurig sein. Wir kommen hier raus, und es wird noch viele Partys geben. Okay?«

»Okay«, schluchzte ich.

Tim gelang es, eine Hand zu heben. Er streichelte mir zärtlich über die Wange und strich eine Haarsträhne aus meinem Gesicht. Ich rang mich zu einem Lächeln durch.

Mittlerweile stöhnten und ächzten auch die Männer um mich herum. Sie hielten dem Druck nicht mehr stand. Und in diesem Moment wurde mir klar: Das war keine übertriebene Panik von ein paar hysterischen, kreischenden Mädels. Die Situation war ernst, sehr ernst. Lebensbedrohlich. Irgendetwas musste passieren. Tim war offensichtlich derselben Meinung.

»Hey, holt uns hier raus!«, brüllte er in die Richtung der beiden Polizeibeamten auf der Treppe.

Doch die registrierten uns nicht, sie hatten genug mit den Menschen direkt vor der Treppe zu tun. Und Tim war nicht der Einzige, der verzweifelt versuchte, auf sich aufmerksam zu machen. Hunderte riefen um Hilfe. Ob wir wohl eine Chance hätten, die Treppe zu erreichen? Weit war sie nicht mehr entfernt. Aber wirklich näher an sie herangekommen waren wir in den letzten Minuten auch nicht.

Immer noch vier Meter bis zur Treppe, vielleicht fünf.

Warum ging es nur so langsam vorwärts? Denen da vorne musste doch klar sein, dass sie sich beeilen mussten.

Immer mehr Menschen kletterten seitlich auf die Stufen. Sie krallten sich an dem Geländer fest und stemmten die Füße gegen die Wand. Der Polizist im unteren Bereich der Treppe reichte einigen von ihnen die Hand und zog sie hoch. Warum waren da eigentlich nur zwei Polizisten? Wo waren all die anderen? Warum half uns keiner? Ich begriff es nicht.

»Ahhh!«, schrie Tim und verzog das Gesicht.

»Bist du okay?«

»Geht schon.«

Dann erreichte die Druckwelle mich. Als hätte jemand einen Stein in einen See geworfen, der die Oberfläche kreisförmig in Wallung brachte. Mit einer Härte, die ich noch nie zuvor gespürt hatte, wurde mein Körper zusammengequetscht. War das mein Brustkorb, der da eben geknackt hatte? Oh mein Gott! Ich bekam immer schwerer Luft.

»Ahhhhh!«, entfuhr es auch mir.

Die Schnalle des Riemens meiner Umhängetasche bohrte sich schmerzhaft in mein Schulterblatt.

»Da oben sind jetzt noch mehr Polizisten, guck, da tut sich was«, versuchte Tim, mich zu beruhigen. »Du musst durchhalten Katty, klar?«

»Ich versuch's ja.« Zu reden fiel mir schwer. Es war plötzlich so anstrengend.

»Macht hinne da vorne, ihr Idioten!«, brüllte Tim Richtung Treppe.

Hektisch sah ich mich nach der schwangeren Frau um, die eben noch so jämmerlich geschrien hatte. Verdammt, warum hörte ich sie nicht mehr? Wo war sie? Nie hätte ich gedacht, dass ich mal hoffen könnte, jemanden schreien zu hören. Ein Lebenszeichen, bitte ein Lebenszeichen! Doch da war nichts. Ich fand sie nicht wieder.

Auch Ines war still geworden. Sie hatte die Augen weit aufgerissen, ihr Gesicht war weiß, sogar ihr Lippenrot war beinah verschwunden. Der Mund wirkte bläulich.

»Hey, Ines, nicht schlappmachen, okay?«, redete Tim auf sie ein.

»Mir geht's gut«, log Ines. »Alles in Ordnung, macht euch um mich keine Sorgen.« Sie klang fast wie im Delirium. Dicke Strähnen ihrer blau gefärbten Haare hatten sich aus der Umklammerung ihrer Haarspange gelöst. Sie hingen matt auf ihren Schultern. Die hübsche Sonnenblume, die ich noch vor wenigen Stunden kunstvoll in ihrer Hochsteckfrisur drapiert hatte, baumelte traurig an ihrem Hinterkopf.

Ich konzentrierte mich auf meine Atmung. Durch die letzte Druckwelle hatte sich die Position des Jungen neben mir so verändert, dass seine Schulter nun immerhin nicht mehr auf mein Schlüsselbein drückte. Die Gefahr, dass sie mir die Luft abschnürte, schien gebannt. Zumindest vorerst. Ich musste mich auf das Positive konzentrieren. Das fiel mir schwer, denn stattdessen hatte der allgemeine Druck, der nun aus allen Richtungen kam, so weit zugenommen, dass ich mich fragte, wie lange ich das noch aushalten würde. Die Schreie um mich herum wurden dichter, lauter, klagender. Dann ein Kreischen, stoßweise. War das Verena? Ich war mir nicht sicher.

Noch drei Meter bis zur Treppe, höchstens vier.

An der Wand in der Nähe des Aufgangs klammerte sich ein junger Mann an ein großes Werbeplakat. Er versuchte, sich über der Menge zu halten. Sein Gesicht war angsterfüllt, als balancierte er an der Kante eines Abgrunds und befürchtete, dass ihn jemand in die Tiefe ziehen könnte. Neben dem Plakat hockten mehrere Mädchen an der Wand, ein wenig höher als der Rest der Menschenmenge. Wahrscheinlich war dort irgendein Sims, auf dem sie kauerten. Was hätte ich um ihre Position gegeben. Sie konnten frei atmen.

Davor winkten viele Menschen Richtung Treppe, zeigten an, man solle sich beeilen. Aber niemand von uns hatte die Chance, sich schneller oder in eine andere Richtung zu bewegen. Ich fühlte mich hilflos. Eingekeilt in einem Schraubstock aus Körpern, der sich immer fester zusammenzog. Ständig stand irgendjemand auf meinen Füßen, und auf dem Boden lagen unzählige Flaschen und Dosen. Ich sah sie nicht, aber ich spürte sie durch die Sohlen meiner Ballerinas. Wenn ich wieder ein paar Zentimeter weitergeschoben wurde, kam es vor, dass plötzlich eine Flasche im Weg war. Ich versuchte, sie mit einem winzigen Tritt so zur Seite zu schubsen, dass ich nicht die Bodenhaftung verlor. Mir war klar: Würde ich meinen festen Stand verlieren, hätte ich keine Kontrolle mehr darüber, wohin sich mein Körper bewegte. Dann ginge ich schlimmstenfalls in der Menge unter, würde ertrinken – wie eine Nichtschwimmerin im Ozean.

Das Mädchen mit den Rastazöpfen sank ein Stück tiefer, als hätte ihr jemand den Boden unter den Füßen weggerissen. Es war wie Treibsand. Ihr Freund hatte sie am Arm gepackt und versuchte, sie oben zu halten. Er redete unaufhörlich auf sie ein.

Dann ein plötzlicher Stoß von rechts. Mein Oberkörper bog sich zur Seite, während meine Hüfte und meine Beine unverändert feststeckten. Ich wollte sie nachziehen, um nicht das Gleichgewicht zu verlieren, kam aber kaum gegen den Druck an.

Die Menge geriet mehr und mehr ins Wanken. Aus dem ruhigen See wurde ein Meer. Die Wellen wurden stärker. Mit letzter Kraft hielt ich stand.

Weiter vorne sah ich Menschen, die aus der Masse herausragten. Worauf standen sie? Oder wurden sie nach oben gedrückt?

Direkt in der Nähe lag plötzlich ein Mädchen auf den eingepferchten Körpern. Jemand hatte sie über unsere Köpfe gehoben. Sie sah ein bisschen aus wie ich. Hatte langes, braunes Haar, trug ein schwarzes Trägertop und Bluejeans. Ihre Füße waren nackt. Sie musste ihre Schuhe im Gedränge verloren haben. Wie bei großen Rockkonzerten, wenn sich ein Sänger beim Stagediving in sein Publikum stürzt und von unzähligen Händen getragen wird, wurde sie von der wabernden Masse gehalten. Allerdings schien niemand zu wissen oder sich Gedanken darüber zu machen, wohin er sie schieben sollte, und so schwamm ihr Körper ziellos an der Oberfläche. Er trudelte, sackte immer wieder ein. Trotzdem wünschte ich mir in diesem Moment nichts sehnlicher, als an ihrer Stelle zu sein. Sie war raus aus der bedrohlichen Enge.

Ob Tim mich vielleicht auch nach oben heben könnte? Ich vergegenwärtigte mir meine Situation. Konnte ich mich rühren? Minimal. Über meinen Kopf hatte ich noch die Kontrolle. Meine Hände konnte ich bewegen, aber meine Arme steckten fest. Den Fuß konnte ich zwar noch leicht anheben, aber nur so weit, bis mein Knie das Bein eines anderen berührte. Das war nicht viel Spielraum. Rings um mich herum ging es allen so: Tim, Ines, dem Mädchen mit den Rastas und ihrem Freund, dem Jungen mit der Pilotenbrille, bei dem mir jetzt erst bewusst wurde, dass er sie nicht einfach abgesetzt, sondern im Gedränge verloren hatte. Keiner von uns verfügte über genug Bewegungsfreiheit, um einen anderen nach oben zu heben. Die Erkenntnis schmerzte.

Auf der Treppe fischten nun mehrere Ordner nach dem Mädchen, das auf der Oberfläche der Menschenmasse trieb. Irgendwann packte einer beherzt zu und zog es heraus. Zwei Männer trugen die junge Frau über die Stufen nach oben. Sie war gerettet; für uns zog sich der Schraubstock weiter zu.

Noch anderthalb Meter bis zur Treppe, höchstens zwei.

Plötzlich donnerte etwas gegen meinen Kopf. Scheiße, was war das? Der Stoß war so heftig, dass ich mir auf die Zunge biss. Ich schmeckte das eiserne Aroma frischen Bluts.

»Auaaa!«, jaulte ich auf. Und nicht nur ich. Um mich herum schrien Mädchen und Jungen, Frauen und Männer.

»Du Wichser! Was machst du für einen Scheiß? Bist du irre?«, rief Tim.

»Oh mein Gott«, brüllte Ines.

Da war ein Bein über mir. Und ein Körper. Jemand robbte über unsere Köpfe hinweg. Irgendeins seiner Körperteile war gegen meinen Kopf gedonnert. Vielleicht ein Fuß. Ein Knie. Vielleicht hatte er sich auch mit einem Arm auf mir abgestützt.

Jetzt brach endgültig Chaos aus. Zum ersten Mal kam mir der

Gedanke, dass es einer von uns vielleicht nicht hier rausschaffen könnte.

»Hat er dir sehr wehgetan?« Tim klang besorgt.

»Was für ein Arschloch!«, murmelte ich und wusste, dass ich es genauso gemacht hätte, wenn ich die Chance gehabt hätte, nach oben zu kommen.

»Jupiter 1 für Jupiter 33/12!«
»Jupiter 1 hört.«
»Wir brauchen jetzt alles, was wir haben! Dringend! Wir brauchen Rettungskräfte in der Mitte der Rampe. Da sind mehrere Leute in Lebensgefahr. Akuter Lebensgefahr.«
»Ja, verstanden.«

Links von mir umklammerte ein junger Mann seine Freundin. Er war vielleicht Ende zwanzig, sah gut aus und trug ein blaues Polohemd. Er blickte immer wieder zu dem Mädchen in seinen Armen und dann verzweifelt in den Himmel. Tränen rannen an seinen Wangen hinunter. Was war da los? Ging es ihr nicht gut? Ich versuchte, etwas zu erkennen. Sie hatte die Augen merkwürdig verdreht, man sah fast nur das Weiß. War sie bewusstlos? Der junge Mann sah mich an. Sein Blick war leer, er biss sich nervös auf die Unterlippe.

Und dann sagte er das, was alles änderte. Bis zu diesem Zeitpunkt hatte ich immer noch Hoffnung gehabt. Ich wollte daran glauben, dass alles wieder gut werden könnte. Aber das konnte es nicht.

»Ich glaube«, er schluckte, rang nach Luft, »sie hat es hinter sich.«

Das konnte nicht sein. Das durfte nicht sein. Es war nicht möglich. Ich wollte das nicht wahrhaben. Es konnte hier doch nicht jemand sterben. Einfach so. Auf dem Weg zur Loveparade, am helllichten Tag, umgeben von Tausenden Menschen.

Ich war wie gelähmt. Schockstarre. Mein Hirn war überfordert mit dieser Information. Ich redete mir ein, dass das alles nur ein böser Traum sei und ich gleich wieder aufwachen würde.

Panisch suchte ich Blickkontakt zu Ines. Sie hatte die Augen geschlossen. Ihre Haut war aschfahl.

»Ines?« Sie antwortete nicht.

»Scheiße, Tim, was ist mit Ines?«

Tim griff nach Ines' Schulter und rüttelte sie. Keine Reaktion. Sie war ohnmächtig. Sie steckte aufrecht in der Menge und rührte sich nicht.

»Oh, mein Gott, Ines! Mach keinen Scheiß!«, kreischte ich.

Tim rüttelte weiter an ihr. Ines' Kopf fiel unkontrolliert nach rechts und links. Der Freund des Mädchens mit den Rastas sah zu uns herüber. Er nahm seine Wasserflasche, öffnete sie und kippte den letzten Schluck in Ines' Gesicht. Ihre Augen zuckten.

»Gott sei Dank. Sie lebt!«, dachte ich. Langsam kam sie wieder zu sich. Meine beste Freundin blinzelte.

»Mir geht's gut«, nuschelte sie kaum verständlich.

»Du musst wach bleiben Ines, das ist gefährlich!«, redete Tim auf sie ein. Ich war so unglaublich erleichtert, dass sie nicht in der Enge erstickt war.

»Hilfe! Helft uns! Hier sterben Menschen!«, brüllte Tim.

Dann noch mal. So laut er konnte.

»Polizei! Polizei!«, schrie jemand anderes.

Ich hörte ein Martinshorn. Ganz nah und doch weit entfernt, wie verschwommen, umhüllt von den Schreien um mich herum.

»Da! Ein Polizeiauto! Mitten in der Menge!«, rief jemand von hinten. Ich glaube, es war Janek. Kurz schöpfte ich Hoffnung, bis mich ein Ruck von hinten erfasste. Wieder breitete sich eine Druckwelle ringförmig aus. Ich schwankte, verlor den Boden unter den Füßen. Mein Körper bog sich, zuerst nach vorne, dann nach hinten. Schwebezustand. Der Bewegung der Masse komplett ausgeliefert.

Oh mein Gott, nein, nein, wo ist der Boden? Der verdammte Boden!

Da war er wieder.

Meine Fußballen sanken zurück auf das Kopfsteinpflaster. Plötzlich spürte ich Tropfen auf meiner Haut. Erst wenige, dann immer mehr. Sie waren kühl. Erfrischend. Verdammt, tat das gut. Regnete es etwa? Nein. Auf der Mauer, direkt über der Treppe, gossen ein Mädchen und ein Junge Wasser aus Plastikflaschen in die Menge. Sie drückten ihre Daumen so auf die Flaschenhälse, dass das Wasser nicht in einem festen Strahl nach unten schoss, sondern in feinen Tropfen rechts und links herausspritzte. Ich reckte den Kopf in ihre Richtung, öffnete den Mund und hoffte, noch etwas Wasser abzubekommen. Doch dann waren die Flaschen leer.

Direkt neben mir fing das Mädchen mit den blonden Rastazöpfen an zu zappeln. Wie eine Ertrinkende, die verzweifelt versuchte zu atmen und dabei nur mehr Wasser in ihre Lungen bekam, riss sie den Mund immer wieder weit auf. Sie hustete, keuchte, würgte. Ihr Freund weinte. Sie zuckte und schlug mit dem Kopf wild nach rechts und links. Dann wurde sie wieder ruhiger. Sie atmete flach.

»Das darf doch nicht wahr sein! Der filmt! Der Arsch da oben filmt.« Tims Stimme klang ungewohnt schrill.

»Wer filmt?«

»Der Bulle da oben.«

Tim deutete mit einer Kopfbewegung nach links. Auf der Mauer standen drei Polizisten. Einer hatte sein Handy in der Hand und hielt unsere Situation in einem Video fest. War denen nicht klar, was hier unten passierte? Warum halfen die uns nicht? Stattdessen gafften und filmten sie. Wenn die Polizei schon tatenlos zusah, wie wir hier unten ums nackte Überleben kämpften, wer würde uns dann helfen? Niemand, schoss es mir durch den Kopf.

Dann stieß mein Fuß gegen etwas Hartes. Während mein Oberkörper weiter Richtung Treppe gedrückt wurde, suchte ich unten nach Halt. Ich hob die Füße an, doch mein Ballerina hatte sich in etwas verkeilt. Oh nein, bitte nicht. Ich wollte doch nicht meinen Schuh verlieren. Aber ich musste den Fuß da rausbekommen. Wo drin steckte ich? Es fühlte sich an wie mehrere dünne Stahlstreben, die meinen Knöchel umschlossen. War die Treppe vielleicht auch mal abgesperrt gewesen? Wie der Lichtmast? Und lag eines der Gitter nun genau unter mir?

Oh mein Gott, mein Fuß musste unbedingt da raus.

»Scheiße, Tim, ich stecke fest.«

»Ja, ich weiß, ich auch.«

»Nein! Unten! Mein Fuß steckt fest.«

»Worin steckt dein Fuß fest?«

»Ich hab keine Ahnung, irgendein Zaun oder so, der da liegt.«

Tim versuchte, mich zu stabilisieren. Er drückte meinen Oberkörper mit aller Kraft an sich, um zu verhindern, dass er weiter Richtung Treppe geschoben wurde. Ich drehte den Fuß hektisch nach links und rechts, streckte ihn aus, als wollte ich auf Zehenspitzen stehen. Doch ich fand einfach nicht den richtigen Winkel. Tim versuchte, seinen Arm nach unten zu schieben und glitt mit der Hand an meinem Bein entlang. Er kam nicht tief genug, um mich zu befreien.

»Kannst du den Fuß irgendwie drehen?«

»Hab ich schon versucht. Da tut sich gar nichts.«

»So eine verfickte Scheiße!«

Mein Ballerina löste sich. Nein, nein bitte nicht. In diesem Gedränge fände ich meinen Schuh niemals wieder. Der hintere Rand rutschte langsam über meine Ferse. Ich versuchte, den Ballerina zu halten, indem ich meine Zehen nach oben bog. Keine Chance. Dann war ich barfuß, zumindest einseitig. Dafür hatte sich mein Knöchel aus der stählernen Umklammerung gelöst. Ich war frei.

Dachte ich. Doch Tim hatte sich selbst nicht halten können. Er war gemeinsam mit meinem Oberkörper weiter Richtung Treppenaufstieg gedrückt worden.

Ich lag nun schräg in der Menge. Tim drückte mich wie besessen nach oben. An meinen Zehen spürte ich noch die dünnen Streben des Zauns.

»Katty, du musst alle Kraft zusammennehmen und dich wieder hinstellen, klar?«

Kraft? Hatte ich nicht mehr.

Tim sah mir tief in die Augen. Er wusste, dass es jetzt um alles ging.

Die Treppe war zum Greifen nah.

Ich versuchte, die Beine aufzustellen, aber ich konnte sie kaum bewegen. Der Junge mit den moosgrünen Augen wurde auf meinen Unterkörper gedrückt. Ich stöhnte. Meine Beine schmerzten. Es fühlte sich an, als brächen sie ab. Ich schrie. Die Stahlstreben des Zauns bohrten sich in meine Ferse. Auch das Mädchen mit den Rastazöpfen hatte den Halt verloren. Sie lag eingekeilt neben mir und kreischte hundserbärmlich. Ihre Rastas hingen in meinem Gesicht. Irgendein Arm drückte gegen meinen Hals. Ich konnte nicht mal sehen, zu wem er gehörte. Tim stemmte sich mit aller Kraft gegen meine Schulter und versuchte, zu verhindern, dass ich weiter absackte. Ich sah Ines nicht mehr und wurde panisch.

»Ines? Wo ist Ines?«, brüllte ich hysterisch.

»Hinter mir. Sie ist okay.«

Keine Ahnung, ob er log. Aber ich gab mich mit seiner Antwort zufrieden.

»Ich kann nicht mehr«, weinte ich.

»Du musst durchhalten, Katty. Wir kommen hier raus.«

»Und wenn nicht?«

»Wir kommen hier raus, hast du gehört? Und dann fahren wir mit meinem Motorrad ans Meer.«

»Versprochen?«

»Ja.«

»Ich hab Angst.«

»Ich weiß, ich bin bei dir.«

Mit einem Ruck sackte ich weiter ab, und die Körper der Menschen um mich herum schoben sich auf mich. Schräg unter mir lag das Mädchen mit den Rastazöpfen. Sie wimmerte. Ich auch.

Aus meinem tiefsten Inneren rief ich um Hilfe. Ich heulte, brüllte, kreischte, weinte. Irgendjemand musste uns helfen. Jemand musste doch sehen, dass ich unterging, und etwas dagegen unternehmen. Tim konnte meine Schultern nicht mehr halten. Er griff nach meiner Hand. Ich hielt sie, so fest ich konnte. Er war meine Verbindung nach oben, mein Halt, meine einzige Hoffnung. Mein rechtes Bein tat unglaublich weh. Vielleicht war es gebrochen. Das andere Bein spürte ich nicht mehr. Es war wie abgestorben. Um mich herum wurde es dunkler. Ich sah nur noch Körperteile, Haare, Kleidungsstücke. Es roch nach Erbrochenem, Urin, Fäkalien.

Und es war heiß. Unerträglich heiß.

»Kleines, ich bin da«, fand eine vertraute Stimme den Weg zu mir. Ich versuchte, die Schreie um mich herum auszublenden, und sah mich suchend um. Da war Tim. Ich konnte sein Gesicht noch sehen. Er blickte zu mir herunter.

»Es tut mir leid, ich kann dich nicht halten«, entschuldigte er sich.

»Schon okay, ich schaff das.«

Als ich in seine traurigen Augen sah, fiel mir wieder ein, dass ich ihm heute sagen wollte, dass ich mich in ihn verliebt hatte. Auf der Loveparade, der Veranstaltung, auf die wir uns seit Monaten gefreut hatten, bei der Musik, die mich mutiger und selbstbewusster sein ließ, als ich es eigentlich war. Doch wir waren nie dort angekommen. Vielleicht war es meine letzte Chance, es ihm zu sagen, denn ich könnte hier unten sterben. Ich war nicht weit entfernt davon.

»Tim?«

»Ja?«

»Ich muss dir was sagen …«

»Tu das nicht.«

»Was?«

»Dinge erledigen, die du noch zu erledigen hast.«

»Ich will es dir aber sagen.«

»Ich weiß es doch längst.«

»Ich liebe dich!«

»Ich dich auch!«

Es war der schönste Satz, den ich je gehört hatte. Ich weiß

nicht, warum er es mir nicht eher gesagt hatte. Vielleicht aus den gleichen Gründen, aus denen ich es nicht getan hatte. Die Angst, dass es schiefgehen könnte. Die Angst, den anderen zu verlieren. Manchmal halten uns unsere Ängste davon ab, die Dinge zu tun, die wir längst hätten tun sollen.

Doch in diesem Moment hatte ich keine Angst mehr. Zumindest nicht davor, Tim zu sagen, was ich für ihn empfand. Aber ich hatte Angst, hier unten zu sterben. Ich wollte leben. Mit Tim, mit Ines, meinen Eltern und Philipp. Ich wollte mit meinem Vater eine Radtour machen, mit meiner Mutter gemeinsam die Gemüsesuppe mit der geheimen Gewürzmischung kochen und dabei über das Leben philosophieren. Ich hatte sogar Lust, mit Philipp zu spielen und mit Ines fürs Abitur zu büffeln. Und mit Tim wollte ich unbedingt die versprochene Motorradtour machen. Ich liebe das Meer und wünschte mir nichts sehnlicher, als einmal mit ihm gemeinsam zu sehen, wie die Sonne darin versinkt.

»Katty, Katty! Verdammt, kipp mir nicht weg!«

Tim redete immer noch auf mich ein. Ich konnte ihn nicht mehr sehen. Er hielt meine Hand, drückte sie fest, aber der Rest von mir sackte immer tiefer in das Gewühl aus zappelnden Körpern. Mir wurde schwindelig, meine Atmung wurde hektisch und flach. Oh mein Gott, ich ging tatsächlich unter. Das durfte doch nicht wahr sein.

Das Mädchen mit den Rastazöpfen lag mir gegenüber, die Augen weit aufgerissen und blutunterlaufen, das Gesicht bläulich und schmerzverzerrt. Dann begriff ich: Jemand stand auf ihr. Mitten auf ihrem Brustkorb. Sie wand sich, strampelte, reckte ihren Kopf in Richtung der nackten Männerwaden und biss zu, so feste sie konnte. Es war ihre einzige Chance. Sie kämpfte ums Überleben.

Die Beine auf ihr zuckten, bewegten sich, aber sie stiegen nicht hinab. Wohin sollten sie auch? Das Mädchen schrie, doch seiner Kehle entwich kein Ton. Wieder biss sie zu. Die Waden des Mannes, der auf ihr stand, bluteten. Das Gebiss des Mädchens zeichnete sich tiefrot auf seiner Haut ab. Sie riss den Mund weit auf und schnappte nach Luft, dann biss sie ein weiteres Mal zu. Ein Todeskampf.

Mir wurde schlecht. Ich hatte das Gefühl, ich müsste mich übergeben, würgte, röchelte. Der Druck auf meinen Körper nahm weiter zu. Der Junge auf mir weinte. »Es tut mir leid, es tut mir so leid.« Meine Rippen schienen sich in meine Lungenflügel zu bohren.

Die Umgebung verschwamm. Ich drehte den Kopf nach oben und suchte den Himmel. Plötzlich saß ich wieder auf unserem alten Baum – mit Torben. Durch das Blätterdach sah ich Fragmente von Blau, umgeben von dem Rot, Grün, Gelb, Orange und ein wenig blassem Lila der Kleidungsstücke, der Menschen um mich herum. Ich ließ Tims Hand los und schloss die Augen.

»Jupiter 1 für Jupiter 32/12, kommen!«
»Jupiter 1 hört.«
»Mehrere Tote Ausgang Karl-Lehr-Straße.«
»Mehrere?«
»Ja, bestätige. Mehrere Tote.
Keine Ahnung, wie viele.«
»Kreislaufversagen? Oder erdrückt?«
»Können wir nicht sagen, aber wir haben in dem
Bereich immer noch Druck und Panikattacken.
Da muss was passieren.
Da müssen Leute hin und die Kollegen
vor Ort unterstützen.
Ich warte schon die ganze Zeit
auf längst angeforderte Kräfte.«
»Verstanden.«
»Und die sollen die Fluchttore öffnen!
Die Fluchttore auf dem Gelände müssen
unbedingt geöffnet werden!«

18

RENÉ

Irgendetwas stimmte nicht. René bemerkte es sofort. Argwöhnisch beobachtete er die Szenerie: Rund um den roten Bus der Einsatzleitung herrschte Unruhe. Ein Rettungsassistent hastete aus dem Bus, besprach sich mit einem Notarzt, und dessen Gesichtsausdruck versteinerte binnen Sekunden. Kurz darauf verschwanden beide Männer in der provisorischen Zentrale der Abschnittsleitung.

René und Frank saßen immer noch an der Bierzeltgarnitur, direkt neben dem Bus. Eine knappe Stunde hatten sie schon nichts mehr zu tun. »Langsam müssten wir mal wieder dran sein«, sagte René.

Einer der Sanitäter, die in der Einsatzleitung Dienst hatten, begann durch die Reihen der umherstehenden Helfer zu ziehen. Der Mann kam auf René und Frank zu, beugte sich zu ihnen herunter und hob die buschigen Augenbrauen. »Es ist was Größeres, seid auf alles gefasst«, flüsterte er.

Plötzlich fiepte es. Eine Rückkopplung der Lautsprecher-Anlage. Dann ein Rauschen. Danach folgende Durchsage:

»Die genannten Fahrzeuge bitte bereithalten für den Einsatz: RTW 2, 5, 9, 11.« Der Mann an der Sprechanlage unterbrach seine Durchsage. Er räusperte sich. Die Lautsprecher knackten.

»RTW 6, 13 und 14«, ergänzte er.

René und Frank waren also dabei. Und mit ihnen sechs weitere

Teams. Das war eine Menge. Verunsichert sahen sie sich an. René schwante, dass das nichts Gutes bedeuten konnte. Frank atmete hörbar tief ein.

»Okay, auf geht's!« Er klopfte dreimal auf den Holztisch und stand auf.

Sie gingen zügig in Richtung Rettungswagen. René spürte, wie sein Großhirn seinen Beinen befahl zu rennen. Auch Frank zog das Tempo an. Eine Flut von Gedanken schoss durch Renés Kopf. Was hieß »etwas Größeres«? Ein »MANV«, Massenanfall von Verletzten? Vielleicht sogar ein Toter? Und was genau war wohl passiert? Warum sagte niemand etwas? Wenn die Einsatzleitung mehr Informationen hätte, könnte sie sie schließlich auch an sie weitergeben. Dann wüssten sie wenigstens, was auf sie zukäme. Aber vielleicht war die Lage auch noch zu unübersichtlich. Das konnte vorkommen. Bei schweren Verkehrsunfällen war oft nicht direkt bekannt, wie viele Verletzte es gab und wie ernst deren Situation tatsächlich war. Schließlich gaben meistens Laien die ersten Informationen an die Einsatzzentrale durch – Menschen, die zufällig Zeugen geworden waren und die Rettungskräfte verständigten. So würde es wohl auch dieses Mal gewesen sein.

Die Sanitäter stiegen in ihren Rettungswagen und schnallten sich an. René drehte den Schlüssel in der Zündung um. Sie wussten nicht einmal, in welche Richtung es ging. Also mussten sie auf weitere Anweisungen warten.

Der Motor surrte im Leerlauf. Die Sonne hatte den Innenraum des Wagens aufgeheizt. Die Luft war warm, dick und schwer. René öffnete das Fenster einen Spalt und schaltete die Klimaanlage ein.

»Bereit?«, fragte er.

»Bereit! Und du?«

»Ich auch.«

Sieben Rettungswagen standen in Reih und Glied mit laufenden Motoren, darin 14 angespannt dreinschauende Rettungsassistenten und -sanitäter. Es dauerte vielleicht eine Minute, aber René kam es vor wie eine Ewigkeit, bis sich endlich der Wagen der Einsatzleitung an die Spitze des Rettungskonvois setzte und losfuhr.

René folgte. Sie waren die Dritten in der Reihe. Die Umgebung nahm René kaum wahr. Sein Bewusstsein blendete alle unnötigen Informationen aus. Er war hoch konzentriert. Sie sprachen kein Wort.

Dann bog der Konvoi auf die Düsseldorfer Straße ein. Dieses Mal blieb es nicht bei einer Überquerung des Hauptweges zum Loveparade-Gelände. Sie fuhren die Strecke entlang, mitten durch die Menschenmassen. Die Einsatzleitung ganz vorne schaltete das Martinshorn ein. Die Menge spaltete sich in der Mitte und gab Stück für Stück eine schmale Gasse frei. Wie ein Reißverschluss, der sich langsam öffnete. Es ging schleppend vorwärts. Im Schritttempo schoben sich die Rettungswagen an den Menschen vorbei, blieben so dicht wie möglich hintereinander, damit sich der Reißverschluss nicht wieder zwischen ihnen schließen konnte. Tausende waren noch immer auf dem Weg zur Loveparade, gingen weiter Richtung Tunnel.

René starrte auf den Rettungswagen vor ihm. Frank blickte aus dem Fenster, zog, ohne hinzusehen, die Zigarettenschachtel aus der Brusttasche seines Hemdes, fingerte eine Kippe heraus, steckte die Schachtel wieder weg und ließ die Zigarette nervös zwischen seinen Fingern rotieren. René hämmerte hektisch mit seinem Daumen auf dem Lenkrad herum. Durch das offene Fenster hörte er die vertraute Melodie der Menge: Menschen, die lachten, grölten, sangen und in ihre Trillerpfeifen pusteten.

An der Einlasskontrolle Düsseldorfer Straße, Ecke Karl-Lehr-Straße geriet der Konvoi ins Stocken. Die Sicherheitskräfte in den blauen T-Shirts und mehrere Polizisten räumten eilig die Absperrgitter und Wellenbrecher weg. Schnell war der Weg frei. Die Rettungswagen passierten die Schleuse. Große Alleebäume umrahmten die Straße, dahinter alte, hübsche Backstein-Wohnhäuser aus Vorkriegszeiten. Sie näherten sich dem Tunnel, noch immer umringt von unzähligen Menschen, die nicht zu ahnen schienen, dass nur einige hundert Meter weiter etwas Schlimmes passiert sein musste.

Dann wurde es düster. Ein frischer Luftzug strich über Renés

Gesicht, und die Geräuschkulisse wurde lauter, verdichtete sich zu einem ungeduldigen, fordernden Klangkarussell. René drückte auf den Knopf für den elektrischen Fensterheber, und die Scheibe fuhr nach oben. Sie waren nun mitten im Tunnel.

Obwohl es im Wagen immer noch mindestens 25 Grad warm war, ließ ihn das kalte, milchige Licht der Neonröhren frösteln. Sekunden später wurde es für einen kurzen Moment wieder hell: eine Lücke zwischen den Tunneln und ein Weg, der hoch zum Veranstaltungsgelände führte. Er war so gut wie leer. Oben feierten die Menschen. René sah die bunten Silhouetten einiger Raver, die im Takt der Musik zuckten. Deutlich hörte er die dumpfen Schläge der Bässe.

Dann kippte das Licht wieder weg. Der Rettungswagen rollte durch die nächste finstere Röhre. Der Konvoi wurde langsamer. Plötzlich waren kaum noch Menschen im Tunnel. Wo waren die alle hin? Hatte er eine Sperre übersehen? Polizisten liefen ihnen entgegen, winkten, sie sollten schnell näher kommen. Sanitäter rannten umher.

Was war hier los? Es war leise geworden. Was auch immer passiert war, es hatte den Gesang und die Trillerpfeifen geschluckt. Menschen mit schwarzen Gesichtern kamen auf sie zu. Voller Staub. Zerzaust. Verstört. Taumelnd.

Frank steckte die Zigarette hinters Ohr und richtete sich in seinem Sitz auf. Er beobachtete aufmerksam, was um ihn herum geschah. Nur noch ein paar Meter, bis es wieder hell wurde. Dort schien es zu sein, an der Rampe, die sich René und er noch vor drei Tagen angesehen hatten.

Der Einsatzwagen an der Spitze des Konvois stoppte. Auch René hielt an. Er parkte im Tunnel, wenige Meter von der Rampe entfernt. Seine Pupillen scannten hektisch die Umgebung. Direkt links vor ihm reanimierte ein Sanitäter-Team offensichtlich jemanden. Ein Kollege beugte sich über einen leblosen Körper und drückte mit beiden Händen auf den Brustkorb, während ein anderer mit dem Beatmungsbeutel Luft in die Lungen der Person presste, von der René nicht viel mehr sah als einen zierlichen Arm mit einem silbernen Kettchen am Handgelenk. Rechts saßen mehrere Mädchen weinend auf dem Bordstein, umklammerten ihre Beine und wippten stoisch auf und ab. Ein paar Meter daneben eine weitere Reanimation. Noch bevor die beiden Sanitäter die Gelegenheit hatten auszusteigen, kam ein junger Mann auf den Wagen zugerannt.

»Sie müssen helfen, schnell! Bitte, bitte, schnell!«, brüllte er so laut, dass René ihn durch die geschlossene Wagentür deutlich verstand. Trotzdem öffnete er das Fenster.

»Schnell, nun kommen Sie doch endlich! Beeilen Sie sich!«, insistierte der junge Mann.

»Wir kommen ja. Was ist denn überhaupt los hier?«

»Die sind zerquetscht worden. Totgetrampelt. Alle tot.«

Er war außer sich. In seinem Gesicht befand sich ein schwarzgraues Muster, einmal quer über seine Schläfe, Wange, bis hin zum Kinn. Wie das Profil eines Turnschuhs. War das tatsächlich ein Fußabdruck? Scheiße, wo waren sie hier reingeraten? Renés Pulsschlag beschleunigte sich. Er zögerte nur eine Sekunde und blickte zu Frank. Der riss die Beifahrertür auf und rannte los. Nun sprang auch René aus dem Wagen.

»Wir kommen so schnell wir können, aber wir müssen unsere Ausrüstung noch von hinten holen, okay?«, versuchte René, den jungen Mann mit dem Fußabdruck im Gesicht zu beruhigen, rannte zu den Hecktüren und traf auf Frank. Der reichte ihm seinen Notfallrucksack. Den eigenen trug er bereits auf dem Rücken. René warf sich einen Riemen über die Schulter und eilte los, Frank direkt hinterher. Oft ging es um Sekunden.

Als René aus dem Tunnel trat, schmerzte die Sonne in seinen Augen. Er blinzelte. Ein Chaos aus Stimmen kam ihm von der Rampe entgegen. Es klang klagend. Menschen schrien, stöhnten, ächzten und pfiffen verzweifelt nach den Einsatzkräften. An dieser Stelle war es immer noch voll, nicht so überraschend leer wie im Tunnel: Menschen lagen auf dem Boden, andere stolperten ziellos umher, mit schwarzen Gesichtern wie nach einem Grubenunglück. Ein junger Mann, dessen T-Shirt nur noch in Fetzen an seinem

Körper hing, drückte auf den Brustkorb einer grauen Gestalt, die regungslos in einem Haufen aus zerdrückten Getränkedosen, Plastikflaschen und Schuhen lag.

Es war wie ein Platzregen aus Hilferufen, in dem René zu ertrinken drohte. »Kommen Sie hierher, da liegt meine Freundin!« »Bitte, Sie müssen mir helfen, dahinten atmet jemand nicht mehr!« »Kommen Sie schnell, mein Bruder steckt da unter den Leuten fest!« »Bitte helfen Sie mir, ich kann mein rechtes Bein nicht mehr bewegen!«

René versuchte herauszufiltern, wer sie am dringendsten brauchte. Noch reichten die Informationen nicht, um innerlich eine Prioritätenliste aufzustellen. Gleichzeitig spukte immer dieselbe Frage durch seinen Kopf: »Was zum Henker ist hier los?«

Direkt vor der Treppe stießen sie auf etwas, für das es keine angemessene Beschreibung zu geben schien. René hatte so etwas noch nie gesehen und suchte in seinem Verstand nach Erklärungen für diesen Anblick. Frank sah ihn verzweifelt an. Sie standen vor einem Knäuel. Einem Knäuel aus Körpern. Sie waren ineinander verkeilt, übereinandergestapelt und zappelten wie ein Haufen Fische, der gerade aus einem Schleppnetz an Bord eines Bootes ausgekippt worden war. Sie jammerten, weinten, kreischten. Und einige waren still. Sie steckten stumm in der Menge. Blau angelaufen.

»Zieht mich raus, bitte zieht mich raus!« war der Satz, den René immer wieder hörte. An der Treppe darüber hangelten sich Menschen nach oben, zogen sich mit letzter Kraft aus der Enge. Einer rutschte ab und fiel mit dem Rücken auf den Berg der eingepferchten, sich windenden Körper. Es war wie der Vorhof zur Hölle. René sah in den Himmel und wunderte sich, dass er noch da war.

»Bitte, ich flehe Sie an, helfen Sie meiner Freundin! Sie liegt da unten, sie ist ohnmächtig, und ich bekomme sie da allein nicht raus.« Der junge Mann mit dem Fußabdruck im Gesicht stand plötzlich wieder neben René. Er bettelte förmlich. Sein T-Shirt schien einmal schwarz gewesen zu sein. Jetzt war es grau, voller

Staub und am unteren Saum mehrfach eingerissen, als hätte jemand heftig daran gezerrt. Erst jetzt bemerkte René, dass er keine Schuhe trug. Seine Füße waren nackt und schwarz vor Dreck. Das Haar hing ihm zerzaust ins Gesicht. Geplatzte Äderchen durchzogen das Weiß seiner Augen wie nach einer durchgeweinten Nacht.

»Wo ist denn deine Freundin?«, wollte René wissen.

»Da! Da unten!« Er zeigte auf ein Mädchen mit langem braunen Haar, das ganz unten mit dem Kopf auf den Pflastersteinen lag. Über ihr türmte sich ein Menschenberg von gut anderthalb Metern. Ihr Oberkörper ragte immerhin so weit heraus, dass es René möglich erschien, dass sie noch atmen könnte. Ihr Mund stand offen, ihre Augen waren geschlossen. Sie war kreidebleich, und ihre Lippen schimmerten violett. Die Wimpern waren weiß vom Staub.

Frank und René packten ihre Unterarme und zogen. Erst zaghaft, dann immer fester. Das Mädchen rührte sich nicht.

Frank tastete nach ihrem Puls.

»Sieht schlecht aus.«

»Vielleicht sollten wir direkt drücken, egal ob sie noch feststeckt«, dachte René laut nach.

»Wir brauchen auf jeden Fall unsere komplette Ausrüstung.«

»Okay, dann schnell! Ich drücke, du rennst!«

Frank sprang auf und sprintete zurück Richtung Rettungswagen. René tastete den Rippenbogen des Mädchens entlang, setzte beide Hände auf und begann mit der Herzdruckmassage. Quer über ihrer Hüfte lag ein Junge. Er konnte sich kaum bewegen und hing mit dem Kopf neben ihrem leblosen Gesicht.

»Ist sie tot? Oh Gott, ist sie tot? Sie ist doch nicht tot, oder?«, jammerte er. »Ich konnte nichts machen, die haben mich auf sie gedrückt.«

»Alter, du kannst nichts dafür.« Der Junge mit dem Fußabdruck im Gesicht versuchte, den Eingeklemmten, der über seiner Freundin lag, zu beruhigen. Schließlich hatte er selbst gespürt, wie machtlos er gegen den Druck der Menge gewesen war. Er hatte keine Chance gehabt, sich dagegen zu wehren, geschweige denn seine Freundin davor zu schützen, in der Masse unterzugehen. Er hatte versucht, sie oben zu halten – mit aller Kraft. Aber er hatte versagt. Das würde er sich nie verzeihen. Auch sich selbst hatte er irgendwann nicht mehr halten können. Er war untergegangen, genau wie sie. Nur nicht ganz so tief. Und ihn hatte jemand herausgezogen. Irgendwann, nachdem er wieder zu Bewusstsein gekommen war, hatte er in die Augen eines Mannes geblickt, der direkt vor ihm stand und sich frei bewegen konnte. »Hey, zieh mich raus! Bitte, zieh mich raus!«, hatte er ihn angefleht, und der Mann hatte Folge geleistet. Das Erste, woran er danach dachte, war seine Freundin. Er fand sie begraben von Körpern, versuchte, sie herauszuziehen, und war gescheitert. Also hatte er Hilfe gesucht.

»Wie heißt sie überhaupt?«, fragte René.

»Katty … sie heißt Katharina Telgte.«

»Nicht aufgeben, Katty! Hörst du?« René drückte dreißig Mal auf Kattys Brustkorb, dann überstreckte er ihren Hals, öffnete ihren Mund, hielt ihre Nase zu und drückte Luft aus seinen Lungen in die ihren. Zweimal. Anschließend setzte er die Herzdruckmassage fort.

Während er versuchte, Kattys Herz zu animieren, wieder von selbst zu schlagen, sah er sich um. Alles schien wie in Zeitlupe abzulaufen. Immer mehr Polizisten und Sanitäter liefen umher, zogen Menschen aus dem Knäuel, versorgten Verletzte. Die Masse lichtete sich. Wo blieb Frank? Wie lange war er schon weg? René verlor jegliches Zeitgefühl. Oberhalb der Rampe, an den Brüstungen, standen Menschen und sahen auf den Schauplatz des Grauens herab. Einige filmten mit ihren Handykameras. Viele blickten ernst, manche lachten und tanzten. War denen nicht klar, welches Drama sich hier unten abspielte?

Die Schreie wurden leiser. Oder war es nur Renés Unterbewusstsein, das ihn beschützte und das Klagen nicht mehr in voller Lautstärke zu ihm durchließ? Stattdessen nahm er nun wahr, dass die DJs auf den Musikwagen immer noch auflegten. Nicht nur die Bässe waren deutlich zu hören, hinzu kam eine fröhliche Melodie,

die nach einer ausgelassenen, unbeschwerten Sommerparty klang. Das passte alles nicht zusammen.

Schräg gegenüber sah René den Sanitäter mit den Aknenarben im Gesicht. Den, der am Morgen noch gesagt hatte, dass er es auf keinen Fall mit einem Toten zu tun bekommen wolle. Jetzt war er dabei, einen blonden Jungen, fast noch ein Kind, zu beatmen.

Zur selben Zeit warf Frank im Rettungswagen in Windeseile Sauerstoffgerät, Defibrillator, EKG und Absauggerät auf die Trage, manövrierte alles zusammen aus dem Wagen und rannte mit der gesamten Ausrüstung wieder Richtung Rampe. Er dachte nicht nach. Er funktionierte. Wie eine Maschine, die einen programmierten Ablauf gestartet hatte. Als er zurückkam, war der Menschenberg so gut wie abgetragen. René hockte immer noch in derselben Position neben dem Mädchen und drückte auf seinen Brustkorb.

»Okay, jetzt können wir sie ein wenig vorziehen, damit wir besser rankommen«, übernahm Frank das Kommando.

Die Sanitäter packten Katty abermals bei den Unterarmen und zogen sie mit einem Ruck unter zwei Jungen und einer Frau hervor, die zwar bei Bewusstsein, aber nicht in der Lage waren aufzustehen. Katty war grau. Komplett. Ihre Jeans, ihr Trägertop, ihre Arme, ihr Gesicht, ihr Haar und die Sonnenblume, die darin steckte. Alles war bedeckt von einer feinen, sich alles einverleibenden Staubschicht. Ein Träger ihres Tops war abgerissen, darunter kam ein schwarzer BH aus Spitze zum Vorschein. Der Riemen ihrer Umhängetasche hatte sich tief in ihr Fleisch gedrückt. An ihrem Top baumelte seitlich ein einzelner Schmetterling an einem losen Faden. Er war bunt. Kein Staub.

An ihren Oberarmen zeichneten sich deutliche Druckstellen ab, die in ein paar Stunden ausgewachsene Hämatome sein würden. Wenn sie überlebte.

René verschaffte sich nur kurz einen optischen Eindruck von Kattys Verfassung. Im Vordergrund stand, dass sie keinen fühlbaren Puls und keine Atmung hatte. Alles andere war erst mal zweitrangig. Und doch fiel ihm auf, dass sie nur noch einen Schuh trug: einen roten Ballerina.

Frank hatte wieder mit der Herzdruckmassage angefangen. Schweißperlen standen auf seiner Stirn. Das weiße T-Shirt klebte ihm feucht am Rücken. Von jetzt an griff das klare Ablaufschema, das sie in ihrer Ausbildung gelernt und schon zig Mal angewandt hatten: René schnitt den Riemen von Kattys Umhängetasche durch. An ihrem Hals kam ein blutunterlaufener Striemen zum Vorschein. Dann schnitt er ihr Top auf und befestigte die Elektroden des EKGs auf ihrem Brustkorb.

Nulllinie.

»Oh mein Gott, bitte nicht.« Der Junge mit dem Fußabdruck im Gesicht umklammerte sich selbst und bog den Oberkörper wie von Schmerzen geschüttelt immer wieder krampfend nach vorne. Er bebte.

Während Frank weiter in gleichmäßigem Rhythmus auf Kattys Herz drückte, bereitete René die Intubation vor. Er positionierte das Beatmungsgerät direkt neben Kattys Kopf.

»25, 26, 27 ...« Frank zählte laut. So wusste René, dass er bald wieder Luft in Kattys Lungen drücken musste. Bei 30. Zwei Mal.

Danach legte er den Beutel wieder zur Seite. Er öffnete Kattys Mund, drückte mit der einen Hand ihren Kiefer auseinander und schob ihr mit der anderen einen Tubus direkt in die Luftröhre. Anschließend stellte René Luftmenge und Beatmungsfrequenz ein. Dann startete er die Maschine.

Plötzlich piepte das EKG. Ein Pulsschlag. Erst einmal, dann noch mal. Kaum hörbar in der bizarren Mischung aus Schreien und Technomusik. Dann eine Weile nichts mehr. Dann wieder ein Piepton.

René legte eine Venenkanüle in Kattys Unterarm und verabreichte ihr darüber ein Milligramm Adrenalin, um ihren Herzrhythmus zu stabilisieren.

Das EKG-Gerät sendete ein gleichmäßiges Geräusch aus. Für René klang es so beruhigend wie das Rauschen des Meeres. Sie hatten es geschafft, Kattys Puls kam nach und nach wieder in den richtigen Takt. Er war unglaublich erleichtert.

Der junge Mann neben ihm sank auf die Knie.

»Danke«, schluchzte er.
»Ist unser Job. Wie heißt du eigentlich?«, fragte Frank.
»Tim, ich bin Tim Lichtenberger.«
»Okay, Tim, wir müssen jetzt mit ihr los. Sie ist noch nicht über den Berg. Sagst du ihren Eltern, was passiert ist, bitte?«
»Ja, mach ich.«
Die beiden Sanitäter senkten die Trage so tief es ging ab. Sie hievten Katty hinauf. Aus einem der Notfallrucksäcke zog Frank ein kleines Paket. Er riss die Plastikverpackung mit den Zähnen auf und zog eine zusammengefaltete Notfalldecke heraus. Sie sah aus wie ein großes Stück Alufolie. Frank breitete sie über der Patientin aus, die goldene Seite nach oben, die silberne nach unten. So hielt sie am besten warm. Dann schnallten die beiden Sanitäter Katty auf der Trage fest. René legte den Gurt der Beatmungseinheit um seinen Hals, Frank trug das EKG. Sie setzten ihre Notfallrucksäcke wieder auf, bockten die Trage hoch und bewegten sich so zügig wie möglich Richtung Rettungswagen. Frank ging voran, zog das Fußende. René blieb am Kopfende und schob.
Gemeinsam manövrierten sie Kattys an Geräte angeschlossenen Körper durch umherlaufende Verletzte, vorbei an Einsatzkräften, die immer noch dabei waren, am Boden liegende Personen zu reanimieren. Polizisten machten ihnen Platz, schoben andere Menschen zur Seite.
»Hey, bei euch alles in Ordnung?« Eine vertraute Stimme. Es war die blonde Notärztin, die René und Frank morgens am Stützpunkt kennengelernt hatten. Sie joggte neben ihnen her.
»Ja, so weit alles im Griff. Asystolie. Wir haben reanimiert. Ich weiß nicht, wie oft. Vor etwa fünf Minuten habe ich ihr ein Milligramm Adrenalin verabreicht. Jetzt sieht es ganz gut aus.«
»Okay, ich komme mit euch.«
Susanne hatte ihr Haar zu einem Zopf zusammengebunden. Sie sah angestrengt aus, über ihrer Nasenwurzel bildeten sich tiefe Falten. René war erleichtert, dass sie da war. Wenn man eine Patientin im Auto hatte, die jederzeit wieder reanimationspflichtig werden konnte, war es immer sicherer, einen Notarzt dabeizu-

haben. Die kannten sich einfach besser aus, hatten mehr Routine mit Notfällen. Vor allem, was die Medikation anging.

Als sie den Tunnel wieder betraten, saßen dort überall Menschen, angelehnt an die kalten, grauen Wände. Kauernd auf den Bordsteinen. Einige umarmten sich. Manchen fehlten Kleidungsstücke: vor allem Schuhe, aber auch T-Shirts. Ein Mädchen saß in sich zusammengesunken, bekleidet nur noch mit ihrer Unterwäsche, auf dem nackten Asphalt. Ein Sanitäter hatte ihr eine Wärmefolie über die bloßen Schultern gelegt. Sie zitterte und starrte apathisch geradeaus. René versuchte, die Bilder, die sich auf seiner Netzhaut eingebrannt hatten und sich in seinem Verstand einnisteten, zu sortieren, sie einzuordnen, um sie verarbeiten zu können. Doch es gab in seinem Hirn kein passendes Register, keine Schublade mit vergleichbarem Material. Er musste das hinten anstellen. Jetzt gab es Wichtigeres.

Susanne kletterte als Erste in den Rettungswagen, dann schoben Frank und René die Trage mit Katty hinein. René stieg sofort wieder aus, ging um den Wagen herum und setzte sich ans Steuer. Als er gerade die Sprechtaste für den Funk drücken wollte, hämmerte jemand gegen die Fensterscheibe.

»Hey, helfen Sie uns! Bitte!«, rief eine zierliche junge Frau. »Meine Freundin liegt dahinten, ihr geht es nicht gut.«

Sie sah ängstlich aus. Ihre Haut war grau, die Kleidung dreckig. Sie wirkte älter, als sie vermutlich war. Der Staub hatte sich in die feinen Linien ihres Gesichts gefressen.

René öffnete das Fenster einen Spalt.

»Es tut mir leid, wir haben schon jemanden im Wagen«, sagte er kurz, drückte sofort wieder den Knopf für den elektrischen Fensterheber und wandte sich ab.

»Heeey!« Die junge Frau schlug mit der flachen Hand auf die Fensterscheibe. Der Ring an ihrem Finger knallte mit voller Wucht auf das Glas. Was sollte er tun? Er musste sich jetzt auf seinen Einsatz konzentrieren. Auf seine Patientin. Sicher, sie waren Sanitäter, es war ihr Job zu helfen, und genau deshalb hatten sie sich für diesen Beruf entschieden. Sie wollten nichts mehr, als das so gut wie möglich zu machen, und es zerriss René innerlich, dass er sie abweisen musste. Das war ein beschissenes Gefühl. Aber er konnte schließlich nicht überall gleichzeitig sein. Er war beim besten Willen nicht in der Lage, ihr zu helfen. Sie schien zu verstehen, dass es aussichtslos war, und ließ von ihm ab.

Der Funk war ein einziges Durcheinander. Die Besatzungen unzähliger Rettungswagen fragten die Leitstelle, welches Krankenhaus sie anfahren sollten. Keiner wartete, bis ein anderer die Antwort erhalten hatte. Jeder nutzte die kleinste Lücke im Funkverkehr, sei sie auch noch so winzig, um die eigene Meldung loszuwerden. Immer wieder fielen Begriffe wie »Reanimation«, »Schock«, »Trauma«, »komatös« oder auch »Pat 5-24«.

René hielt den Daumen über die Sprechtaste, als nähme er an einer Quizshow teil, in der es darum ging, als Erster den Buzzer zu drücken. Das war absurd. Dennoch: Es war wichtig, der Zentrale durchzugeben, welches Verletzungsmuster die Patientin im Wagen hatte. Die Krankenhäuser waren unterschiedlich ausgerüstet. Nur bei einer klaren Ansage konnte man davon ausgehen, dass man ein Krankenhaus zugewiesen bekam, in dem die Patientin optimal versorgt werden konnte. Außerdem sollten schließlich nicht alle Rettungswagen vor demselben Krankenhaus stehen.

Normalerweise war die Koordination kein Problem. Aber diesmal war alles anders. René blickte in den Rückspiegel, beobachtete, was hinten im Wagen geschah, sah, wie Susanne Kattys Bauchdecke abtastete. Offensichtlich versuchte sie herauszufinden, ob das Mädchen innere Verletzungen hatte. Das Geschrei von draußen war im Wagen nicht mehr zu hören. Sie waren abgeschirmt vom Grauen der Rampe. Ein kleiner Rückzugsort. Hier drin erschien René das, was er gesehen hatte, unwirklich. Aber sein Verstand wusste: Es war Realität.

Ihm riss der Geduldsfaden. Hier stehen zu bleiben war doch pure Zeitverschwendung. Zumindest aus dem Tunnel könnte er schon mal fahren, entschied er. Das konnte nicht falsch sein. Er ließ den Motor an, wendete und steuerte den Rettungswagen behutsam Richtung Ausgang Düsseldorfer Straße.

Hinten im Wagen unterhielten sich Susanne und Frank. Susanne sprach schnell, war aufgewühlt, erzählte, dass der Leiter des Duisburger Rettungsdienstes und sie mit die Ersten vor Ort gewesen seien. Da sei noch kein Rankommen an das Menschenknäuel gewesen. Komplettes Chaos. Alles verstopft. Menschen seien über andere geklettert, auf vielen sei herumgetrampelt worden. »Das war, wie man sich Krieg vorstellt. Alle waren in Panik, der blanke Horror«, suchte sie Worte für ihre Eindrücke. Gemeinsam hätten sie dann, so schnell es ging, entfluchtet, also sämtliche Sperren geöffnet. »Einsatzkräfte der Polizeihundertschaften waren da und haben die Menschen nach oben auf das Gelände und zurück in den Tunnel gedrängt. Jedenfalls die, die sich noch bewegen konnten.«

Die Menschenmasse habe sich dann erstaunlich zügig aufgelöst. »Nur wer am Boden lag, blieb übrig. Und das Knäuel.«

Ein besserer Begriff wollte ihr dafür nicht einfallen.

René konzentrierte sich auf die Fahrbahn. Im zweiten Tunnel kamen dem Rettungswagen mehrere Gruppen Raver entgegen. Ihre Gesichter waren fröhlich, sie alberten herum, wussten nicht, was geschehen war. Nicht zu begreifende Gegensätze.

Dann dieses Geräusch: brutal und unerbittlich, es kam von hinten aus dem RTW, setzte sich in seinen Nacken. Dieser dauerhafte, schrille Fiepton. In seiner Frequenz und Bedeutung kaum zu ertragen:

Nulllinie.

»Jupiter 1 für Jupiter 33/12!«
»Jupiter 1 hört.«
»Unser Vorschlag: Die Veranstaltung sofort beenden. Aufgrund der Gesamtlage. Wir haben hier erhebliche Tote an der Rampe liegen. Das soll eine Loveparade sein und keine Tottretparade.«
»Verstanden, wir prüfen das.«
»Und wir brauchen Notfallseelsorger im Bereich der Rampe. Für zwei der Kollegen. Die haben Tote rausgezogen. Es muss da aussehen wie auf einem Schlachtfeld.«
»Wird veranlasst.«

19

EMMA

Am Hauptbahnhof wurde es von Minute zu Minute voller. Immer mehr Menschen kamen vom Loveparade-Gelände zurück. Dabei war es noch nicht mal 18 Uhr. Emma beobachtete, was um sie herum geschah. Polizisten sicherten die Zäune, ließen nur noch kleine Gruppen von Ravern in den Bahnhof. Sie machte sich Notizen:

Lage insgesamt: Leute stehen dicht gedrängt,
viele wollen wieder nach Hause
Zugverkehr: Läuft. Aber noch mal nachfragen!
Bahnhof: Anscheinend überlastet
Stimmung: Teils teils
Durchsagen: Keine
Zwischenfälle: Unbekannt

Noch eine halbe Stunde, bis sie wieder auf Sendung ging. Gerade, als Emma die Nummer des Pressesprechers der Bundespolizei wählen wollte, um sich von ihm auf den aktuellen Stand der Dinge bringen zu lassen, lenkte sie etwas ab: Drei Sanitätsteams brachen mit großen Notfallrucksäcken vom Malteser-Stützpunkt auf. Eigentlich nichts Ungewöhnliches, aber etwas störte Emma. Nur was? Dass bei einer solchen Großveranstaltung ein Einsatz den nächsten jagte, war normal. Emma wusste das aus eigener Erfahrung. Für eine Reportage hatte sie vor drei Jahren ein Sani-Team auf der Mayday begleitet, dem größten Indoor-Rave in Deutschland. Sie erinnerte sich noch gut an die Dreharbeiten damals. Auch da hatten die Retter keine freie Minute: zu viel Alkohol, Drogen und Kreislaufprobleme – klassische Einsätze bei Partys eben. Sie fand es spannend, den Sanitätern über die Schulter gucken zu dürfen und zu beobachten, wie ruhig sie blieben, egal ob sie angepöbelt oder vollgekotzt wurden. Die ganze Nacht über waren sie gut gelaunt und freundlich gewesen, hatten einen Witz nach dem anderen gerissen. Eine gute Portion Galgenhumor schien zu diesem Job dazuzugehören wie Verbandszeug und Defibrillator.

Jetzt wusste Emma, was sie störte: Die Männer, die eilig Richtung Veranstaltungsgelände marschierten, wirkten in sich gekehrt, die Blicke starr nach vorne gerichtet. Das war untypisch.

Eine böse Vorahnung beschlich Emma. Sie schob den Gedanken schnell beiseite. Blödsinn. Es sollte schließlich auch übellaunige Sanitäter geben. Etwas Schlimmes war sicher nicht passiert. Nicht auf der Loveparade.

Bei den Paraden in Berlin war die Zahl der Verletzten immer extrem gering gewesen. Im Verhältnis zur Teilnehmerzahl jedenfalls. Für eine Veranstaltung, bei der man davon ausgehen konnte, dass eine nicht unerhebliche Menge der Teilnehmer unter Alkohol- oder Drogeneinfluss stand, war es immer erstaunlich ruhig geblieben. Kaum Schlägereien. Nur ein Toter störte in der Statistik. Vor elf Jahren war ein Mann auf der Parade erstochen worden. Das war schlimm, aber die absolute Ausnahme.

Emmas Handy klingelte. Das Display zeigte eine Düsseldorfer Nummer an. Wahrscheinlich ein Redakteur der Sondersendung. Sie öffnete ihr altes Klapphandy.

»Hallo Emma, Stephan hier.« Sie kannte und mochte ihn. Er war ein entspannter Kollege, immer gut organisiert, einer, der seinen Job konnte. Selbst wenn alles drunter und drüber ging, blieb er gelassen, sogar wenn kurz vor der Sendung der Satellitenübertragungswagen kein Signal mehr sendete und die Liveübertragung ins Wasser zu fallen drohte. Doch dieses Mal klang Stephan anders.

Seine Stimme war brüchig. Allein die Tonlage machte Emma klar: Es musste etwas passiert sein. Und dann stellte Stephan die Frage, die ihr den Boden unter den Füßen wegriss.

»Hast du was von Toten auf der Parade mitbekommen?«

Tote? Das konnte doch fast nur ein Missverständnis sein. Vor allem gleich mehrere? Ihr Herz raste. Emma schüttelte den Kopf und merkte, dass Stephan immer noch auf eine Antwort wartete.

»Nein. Nein, ich habe nichts von Toten gehört, wie kommst du denn darauf?«

»Wir haben einen Tipp bekommen, nichts Genaues. Kannst du mal versuchen, was herauszufinden?«

»Klar.«

Emma fragte ihn noch, ob es ihm gut gehe. Für einen Journalisten klang er ungewöhnlich angespannt. In ihrem Job hatten sie zu häufig mit schlimmen Nachrichten zu tun, als dass sie jedes Mal derart betroffen sein konnten. Doch für Stephans Erschütterung gab es einen guten Grund: Er hatte zwei Söhne. Sie waren beide auf der Loveparade unterwegs, und er konnte sie nicht erreichen. Ihre Handys waren tot. Vielleicht liege es nur am überlasteten Mobilfunknetz, sagte Emma. Seinen Jungs gehe es sicher gut. Sobald sie mehr wisse, würde sie sich bei ihm melden, versprach sie. Dann legte sie auf und wählte die Handynummer des Duisburger Polizei-Pressesprechers. Es klingelte, das Netz war stabil.

»Van de Sand«, meldete sich der Mann am anderen Ende der Leitung. Auch seine Stimme klang anders als gewohnt. Ruhiger, tiefer, so als wollte er Emma allein mit seiner Tonlage auf etwas vorbereiten. Sie dachte darüber nach, wie die Stimme von Robert van de Sand wohl klingen würde, wenn er eine Todesnachricht überbringen müsste. Genau so.

Sie machte es kurz. »Emma Weber, hallo Herr van de Sand. Wissen Sie irgendwas von Toten auf der Loveparade?«

Stille.

Dann ein tiefer Seufzer.

»Ja, Frau Weber, leider. Mindestens zehn, aber wahrscheinlich werden es noch mehr. Wir haben hier fünfzehn Reanimationsmaßnahmen, und wir wissen noch nicht, wie es im Einzelnen ausgeht.«

Robert van de Sand hatte noch nicht zu Ende gesprochen, da legte sich bereits ein schriller Pfeifton über seine Worte. Das Geräusch existierte nur in Emmas Kopf. Es tat weh. Wie in einem Flugzeug, kurz nach dem Start, lastete Druck auf ihrem Trommelfell. Das Herz schlug ihr bis zum Hals.

Um Emma herum blieb die Welt stehen. Die Musik, die polternden Bässe, die Trillerpfeifen, die grölenden und lachenden Menschen; alles klang, als hätte sie Watte in den Ohren. Von diesem Moment an würde es nie mehr sein, wie es vorher war. Das Blut schien aus ihrem Kopf zu sacken. Ihr wurde schwindelig, und die Menschen um sie herum wirkten verschwommen. Dichter Nebel legte sich über Emmas Wahrnehmung. Sie stand unter Schock. Der Tod war ihr schon öfter begegnet. Das war nie schön, aber auch nichts Besonderes. Doch das hier war etwas anderes: kein Verkehrsunfall oder Brand. Es war eine riesige Party. Die Menschen waren hierhergekommen, um gemeinsam zu feiern, ausgelassen zu sein, Spaß zu haben. Auf Tote war in diesem Zusammenhang niemand eingestellt. Sie schon gar nicht. Einer oder zwei, so makaber das klang, damit wäre sie wohl klargekommen. Aber zehn?

Emma versuchte zu sprechen. Es gelang ihr nicht. Ihr fehlte der Atem, um einen Ton herauszubringen. Hektisch schnappte sie nach Luft. Dann bat sie um mehr Details.

Robert van de Sand ergänzte, was er bisher wusste. Das war nicht viel. Er sprach von einem Tunnel, einer Rampe, zu vielen Menschen und einer Massenpanik, bei der offenbar einige zu Tode gequetscht und getrampelt worden seien.

Emma legte auf und wählte sofort wieder die Nummer von Stephan, um ihm zu sagen, dass es stimmte. Er entschied, sie so schnell wie möglich live in die Sondersendung zu schalten. Seine Söhne hatte er immer noch nicht erreicht.

Jens saß bei offener Tür in der »Fly away« und sichtete Beates Drehmaterial. Die Kamerafrau stand daneben. Gemeinsam debattierten sie darüber, welche Bilder sie für die nächste Liveschalte verwenden könnten, da unterbrach sie eine Ansage über die Kommandoleitung: »Die Fly away am Hauptbahnhof. Achtung: Noch dreißig.« Es war der Regisseur der Sondersendung. Jens wunderte sich. Seit wann meldeten sich die Kollegen schon eine halbe Stunde vor der nächsten Schalte? Das war reichlich früh. Dann sah er im Augenwinkel Emma auf sich zustürmen.

»Es gibt Tote! Wir sind sofort drauf!«, rief sie. Sie keuchte und sah blass aus.

In diesem Moment realisierte er, dass es nicht um dreißig Minuten ging. Gemeint waren *Sekunden.*

»Alles klar! Dann los!«

Jens stellte keine Fragen, er reichte Emma das Mikrofon, schaltete den Sender an ihrem Kleid ein, wandte sich wieder der Technik des Wagens zu und drückte hoch konzentriert diverse Knöpfe.

Beate griff nach der Kamera und schwang sie auf ihre Schulter. Die beiden Frauen rannten los.

»Wir brauchen Licht!«, rief Beate zu dem Beleuchter, der dösend in seinem Wagen saß. Der riss die Augen auf, sprang blitzschnell aus dem Auto, griff zur Lampe, schaltete sie ein und rannte hinterher.

Auf einer kleinen, begrünten Anhöhe kamen sie zum Stehen. Von hier aus war der Bahnhofsvorplatz gut zu überblicken. Ebenso die ersten 50 Meter der Strecke zum Loveparade-Gelände. Von den Menschen, die sich rund um den Bahnhof aufhielten, trennte sie ein zwei Meter hoher Bauzaun. Emma sah in die Gesichter auf der anderen Seite der Absperrung. Da waren fröhliche, gut gelaunte, aber auch einige ernste und angestrengte. Ein paar Jungs schienen zu schimpfen. Sie sahen wütend aus, hatten rote Köpfe und Schweiß auf der Stirn. Andere wirkten desorientiert, sie standen einfach nur da und warteten. Alle drängten sich dicht an die Absperrung. Von irgendwoher hörte sie eine blecherne Durchsage der Polizei:

»Bitte treten Sie den Weg nach Hause an! Das Gelände ist voll! Bitte gehen Sie nach Hause!«

Emma war froh, dass sie auf der anderen Seite der Absperrung stand. Hier war genug Platz. Und direkt in der Nähe parkte ein Polizeiwagen. Irgendwie beruhigend. Dann hörte sie die Moderatoren der Sondersendung:

»Es ist wohl der traurigste Tag in der Geschichte der Loveparade, das hat es seit 1989 noch nie gegeben. Bei dieser Loveparade sind wohl zehn Menschen ums Leben gekommen, 15 wurden zum Teil schwer verletzt. Emma Weber am Duisburger Hauptbahnhof, was hast du für aktuelle Informationen für uns?«

Emmas Knie zitterten. Auch die Hand, in der sie das Mikrofon hielt. Aber in dem Moment, in dem sie zu reden begann, hörte das Zittern auf. Wie auf Knopfdruck.

Sie erzählte, was Robert van de Sand ihr am Telefon gesagt hatte, rang um die richtigen Worte. Sie sprach von Menschen, die in einer Massenpanik »zerdrückt wurden«. »Zu Tode gequetscht«, verbesserte sie sich schnell.

Nach ihrem eigenen Anspruch war sie an der Schilderung der Ereignisse in der ersten Runde kläglich gescheitert. Zerdrückt? Wie konnte man das in diesem Zusammenhang nur sagen? Man zerdrückte etwas Essbares. Kartoffeln ihretwegen, aber doch keine Menschen. Ihre eigene Formulierung erschien ihr schrecklich unpassend. Erdrückt, das wäre das richtige Wort gewesen. Sie ärgerte sich über sich selbst. Darüber, dass ihr das nicht sofort eingefallen war. Aber auch darüber, dass sie derart viele Gedanken an ein einziges Wort verschwendete. Es gab doch jetzt wirklich Wichtigeres als ihren bescheuerten Perfektionismus. Den meisten Zuschauern war es sicher gar nicht aufgefallen, versuchte sie sich zu beruhigen.

Nach einer Minute war alles vorbei. Die Moderatoren bedankten sich bei ihr. Die Sondersendung lief weiter. Emma war wie betäubt. Sie rannte zurück zum Wagen. Das komplette Team versammelte sich um sie. Alle wollten wissen, was genau passiert sei, wo und warum. Sie redeten wild durcheinander, spekulierten. Vielleicht war es zur Panik gekommen, weil einige Raver über die Gleise gelaufen waren? Das konnte eventuell miteinander zusammenhängen. Aber was hatte das mit dem Tunnel zu tun? Dass die Rampe der einzige Eingang war? Sie wussten es nicht.

Am Tag zuvor war Emma noch über eine breite Einfahrt auf der Südseite des alten Güterbahnhofs gefahren. Sie ging fest davon aus, dass auch das ein Ein- und Ausgang war. Klar, die Streckenführungspläne hatte sie sich angesehen. Aber da war sicher nicht jedes Detail eingezeichnet. Nur ein einziger Eingang für so viele Menschen, das zog sie gar nicht in Erwägung. Ihr kam lediglich in den Sinn, dass das *Gelände* zu klein sein könnte.

Sie brauchte dringend mehr Informationen und Bilder. Vor allem Bilder. Fernsehen ohne Bilder funktioniert nun mal nicht. Irgendjemand müsste losziehen und am Tunnel drehen, die Rettungskräfte bei der Arbeit filmen, versuchen, an Augenzeugen zu kommen. Nur wer? »Okay Leute, wir müssen Ruhe bewahren. Was machen wir jetzt? Was können wir von hier aus leisten?«

Emma musste moderieren, Beate war die einzige Kamerafrau, sie konnten nicht weg.

»Was ist mit dir, Jonas? Kannst du drehen?« Jens bereute sofort, dass er seinem Azubi diese Frage gestellt hatte. Er war viel zu jung. Und es ging um eine Katastrophe mit mindestens zehn Toten. Das konnte er ihm unmöglich zumuten.

»Ja, kann ich.«

»Du musst nicht. Tut mir leid, dass ich gefragt habe.«

»Ist okay. Ich mach's.« Jonas drückte seinen Rücken durch, um selbstbewusster zu erscheinen.

»Bist du sicher?«

»Hundertprozentig.«

Er schien fest entschlossen. Emma und Jens bedankten sich.

»Wenn Roman das Licht übernimmt, gehe ich mit und unterstütze Jonas. Zu zweit kommen wir in dem Chaos sicher besser klar«, bot der Beleuchter an. Er wartete Romans Antwort nicht ab, sondern drückte ihm prompt seine Lampe in die Hand. Kein Widerspruch. Das Team stand. Jens bereitete die Kamera für den Außeneinsatz vor: Disc einlegen, Weißabgleich, Akkus einpacken, Ton checken. Fertig.

»Passt auf euch auf.« Emma umarmte Jonas. Er kam ihr plötzlich so kindlich vor. Die beiden Männer zogen los.

Kurz darauf klingelte Emmas Handy. Stephan, der Redakteur der Sondersendung, war dran. Seine Kinder hatte er immer noch nicht erreicht. Trotzdem, er musste sich um die Sendung kümmern. Und es gab ein Problem: Die Party ging weiter. Die meisten wussten nicht, was passiert war. Das hatte zur Folge, dass die Moderatoren im Fernsehen über Tote und Verletzte sprachen, während im Hintergrund getanzt, gelacht und das Leben gefeiert wurde. Das passte nicht. Sie mussten sich etwas einfallen lassen. Die Lösung war Emma.

»Du hast am Hauptbahnhof den neutralsten Hintergrund. Wir würden gerne öfter auf dich zurückgreifen. Hältst du dich bitte bereit?«

»Okay, mach ich.«

»Wir geben euch über den Wagen Bescheid, wann ihr das nächste Mal drauf seid.«

»Alles klar.«

Sie würde das packen, redete sie sich ein. Aber sie brauchte dringend weitere Informationen. Was sollte sie sonst erzählen, wenn sie dran war? Sie rief Robert van de Sand und Kurt Bergmann an. Keiner von beiden konnte ihr mehr sagen. Vielleicht wollten sie auch nicht. Jedenfalls versprachen sie, sich zu melden, sobald es etwas Neues gebe. Emma schwebte in einem Informationsvakuum.

Sie hörte einen Hubschrauber und immer wieder Sirenen von Rettungswagen. Wo kam das her? Den Geräuschen folgend, kletterte sie über mehrere Sträucher an der Reisebushaltestelle vorbei, bis zu einer Brüstung. Von hier aus konnte sie runter auf die A 59 sehen. Da war der Hubschrauber. Er kreiste über dem Partygelände. Auf der gesperrten Autobahn stand ein Rettungswagen hinter dem anderen. Wie viele waren das? Zwanzig? Und es kamen ständig weitere hinzu. Mit Blaulicht und Martinshorn rauschten sie an Emma vorbei. Einen solchen Großeinsatz hatte sie noch nie gesehen. Was in Dreiteufelsnamen war da bloß los?

Sie blickte verzweifelt auf ihr Telefon, hoffte, dass einer ihrer Kontakte bei der Polizei vielleicht schon versucht hatte, sie zurückzurufen. Bei der Lautstärke war das Klingeln schließlich kaum zu hören. Aber da war nichts, kein Anruf in Abwesenheit. Stattdessen eine SMS.

Im ersten Moment begriff Emma nicht, was sie da las:

»Hallo Emma, hier ist Ben. Wir sind mittendrin. Kannst Du uns irgendwie rausholen?«

Wo drin? Wo rausholen? Dann ordnete sich das Chaos in ihrem Kopf. Ben war Toms 17-jähriger Neffe, und er war mit einem Freund zur Loveparade gefahren. Nein! Das konnte nicht wahr sein. Das durfte nicht wahr sein.

Emma versuchte, ihn anzurufen. Nichts. Nur seine Mailbox. Angst schnürte ihre Gedanken ein. Sie schwitzte. Was sollte sie tun? Sie konnte nicht einfach loslaufen und ihn suchen. Oder vielleicht doch? Bens Eltern waren allein in den Urlaub gefahren. Er hatte nicht mitgewollt, sich strikt geweigert, vor allem wegen der Loveparade. Nun war Emma die einzige Erwachsene in der Familie, bei der er Hilfe suchen konnte.

So schnell es ging, lief sie zurück zum Satellitenübertragungswagen und erzählte Jens und Beate von der Nachricht. Sie war völlig aufgelöst.

»Versuch ihm doch erst mal zurückzuschreiben. Frag, wo er genau ist und ob er in Gefahr ist. Wenn er sich nicht zurückmeldet, kannst du immer noch eine Entscheidung treffen.« Jens hatte recht, das klang vernünftig. Wo sollte sie auch anfangen zu suchen? Einfach loszulaufen, ohne zu wissen, wo er sich aufhielt, war bei diesen Menschenmassen völlig sinnlos.

Also schrieb sie mit zitternden Händen zurück. Dabei drückte sie mehrfach auf die falschen Tasten. Verdammt noch mal, reiß dich zusammen, Emma!

»Hallo Ben, wo seid ihr? Bist Du in Gefahr? Versuch Dich auf jeden Fall von größeren Menschenmengen fernzuhalten. Es hat Tote gegeben. Mache mir große Sorgen!«

Sie drückte auf »Senden«.

Genau in diesem Moment sprach der Regisseur der Sondersendung Jens über den Wagen an: »Die Fly away am Hauptbahnhof für das WDR-Extra.«

»Die Fly away hört.«

»Könnt ihr in zwei Minuten drauf sein?«

»Geht klar.«

Emma gab Jens ihr Telefon. Sie bat ihn ranzugehen, falls jemand zurückriefe. Auch während der Liveschalte. Sie sei über jede Info dankbar, ob von Toms Neffen oder der Polizei. Wenn er etwas wisse, solle er es ihr aufs Ohr sagen. »Auch wenn ich gerade drauf bin, ich krieg das schon hin.«

»Geht es dir gut?«

»Ja, alles okay.«

Emma fühlte sich leer. Sie dachte an nichts. Es war noch weniger als eine Minute bis zur Schalte. Ihrer Akribie und ihres Perfektionismus zum Trotz legte sie sich keine Formulierungen zurecht, überlegte nicht, was sie gleich sagen würde. Kein Wort. Was war schon planbar? Nichts.

»Jupiter 1 für Jupiter 64/10, kommen!«
»Jupiter 1 hört.«
»Wir haben hier Leute an der Rampe,
die mit Kameras rumrennen.
Die sehen nach Presse aus.
Es wäre gut, wenn sich die Medienbetreuung
mal hier hinbewegen würde.«
»Am Schadensort rennen Leute rum
und filmen?«
»Ja, die halten drauf, auf die Verletzten
und auch auf die Toten.«
»Verstanden.«

20

RENÉ

Susanne schrie Katty an: »Lass mich nicht hängen, Mädchen! Na los! Verdammt noch mal! Nicht aufgeben! Hast du mich verstanden? Du stirbst mir hier nicht!« Sie beugte sich über Kattys Körper und drückte mit beiden Händen rhythmisch auf den Brustkorb. Frank stand wortlos daneben. Er konnte nichts tun. Das machte ihn fertig. René versuchte, sich von der Reanimation im Wagen nicht ablenken zu lassen, und hörte weiter auf den Funk. Er wartete auf eine Lücke im Dickicht der Durchsagen. Wenn doch dieser verdammte Fiepton bloß endlich aufhörte. Das Mädchen musste so schnell wie möglich in ein Krankenhaus, aber dafür musste er die Einsatzleitung erreichen. Da! Eine kurze Pause.

»Die Leitstelle für RTW 6!«, ergriff er die Gelegenheit und wartete nicht, bis sich jemand zurückmeldete, sondern sprach sofort weiter. Das Risiko, dass sich jemand dazwischendrängelte, wollte er nicht eingehen. »Pat weiblich, reanimationspflichtig. Welches Krankenhaus sollen wir anfahren?«

»Verstanden, RTW 6. Warten Sie!«

Warten? Der hatte Nerven. Konnte der ihm nicht einfach ein verdammtes Krankenhaus nennen? Mittlerweile waren sie raus aus dem Tunnel. Sie standen an der Kreuzung Düsseldorfer Straße, Karl-Lehr-Straße. René hatte keine Ahnung, in welche Richtung er abbiegen sollte. Kurz überlegte er, ob er nicht einfach auf eigene Faust losfahren und eines der Krankenhäuser ansteuern sollte, die er in der Umgebung kannte. Dann rief er sich selbst zur Vernunft. Das war keine gute Idee: Wenn die Klinik schon voll ausgelastet war oder nicht richtig ausgestattet, dann würde er damit erst recht Zeit verplempern. Nein. Es war sinnvoller, auf eine Ansage der Einsatzleitung zu warten. Da führte kein Weg dran vorbei.

Über den Funk kamen ständig neue Hiobsbotschaften. Erst war von zwei Toten die Rede, nun sprach plötzlich jemand von zehn. René atmete tief durch. »Bitte, Gott, mach, dass ich nicht gleich die elfte im RTW habe«, dachte er, obwohl er gar nicht an Gott glaubte.

Warum dauerte das so lange?

Es war noch keine Minute vergangen.

Er hörte das dumpfe, schmatzende Geräusch, das durch den Druck von Susannes schweißnassen Händen auf Kattys Brustkorb entstand. Die Notärztin schnaufte. »28, 29, 30 – na komm schon!« Das Fiepen machte René wahnsinnig. Wie eine feine Nadel stieß es ihm durch die Ohren in den Kopf, stocherte schmerzhaft darin herum. Er fror.

Der Rettungswagen war umringt von Menschen. Immer noch das gleiche Bild wie vor zwei, drei Stunden. Leute, die feiern wollten. An deren Gesichtern René ablesen konnte, dass sie genervt waren, weil es mal wieder nicht weiterging und sie nicht verstanden warum. Woher sollten sie es auch wissen? Gegenüber war ein riesiger Sanitätsstützpunkt: Zwei große Zelte in Bundeswehrgrün. Sie schienen verwaist. Die Kollegen waren vermutlich alle an der Rampe. Oder doch nicht? Zwischen den Zelten kümmerte sich ein einzelnes, zurückgelassenes Team um ein Mädchen. Es lag mit angewinkelten Beinen auf einer Trage. Kreislaufprobleme, so sah es jedenfalls aus. René beneidete die Kollegen. Die sollten froh sein, dass sie beschäftigt waren. Den Anblick an der Rampe wünschte er keinem.

Plötzlich war der Fiepton weg. Das gleichmäßige Geräusch des EKGs legte sich um René wie eine warme Decke. Sie lebte.

Susanne stieß ein erleichtertes »Geht doch« aus. Frank klopfte ihr anerkennend auf die Schulter. Doch die Notärztin war nicht zufrieden. Sie fingerte eine Ampulle Atropin aus der Schublade und spritzte sie Katty über den Zugang, den René in ihren Unterarm gelegt hatte. Das sollte den Herzrhythmus endgültig stabilisieren, hoffte sie.

»RTW 6, kommen!«

»RTW 6 hört.«

»Fahren Sie das St. Matthäus an!«

»Verstanden.«

»Jetzt wird alles gut«, dachte René. Sie hatten ein Zielkrankenhaus, und Katty musste während der Fahrt nicht weiter reanimiert werden. Das waren beste Voraussetzungen. Besser ging es nicht.

Er wählte das St. Matthäus im Navigationsgerät an. Keine fünf Kilometer. Dann schaltete er das Martinshorn ein und gab Gas; geradeaus in die Karl-Jarres-Straße, raus aus den Menschenmassen. Nach etwa 200 Metern war der Weg frei. René bog rechts ab. Vorsichtig. Er musste darauf achten, dass er keine hektischen Kurven fuhr oder zu schnell die Richtung wechselte. Schließlich standen Susanne und Frank hinten freihändig. Sie wollten Katty permanent im Blick behalten, um direkt reagieren zu können, sollte sich ihr Zustand wieder verschlechtern.

In der schmalen Seitenstraße war es friedlich. Spielende Kinder. Eine alte Frau bepackt mit Einkaufstaschen. Eine andere Welt, nur ein paar hundert Meter entfernt. Passanten blieben stehen, sahen dem Rettungswagen nach. Gewiss fragten sie sich, was los war in der Stadt, in der jetzt von überallher das Heulen der Martinshörner zu hören war. Während Susanne Kattys Körperfunktionen überwachte, redete Frank leise auf das Mädchen ein. Was er sagte, konnte René nicht verstehen. Patienten Mut zu machen ist wichtig, auch wenn sie nicht bei Bewusstsein sind. Es ist nicht ganz klar, wie viel sie davon mitbekommen, aber man hört immer wieder, dass sie auf Zuspruch positiv reagieren.

»Haltet euch bereit dahinten, noch 500 Meter«, gab René durch. Frank und Susanne legten die medizinischen Geräte so zurecht, dass sie Katty gleich schnell ausladen könnten. Doch wie sich herausstellen sollte, war das vergebene Liebesmüh. Als sie am St. Matthäus ankamen, erwartete sie niemand. René hatte mit einem Empfangskomitee gerechnet. Nichts. Normalerweise war man die Patientin in einem solchen Fall schneller los, als man gucken konnte. Er ahnte, dass es Probleme geben würde.

»Das ist doch ein Witz. Hier ist keiner. Was machen wir denn jetzt? Und wo müssen wir überhaupt hin?«

»Geh du rein und sag denen, was wir hier haben«, entschied Susanne.

»Und das wäre?«

»Mehrere Verletzungen, die einzeln schon gefährlich sind. Vermutlich am Bauch und am Schädel, ich tippe auf innere Quetschungen und Einblutungen, aber ich weiß es nicht sicher. Ich kann ja nicht reingucken.« Sie hielt kurz inne, dachte nach und ergänzte: »Frag, ob die alles dahaben. Ich brauche für die Kleine auf jeden Fall ein CT, Sono und einen Intensivplatz.«

»Alles klar.«

René sprang aus dem Wagen und rannte zur Pforte. Das Krankenhaus war hübsch, mit großen, weißen Sprossenfenstern, fast wie ein Hotel. Vor der Tür standen Patienten in Bademänteln und Jogginganzügen. Sie rauchten. Ein einbeiniger Alter saß im Rollstuhl, inhalierte genüsslich den Qualm seiner Zigarette und plauderte mit einer jungen Frau, die sich am Ständer ihrer Infusion festhielt. René stürmte an ihnen vorbei, durch die Glastür, direkt auf den Empfang zu. Hinter dem Pult saß ein dicklicher Mann in blauer Uniform. Gelangweilt sah er zu René auf. »Kann ich Ihnen helfen?«

»Wir haben eine Patientin in kritischem Zustand im Auto. Wir brauchen ganz dringend ein Ärzteteam. Haben Sie hier CT, Sono und Intensivplatz?«

»Junger Mann, ich kann Ihnen dazu nichts sagen. Ich bin hier der Wachmann.«

»Dann informieren Sie jemanden! Schnell!«

Der Mann griff zum Telefon. Gemütlich tippte er eine Nummer ein. Das war doch nicht zu fassen! Der Typ hatte die Ruhe weg.

Eine Schwester kam hinzu. Sie hatte das Gespräch anscheinend mitbekommen und begriffen, dass die Situation ernst war.

»Was ist denn überhaupt los?«, fragte sie und zog dabei prüfend ihre Brille ein Stück von der Nasenwurzel herunter.

»Es hat Tote gegeben, mehrere. Wir haben eine Patientin im Wagen, haben sie wiederbelebt. Im Moment ist sie stabil.«

Während René sprach, blickte er auf den Fernseher, der direkt in der Pförtnerloge hing. Der WDR lief. Eine Reporterin mit angestrengtem Gesichtsausdruck stand am Duisburger Hauptbahnhof und erzählte irgendetwas. Der Ton war abgeschaltet. Am unteren Bildschirmrand wurde ein Laufband eingeblendet, auf dem die Nachricht schwarz auf weiß zu lesen war: »Massenpanik auf der Loveparade: Mindestens zehn Tote, mehr als 100 Verletzte.« Obwohl René gerade noch an der Rampe gestanden hatte und im Funk schon die gleichen Zahlen kursierten, wurde ihm erst in diesem Moment das ganze Ausmaß der Katastrophe bewusst. Es durchfuhr ihn mit letzter Gewissheit: Das, was er gerade erlebt hatte, war viel schlimmer als alles bisher Dagewesene. Schlimmer als alles, was er sich in seiner Phantasie hätte ausmalen können. Zumindest in einem Land, in dem nicht gerade Krieg herrschte.

Die Pupillen der Schwester weiteten sich. Nervös ließ sie die Hand durch die rot gefärbten Haare gleiten. »Ach du Scheiße«, entfuhr es ihr.

»Ja genau, und deshalb brauche ich ganz dringend ein Ärzteteam.« Renés Augen brannten. Tränen schossen ihm in die Augen. Das war ihm noch nie passiert. Wo war seine professionelle Distanz? Die er sich so mühsam erarbeitet hatte? Weg. Er war einfach nur noch verzweifelt. Er stand in diesem Krankenhaus, während das Mädchen da draußen im Wagen um sein Leben kämpfte. Wertvolle Minuten verstrichen. Es war ihm unbegreiflich. Er fühlte sich wie in einem Traum, wollte aufwachen, doch es ging nicht. Dann endlich kam ein Arzt, ein hagerer, junger Kerl. Er schleppte ein kleines Notfallköfferchen mit sich. René hätte beinah losgelacht. Das konnte doch nicht sein Ernst sein.

»Wo ist denn die Patientin, liegt sie vor der Türe?«, erkundigte sich der Arzt.

»Sag mal, hast du sie noch alle?«, verlor René die Beherrschung. »Wir sind mit einem Rettungswagen hier, und das Mädchen da drin war schon so gut wie tot. Mein Kollege und eine Notärztin sind bei ihr und warten darauf, dass ihr hier mal aus dem Quark kommt, also was ist jetzt?«

Der junge Arzt wurde blass. Er nestelte nervös an seiner Unterlippe. Schwieg. Hinter ihm kam eine weitere Ärztin mit festem Schritt den Gang entlang. Sie übernahm das Zepter.

»Was brauchen Sie denn?«, fragte sie ruhig. René spulte ein weiteres Mal ab, was Susanne ihm mit auf den Weg gegeben hatte. Die beiden Klinikärzte sahen sich an. Sie begannen miteinander zu diskutieren. Nun standen sie also zu viert vor der Pförtnerloge und vergeudeten eine Minute nach der anderen. »Sind wir nicht drauf eingestellt …«, »… ist ganz schlecht …«, »… keine Neurochirurgie …«, »… sind kein Traumazentrum …« waren die wichtigsten Satzbausteine, die René aus dem Gespräch herausfilterte.

»Okay Leute, sehe ich das richtig, dass wir hier falsch sind?«, wollte er die Entscheidungsfindung beschleunigen.

»Ja, ich fürchte schon«, nickte die Ärztin. »Das Mädchen ist hier einfach nicht optimal aufgehoben. Können Sie es nicht woanders hinbringen?«

Ohne ein Wort zu sagen, rannte René wieder nach draußen, stieg fluchend zurück in den Rettungswagen und überbrachte Frank und Susanne die Nachricht, die ihn vor Wut beben ließ. Sicher, Fehler konnten passieren, in der Hektik, in dem Chaos. Sie waren alle nur Menschen und mit der Situation überfordert. Aber sie hatten ihn mit einer Notfallpatientin in das falsche Krankenhaus gelotst. Das war nicht zu entschuldigen.

René versuchte, über Funk die Leitstelle zu erreichen. Keine Chance. Nun redeten wirklich alle wild durcheinander.

»Schau mal in den Ordner im Handschuhfach«, rief Frank von hinten. »Vielleicht ist da eine Telefonnummer von der Leitstelle drin.«

Hastig griff René nach der orangefarbenen Mappe. Er blätterte. Überflog jede Seite, so schnell er konnte. Nichts. Er fand die Nummer nicht. Das Beste, was ihm einfiel, war, die 112 zu wählen und sich über den Notruf verbinden zu lassen. Tatsächlich ging jemand ran und versprach, das Gespräch weiterzuleiten. Doch dann hing er in der Warteschleife. Die Leitung war hoffnungslos überlastet.

»Ich habe eine Idee«, rief Frank. »Scheiß auf die Leitstelle, wir fahren nach Krefeld. Da kennen wir uns aus. Da wissen wir, welche Klinik die richtige ist.«

»Ja, du hast recht. Drauf geschissen!«

»Dann Vollgas Jungs!«, willigte auch Susanne ein.

Doch in dem Moment, als René den Motor anlassen wollte, war es wieder da: das Geräusch, das er nicht mehr hören wollte. Nicht heute und am liebsten nie wieder. Der durchgehende Fiepton des EKGs. Kattys Herz blieb abermals stehen. Die Chance, sie in ein anderes Krankenhaus zu bringen, eines, in dem sie ihr bestmöglich hätten helfen können, war verspielt. Sie mussten hierbleiben. Denn jedes Krankenhaus war besser als ein Rettungswagen. Da waren sie sich einig.

Susanne übernahm erneut die Herzdruckmassage. Auch während Frank und René die Trage aus dem Wagen manövrierten, hörte sie nicht auf damit. Sie balancierte neben Katty her, hüpfte mit einem Satz aus dem Wagen und drückte sofort weiter. Sie rannten in das Krankenhaus. Mittlerweile stand ein Ärzteteam auf dem Flur. Es lief René, Frank, Susanne und der sterbenden Katty entgegen, übernahm die Patientin in Windeseile. Susanne fiel es sichtbar schwer, von dem Mädchen abzulassen. Sie wollte die Verantwortung für sein Leben nicht aus der Hand geben, aber sie musste. Während längst einer der Klinikärzte auf Kattys Brustkorb drückte, rannte sie noch einige Meter mit. Dann blieb sie stehen, stützte beide Hände auf ihre Oberschenkel und ließ den Kopf seufzend nach unten sinken.

Als sie sich zu Frank und René umdrehte, wirkten beide wie erstarrt. Sie standen mitten im Gang des Krankenhauses und rührten sich nicht. Ihre Gesichter waren eingefroren. Die Blicke fixierten das Ärzteteam, das um die Ecke verschwand. Mit Katty, dem Mädchen mit dem Schmetterlingstop und nur noch einem roten Ballerina. Dessen Freund es nicht retten konnte. Der selbst einen Fußabdruck im Gesicht hatte.

»Hoffentlich wird sie es schaffen«, dachte René. Der Fiepton des EKGs klingelte in seinen Ohren, obwohl er schon seit einer Weile nicht mehr zu hören war.

»Jupiter 64/10 für Jupiter 1, kommen!«
»Jupiter 64/10 hört.«
»Für euch da unten zur Kenntnis.
Die Musikwagen halten jetzt nicht mehr am
oberen Ende der Rampe, damit deren Musik
nicht unsere Lautsprecherdurchsagen übertönt.«
»Verstanden, Jupiter 1.
Was ist mit der Entfluchtung?«
»Alle Notausgänge an der Ost-, Süd- und
Westseite des Geländes sind jetzt geöffnet,
damit die Rampe gesperrt werden kann
und die Sanitäter da in Ruhe arbeiten können.«
»Verstanden. Das hätte man
vielleicht mal eher machen sollen.«
»Stimmt.«

21

EMMA

Jens saß im Satellitenübertragungswagen und beobachtete Emma auf den Monitoren. Ihre Unterlippe zitterte. Mit einer Hand umklammerte sie das Mikrofon. Die Knöchel ihrer Finger waren weiß. Daran erkannte er, dass sie feste zudrückte. Sie brauchte etwas, um sich festzuhalten. Als Techniker hatte er über die Jahre gelernt, die Zeichen richtig zu deuten und entsprechend zu reagieren. Er hatte schon häufig gesehen, wie Reporter das Blut aus ihren eigenen Fingern pressten, wenn sie Angst hatten, in den Abgrund einer Realität zu stürzen, die sie nicht ertragen konnten. Vor allem bei Reportern in Kriegs- und Krisengebieten war das zu beobachten. Jens hatte die schützenden Wände der »Fly away« um sich herum. Obwohl er mitten im Geschehen war, verfolgte er Emmas Berichte doch nur über Monitore. Beate versteckte sich hinter dem Sucher ihrer Kamera. Darin sah sie die Wirklichkeit in Schwarz-Weiß. Das gab ihr das Gefühl, einen Film zu sehen, und schaffte Distanz. Für Emma war das Mikrofon die letzte Barriere zwischen sich und der Katastrophe, ein Rettungsanker, den sie unter keinen Umständen verlieren wollte. Sie verkrampfte.

Jens wusste: Es wäre nicht gut, wenn sie so auf Sendung ginge. Um sich als Reporterin in die Tragödie einfühlen zu können und authentisch zu sein, müsste sie loslassen – wenigstens ein bisschen.

»Ich organisiere dir gleich einen Kaffee. Trinkst du ihn schwarz oder mit Milch und Zucker?«, lenkte er sie ab.

Sie war kurz irritiert. Warum fragte er das ausgerechnet jetzt?

»Mit Milch und Zucker.«

»Alles klar, kriegst du.«

»Danke.«

Emmas Griff löste sich. Ihre Handknöchel bekamen wieder Farbe. Zehn Sekunden später wollten die Moderatoren der WDR-Sondersendung von ihr wissen, ob sie neue Informationen habe. Sie hatte keine. Aber sie konnte wohl kaum »nein« antworten und wieder zurückgeben. Also fasste sie die Situation am Hauptbahnhof noch einmal zusammen, sprach über die Menschen, die hierher zurückkamen und nicht wussten, was los war. Über die vielen Rettungswagen, die sie auf der Autobahn gesehen hatte, und die Sanitäter, die sich am Stützpunkt gerade auf weitere Einsätze vorbereiteten. Wie in Trance redete sie, ohne sich selbst zuzuhören. Doch ihr Sprachzentrum arbeitete auch ohne ihr Bewusstsein einwandfrei. Emma funktionierte, fand intuitiv die richtigen Worte.

»Wir können nur hoffen, dass nicht noch mehr passiert, wenn jetzt alle Menschen gleichzeitig zum Bahnhof zurückkommen«, schloss sie. Die Moderatoren bedankten sich.

»Wir sind runter«, hörte sie auf ihrem Ohr. Also drückte sie Roman das Mikrofon in die Hand und eilte zum Wagen zurück. Jens kam ihr auf halber Strecke entgegen, sah zu ihr hinunter und versuchte zu lächeln. Seine Mundwinkel gehorchten ihm nicht, sie zuckten unentschieden.

»Darf ich dich mal in den Arm nehmen?«, fragte er.

Emma war überrascht. Obwohl sie ihn kaum kannte, konnte sie sich in diesem Moment nichts Schöneres vorstellen. Sie nickte. Jens schlang beide Arme um ihre Schultern. Mit sanftem Druck hielt er Emma fest. Sie lehnte den Kopf an seine Brust und atmete tief. Für einen Augenblick wich die Anspannung aus ihrem Körper. Sie fühlte sich sicher und geborgen. Es war eine freundschaftliche Umarmung, eine, die ausdrückte: *Wir schaffen das und wir stehen das heute gemeinsam durch, egal was kommt.* Das gab Emma Kraft. Und so standen zwei Menschen, die sich an diesem Tag zum ersten Mal getroffen hatten, vor dem Duisburger Hauptbahnhof und vergaßen für eine Weile alles um sich herum: die Polizisten und Sanitäter, die Absperrgitter und die vielen tausend Menschen, die dicht gedrängt dahinterstanden, ebenso wie die schmerzhafte Gewissheit, dass heute zehn Menschen auf der Loveparade gestorben waren. Sie hatten sich verschworen gegen das Übel dieses Tages.

Emma kam langsam zur Ruhe. Bis sie an Ben denken musste. Sie sah zu Jens auf.

»Hat sich jemand gemeldet? Toms Neffe oder die Polizei?«

»Angerufen hat niemand, aber ich glaube, du hast eine SMS bekommen.«

Es galt keine Zeit zu verlieren. Die beiden gingen zum Übertragungswagen. Jens reichte Emma ihr Handy. Sie klappte es auf und las: »Wir sind auf dem Gelände. Wo bist Du? Können wir zu Dir kommen? Gruß Ben«

Gott sei Dank! Emma war unendlich erleichtert. Es schien ihm gut zu gehen. Sie versuchte, ihn noch einmal anzurufen. Wieder nur die Mailbox. Das Handynetz im Bereich rund um die Rampe war komplett überlastet. Nur die Textnachrichten wurden durchgestellt. Also tippte sie.

»Wir stehen rechts vor dem Hauptbahnhof hinter der Polizeiabsperrung. Geht bitte kein Risiko ein, um zu uns zu kommen. Meidet Menschenmengen!!!« Die drei Ausrufezeichen waren ihr besonders wichtig. Sie hoffte, er hörte auf sie.

Beate stand neben Emma und legte ihr die Hand beruhigend auf die Schulter. »Mach dir keine Sorgen, der schafft das schon. Das Schlimmste ist sicher vorbei. Wenn es einmal so viele Tote gegeben hat, dann ist es sehr unwahrscheinlich, dass noch mal was passiert.«

Emma seufzte. »Hoffentlich hast du recht.« Trotzdem fühlte sie sich verantwortlich. Er war der Sohn von Toms Bruder, und sie war die Einzige, die in der Nähe war und ihm helfen konnte.

Beate analysierte die Lage emotionslos. »Du kannst nichts machen. Du findest ihn eh nicht in dem Chaos. Er wird uns finden. Und dann bleibt er hier, hinter der Absperrung, in Sicherheit.«

Emma versuchte, sich zu beruhigen. Angst zu haben half ihr jetzt nicht weiter. Ben war so gut wie erwachsen, sportlich und nicht auf den Kopf gefallen. Er würde schon klarkommen.

Das Telefon in ihrer Hand leuchtete, vibrierte, und durch den Lärm der Umgebung kämpfte sich ein schriller Klingelton. Robert van der Sand war dran. Er gab ihr durch, dass die Fluchtgitter auf dem Veranstaltungsgelände nun geöffnet seien.

»Wir werden die Loveparade aber nicht abbrechen. Das können wir nicht verantworten. Wenn die Musik jetzt ausgeht, dann wollen alle gleichzeitig nach Hause. Der Bahnhof ist dafür nicht ausgelegt. Dann haben wir bald noch mehr Tote.«

Das klang ebenso beängstigend wie einleuchtend.

Wenig später war Emma wieder live auf Sendung. Hinter den Moderatoren, die mitten auf dem Gelände standen, hatte jemand Bastmatten aufgehängt. So waren im Hintergrund keine fröhlichen, feiernden Menschen mehr zu sehen. Nur wenn einer der Floats hinter ihnen vorbeifuhr, erahnte man die Tänzer, weil der Sichtschutz nicht hoch genug war.

In Emmas Rücken standen Polizeibeamte. Sie hielten die Bauzäune fest, gegen die von der anderen Seite immer mehr Menschen drückten. Emma bekam davon nichts mit. Sie blickte konsequent nach vorne in die Kamera und erzählte, was sie wusste. Doch als Fernsehzuschauer konnte man sich durchaus Sorgen um die Reporterin machen. Ihr Standort sah nicht sicher aus.

Und genau das war der Grund, warum Emmas Handy mitten in ihrer Liveschalte klingelte. Es lag bei Jens im Wagen. Obwohl er sich eigentlich auf Emma und das Bild der Kamera konzentrieren musste, genug damit zu tun hatte, im richtigen Moment die richtigen Knöpfe zu drücken, und er vor Schreck zusammenzuckte, als der Klingelton die trügerische Ruhe im Inneren der »Fly away« durchbrach, ging er dran. Er hatte es ihr versprochen.

»Hallo?«

»Hallo, wer ist denn da? Geht es meiner Tochter gut?«

Die Stimme am Telefon bebte. Emmas Mutter war dran. Sie hatte gerade den Fernseher eingeschaltet, mitbekommen, dass es zehn Tote gab, und war außer sich vor Sorge. In ihrer Wahrnehmung schien es, als könnten die Absperrgitter hinter ihrer Tochter jeden Moment von einem wild gewordenen Mob niedergedrückt werden. Jens versuchte, sie zu beruhigen. Emma gehe es gut, die Situation am Hauptbahnhof sei unter Kontrolle. Ganz sicher war er sich zwar nicht, aber im Notfall könnten sie sich in den Wagen zurückziehen und die Türen verriegeln. Er hatte diese Option schon mal durchgesponnen und für gut befunden. Mit Argusaugen hielt er die Lage im Blick. Sollte es kritisch werden, würde er sofort reagieren und Emma, Beate und Roman in den Wagen zerren. Natürlich sagte er Emmas Mutter nicht, dass er einen Notfallplan hatte. Er tat so, als wäre keiner nötig.

Ihr war es nun unangenehm, mitten in der Liveübertragung angerufen zu haben. »Bitte entschuldigen Sie die Störung. Aber als ich gehört habe, dass es Tote gibt, habe ich sofort zum Hörer gegriffen. Ich dachte, es geht eh die Mailbox dran und ich kann eine Nachricht hinterlassen.«

»Kein Problem, Frau Weber. Ich richte Ihrer Tochter aus, dass Sie angerufen haben.«

»Vielen Dank! Und passen Sie gut auf sie auf, ja?«

»Natürlich.«

»Geben Sie mir Ihr Wort?«

»Ja, Sie haben mein Wort.«

»Gut, ich danke Ihnen.«

Nach der Schalte rief Emma ihre Mutter zurück. Sie klang aufgewühlt.

»Weißt du, was genau passiert ist?«, fragte sie.

»Nein, ich habe keine Ahnung.«

»Gut, dass du dieses Mal arbeiten musstest. Sonst hättest *du* es sein können«, brach es aus ihr heraus.

»Ja, ich weiß, da habe ich auch schon drüber nachgedacht.«

Emma versprach, auf sich achtzugeben. Dann verabschiedete sie sich von ihrer Mutter. Kurz darauf bekam sie einen Anruf von der Redaktion. Stephan war dran. Er klang immer noch angespannt, aber die Sorge in seiner Stimme war einer konzentrierten Geschäftigkeit gewichen. Mittlerweile hatte er seine Söhne erreicht. Sie waren zwar noch irgendwo auf dem Gelände, aber es ging ihnen gut. Emma fiel ein Stein vom Herzen. Sie war dankbar für jede gute Nachricht.

Das nächste Mal sollte sie in etwa zehn Minuten in die Aktuelle Stunde geschaltet werden, sagte Stephan ihr. Das war nicht mehr viel Zeit, um sich vorzubereiten. Wo könnte sie auf die Schnelle noch weitere Informationen herbekommen? Sie grübelte und sah sich um. An der Absperrung stand ein Polizist. Er sah sympathisch aus und erinnerte sie ein wenig an Tom, ihren Verlobten. Einen Versuch war es wert: Sie trat an die Absperrung und sprach ihn an. Das war kühn, denn natürlich durften die Einsatzkräfte einer Reporterin keine Auskünfte geben. Dafür war der Pressesprecher zuständig. Sie verwickelte den Beamten in ein Gespräch. Schlimm sei das alles. Das fand er auch. Ob er sich Sorgen um die Sicherheit am Hauptbahnhof mache? Ja, durchaus. Er hoffe, dass die nicht auf die Idee kämen, die Musik auszumachen. »Dann stürmen die uns den Bahnhof, dann kann ich für nichts mehr garantieren«, sagte er.

»Können Sie sich einen Reim darauf machen, wie es zu der Panik gekommen ist?«

»Nein, so richtig nicht. Der Eingangsbereich war sehr eng, diese Rampe. Und die war wohl auch gleichzeitig der Hauptausgang. Vorher habe ich schon über den Funk gehört, dass die Absperrgitter zur A 59 eingerissen worden sind. Aber das haben Sie nicht von mir.«

»Alles klar, vielen Dank für Ihr Vertrauen.«

Immerhin ein Anhaltspunkt, das war besser als nichts. Vielleicht gab es einen Zusammenhang zwischen den eingerissenen Zäunen und der Massenpanik. Vielleicht auch nicht.

In der nächsten Liveschalte erzählte Emma, was sie in Erfahrung gebracht hatte, betonte immer wieder, dass es sich dabei um Informationen handele, die so noch nicht bestätigt seien. Die Moderatoren baten sie um eine Einschätzung. »Was ist da passiert? Was war die Ursache?«

Emma ruderte herum. Sie räumte ein, dass sie morgens noch geglaubt habe, alles sei entspannt. »Da war noch kaum was los, und ich dachte, alles geht gut. Vielleicht war auch der furchtbar lange Weg zum Gelände ein Problem«, spekulierte sie. »Die Leute wussten ja teilweise gar nicht, wo sie hinmussten, und sind in der Stadt herumgeirrt.« Beantworten konnte sie die Frage nicht. Es seien wohl einfach zu viele Menschen gewesen, was Besseres fiel ihr nicht ein. Und im Kern hatte sie recht.

Langsam wäre es wirklich gut, wenn sie ein paar Bilder hätte. Irgendetwas vom Unglück, zumindest aus der Nähe. Bilder, auf denen Rettungskräfte zu sehen waren oder eingerissene Zäune oder sonst was. Irgendwas, was nach Katastrophe aussah eben.

Wo blieben bloß Jonas und der Beleuchter? Wie hieß der überhaupt noch mal, der Beleuchter? Es war ihr peinlich, dass sie sich nicht mal seinen Namen gemerkt hatte. Als sie zurück am Wagen war, fragte sie Beate und Jens.

»Keine Ahnung, ich kenn den nicht«, sagte Beate.

»Marco, glaube ich, aber ich kenne ihn auch nicht«, schob Jens hinterher. Der vermeintliche Marco und Jonas waren nun schon über eine Stunde weg. Und wie nicht anders zu erwarten, waren sie über Handy nicht zu erreichen. Bei beiden meldete sich nur die Mailbox.

Jens machte sich Sorgen und Vorwürfe. Wie konnte er Jonas nur losschicken, ohne zu wissen, was ihn dort erwarten würde? Beate und Emma beruhigten ihn. Schließlich hatte niemand Jonas gezwungen. Er wollte gehen.

Noch während sie sprachen, erreichte sie ein unerwartetes Lebenszeichen.

Eine Frau stürmte auf das Team zu. Sie trug eine neongelbe Warnweste, auf der groß der Schriftzug »PRESSE« prangte, und wedelte mit einer Disc in der Luft herum.

»Ich muss ganz dringend Material an die Sondersendung überspielen und einen Beitrag schneiden!«, rief sie ihnen aufgeregt entgegen. Jens beäugte sie skeptisch.

»Mal langsam. Wer sind Sie überhaupt?«

»Lea Rottenbach, Studio Duisburg.« Sie war eine von Emmas Kolleginnen. Während sie sprach, griff sie sich immer wieder nervös ins krause Haar. »Ich war unten am Tunnel und habe da zufällig ein WDR-Kamerateam getroffen. Mit dem habe ich einen O-Ton mit einer Augenzeugin gemacht.«

»Das waren bestimmt Jonas und Marco. Geht es ihnen gut?«, fragte Emma.

»Ja, die drehen noch, ich bin schon mal losgelaufen mit der Disc.«

»Super, kann ich den O-Ton für meine nächste Schalte verwenden?«

»Ja, klar! Gerne.«

Emma und Lea stiegen zu Jens in den Wagen. Der zog die Schiebetür mit einem Ruck hinter ihnen zu. Dann legte er die Disc in den Player. Der Computer begann das Material hochzuladen. Emma saß links neben Jens und starrte auf die Monitore. Sie konnte kaum erwarten, die Bilder zu sehen, hoffte darauf, Hinweise zu entdecken, was passiert war. Der Balken auf dem Bildschirm, der den Kopierfortschritt anzeigte, gab eine Wartezeit von zehn Minuten an.

Die Reporterin in der Warnweste saß hinter den beiden. Emma drehte sich zu ihr um.

»Und was hat die Augenzeugin gesagt?«

»Da sind wohl welche eine Treppe hochgeklettert zum Veranstaltungsgelände und dann oben von der Mauer runtergefallen – auf die anderen, die unten standen«, erzählte Lea. »Aber ob das stimmt – keine Ahnung. Da war einfach ein riesiges Chaos.«

Jemand hämmerte gegen die Wagentür.

»Hey Emma, da will so ’n Typ zu dir«, rief Roman.

Wer konnte das sein? Jemand von der Polizei vielleicht? Sie riss die Tür auf. Der ungleichmäßige Pegel Tausender durcheinandersprechender Menschen schlug ihr entgegen.

»Wo denn? Wer denn?«

»Dahinten, der diskutiert mit der Polizei und will durch die Absperrung zu dir.« Roman zeigte auf zwei Polizeibeamte, die mit dem Rücken zu ihnen standen. Mit den breiten Schultern ihrer

Schutzkleidung verdeckten sie denjenigen, mit dem sie sprachen. Emma stand in der Tür des Wagens und reckte den Hals. Sie versuchte, etwas zu erkennen. Keine Chance. Also lief sie los.

Als sie näher gekommen war, sah sie die blonden Haare eines jungen Mannes. Dann sein Gesicht. Ben! Toms Neffe hatte es geschafft. Er hatte sich zu ihr durchgeschlagen.

»Da! Das ist die Freundin meines Onkels!«, rief er aufgeregt und zeigte auf Emma.

»Er hat recht, können Sie ihn bitte zu uns durchlassen?« Emma sah den Polizeibeamten an und riss die Augen dabei ein wenig weiter auf als gewöhnlich. Sie wollte charmant aussehen und versuchte zu lächeln, auch wenn ihr nicht danach zumute war.

Der große, massige Mann mit der blassen Haut sah Emma prüfend an. Dann musterte er Ben. Der 17-Jährige trug ein adrettes, hellblaues Polohemd, Jeans, weiße Sneakers und wirkte nüchtern.

»Er macht keinen Ärger, er bleibt hier bei uns, und ich nehme ihn später mit nach Hause«, wollte Emma die augenscheinlichen Bedenken des Polizisten zerstreuen.

Der Beamte überlegte. Dann packte er das Gitter und zog es aus der steinernen Verankerung am Boden. Ben fiel Emma in die Arme. Sie spürte den tonnenschweren Ballast der Ungewissheit von sich abfallen.

»Gott sei Dank! Geht es dir gut?«

»Ja, alles okay.«

Hinter Ben stand ein Junge mit rötlichem Haar und zarten Sommersprossen. Er hatte die Hände in den Taschen seiner weißen Caprihose vergraben und guckte verunsichert.

»Gehört der auch zu Ihnen?«, fragte der Polizist mit strenger Miene.

»Ja, das ist mein Kumpel Kai«, antwortete Ben, obwohl der Beamte eindeutig Emma angesprochen hatte.

»Na schön, dann du auch noch«, brummte der Polizist.

Kai schob sich durch den schmalen Spalt in der Absperrung. Emma bedankte sich bei dem Beamten. Sein Gesicht blieb ausdruckslos.

»Kommt erst mal mit zum Übertragungswagen. Da haben wir Wasser. Ihr wollt doch sicher was trinken?«

Sie ging zwischen die beiden Jungs und legte ihnen im Laufen die Arme schützend um die Schultern.

»Ja, gerne.« Kai lächelte.

Auf dem Weg zum Wagen wandte sich Emma Ben zu.

»Was habt ihr denn überhaupt mitbekommen?«

»Nicht viel. Nur dass es Tote gegeben hat.«

»Das stimmt. Zehn, wohl bei einer Massenpanik. Von der Panik habt ihr nichts mitgekriegt?«

»Nein, es war nur überall total eng. Man konnte sich kaum bewegen. Irgendwann haben wir Sirenen gehört und einen Hubschrauber gesehen. Jemand hat was von Toten gesagt, der hatte wohl eine SMS von seiner Mutter bekommen.«

»Aber ihr seid nicht verletzt?«

»Nein, uns geht es gut. Ehrlich.«

»Okay.«

Jens reichte den beiden Jungs eine Flasche Wasser aus dem Wagen. Dankbar tranken sie. Dann erklärte ihnen Emma, dass sie nicht viel Zeit habe, sich um sie zu kümmern. Leider müsse sie wohl noch lange arbeiten. Ben zuckte mit den Schultern.

»Kein Problem, wir setzen uns da hin und warten, bis du fertig bist.« Er zeigte auf die leere Sitzbank der Reisebushaltestelle. »Wir stören dich auch nicht, versprochen. Du fährst uns doch später nach Hause, oder?«

»Natürlich fahre ich euch nach Hause. Was für eine Frage. Und wenn ihr was braucht, dann meldet euch, okay?«

»Machen wir.«

Mit gesenkten Köpfen schlurften sie Richtung Bushaltestelle. So kannte Emma Ben nicht. Normalerweise war er aufmüpfig, laut, hielt sich von Erwachsenen so fern wie möglich und zog sein eigenes Ding durch – das klassische Verhalten eines Teenagers eben. Doch jetzt schien er ängstlich, beinah verstört, und er war ganz offensichtlich froh, in ihrer Nähe zu sein.

Während Emma weiter in regelmäßigen Abständen auf Sendung ging, saßen Ben und Kai im Häuschen der Bushaltestelle und warteten geduldig. Sie sprachen wenig. Kein einziges Mal fragten sie, wie lange es noch dauere.

Jens rief aus dem Wagen nach Emma.

»Sieh dir das an! Scheiße, das ist übel!«

Er schüttelte apathisch den Kopf.

»Was ist denn los?«

»Die Aktuelle Stunde hat das Laufband geändert, das sie unten eingeblendet haben.«

»Und?«

»Die haben gerade aus der Zehn eine 15 gemacht. Jetzt sind es 15 Tote.«

»Jupiter 1 für Jupiter 12, kommen!«
»Hier Jupiter 1.«
»Krrrschhh … die ersten Floats haben
die Musik abgestellt und … krschhhh …
nicht … krschhh … weiterfahren.
Die machen darauf aufmerksam,
dass es 15 Tote gegeben hat.«
»Du bist schlecht zu verstehen.
Habe ich richtig verstanden,
dass die Floats stehen geblieben sind?«
»Ja, das ist richtig.
Einige haben die Musik abgestellt.
Die anderen fahren nur noch
unter Protest weiter.«
»Jupiter 1 hat verstanden.«

22

TIM

Was war das nur für ein entsetzlicher Alptraum? Es konnte nur ein Alptraum sein. Tim stand mitten auf der Rampe zum Loveparade-Gelände und sah, wie seine Freundin, angeschlossen an Maschinen, auf einer Trage davongeschoben wurde. Aufwachen! Los! Wach auf! Er drehte sich im Kreis. Überall lagen Menschen auf dem Boden. Einige wurden wiederbelebt. Andere waren tot. Ganz eindeutig. Ihre Gesichter waren blau, die Münder weit aufgerissen. Was für ein grauenhafter Anblick.

Es roch nach Urin und Schweiß. Ein beißender Gestank.

Ein Mädchen mit Rastazöpfen saß auf dem Kopfsteinpflaster und weinte. Ihr Gesicht, ihre Arme, ihre Hände, alles war überzogen mit einer pulverigen, schwarzen Schicht – wie Ruß, der sich über ihren ganzen Körper gelegt hatte. Ein junger Mann hielt sie fest und redete beruhigend auf sie ein. Daneben hockte ein Sanitäter und maß ihren Blutdruck.

Tims Kurzzeitgedächtnis sendete ein schwarzes Nichts. Wo war er? Wie war er hier hingekommen? Und mit wem war er hier? Blackout. Noch nie in seinem Leben hatte er sich so verloren gefühlt; nicht einmal nach dem Tod seines Vaters.

Er hatte Schmerzen. Sein Gesicht tat weh. Er tastete sein Jochbein entlang. Die Haut schien gespannt und geschwollen. Die Wangen fühlten sich an wie ein einziger großer Bluterguss. Tims Beine waren schwer, seine Muskulatur rebellierte, als wäre er gerade einen Marathon gelaufen. Und seine Füße – was war nur los mit seinen Füßen? Kleine, kantige Steine bohrten sich in seine Fußsohlen. Er sah an sich hinunter. Wo waren seine Schuhe? Die Füße waren schwarz. Im Nagelbett eines Zehs war ein dünner Faden Blut geronnen. Ihm war schwindelig, er taumelte. Der Rucksack, den er immer noch auf dem Rücken trug, schien mit Ziegelsteinen gefüllt zu sein.

»Gehen Sie bitte mal beiseite!«

Ein Polizist stand neben ihm, drückte gegen seine Schulter und schob ihn grob nach hinten. Tim war verwirrt. Wo sollte er denn hin? Er klammerte sich an die kleine, schwarze Umhängetasche, die er in der Hand hielt, umarmte sie, wie einen Menschen. Das war alles, was er noch von Katty hatte. Er müsste seine Schuhe finden. Wo waren seine verdammten Schuhe?

Vorsichtig balancierte er zwischen den Toten und Verletzten entlang und hielt Ausschau nach seinen schwarzen Sneakers. Beinahe wäre er über ein Mädchen gestolpert. Es lag direkt vor der Treppe und trug eine Blumenkette um den Hals. Ein Träger ihres Tops war gerissen. Strähnen ihres blonden Haares lugten unter dem Tuch hervor, das jemand über ihren Kopf gelegt hatte. Um sie herum lagen Schuhe. So viele Schuhe. Flip-Flops, Ballerinas, Turnschuhe in allen Farben und Größen, außerdem kaputte Sonnenbrillen, Kleidungsstücke, die Überreste einer blauen Federboa und Unmengen von platt getretenen Plastikflaschen und Getränkedosen. Die meisten Schuhe gruppierten sich auf einem Absperrgitter, das auf dem Boden lag und dessen Streben weit auseinandergebogen waren. Es hatte eine Delle in der Mitte, als hätte King Kong mit seiner riesigen Faust dagegengeschlagen.

Da, genau in der Mitte. Das könnte einer seiner Schuhe sein. Und einen Meter weiter der zweite.

Tim trat auf das Gitter. Die dünnen Stahlstreben drückten sich schmerzhaft in seine Sohlen. Dann griff er nach seinen Schuhen, nahm beide an den Schnürsenkeln in die Hand und torkelte die Rampe hoch. Etwa auf halber Strecke setzte er sich auf den Boden, lehnte sich an eine Mauer, schlüpfte in die Sneakers und versuchte, eine Schleife zu binden. Seine Hände zitterten. Es wollte ihm nicht gelingen.

Nach vier oder fünf Versuchen gab er auf und steckte die Enden rechts und links in die Schuhe. Dann ließ er den Kopf nach hinten an die Mauer sinken. Er sah nach oben. Über ihm standen Menschen an der Brüstung und guckten bestürzt zu ihm herab. Der Himmel war blau, einzig ein paar Schleierwolken und der Kondensstreifen eines Flugzeuges zerstörten die Makellosigkeit. Tim schloss die Augen. Er war so müde, so unendlich müde. Die Erinnerungen kehrten zurück. Sie flirrten durch seinen Kopf. Er wollte nicht glauben, dass sie real waren, wünschte sich so sehr, dass er Katty gleich wieder treffen würde und sie nur kurz weggegangen war, um etwas zu trinken zu organisieren. Doch das war nur ein Wunsch, nicht mehr als ein Wunsch. Er versuchte, an etwas anderes zu denken, die Zeit innerlich zurückzudrehen. Was wäre gewesen, wenn sie an dem Musikwagen auf halber Strecke stehen geblieben wären? Oder noch weiter zurück: Wenn er Katty schon vor Wochen, ach, vor Monaten gesagt hätte, dass er sich nichts sehnlicher wünschte, als mit ihr zusammen zu sein? In dieser Realität wären sie vielleicht gar nicht hier gewesen. Vielleicht hätten sie die Ferien genutzt, um ihre erste gemeinsame Motorradtour zu unternehmen. Was war er nur für ein Idiot! Was für ein saublöder Idiot!

Tim hatte Kopfschmerzen, sein Schädel brummte. Wie lange er im Grabenkampf seiner Gedanken verharrte, er wusste es nicht. Irgendwann stand er wieder auf und ging weiter die Rampe hoch. Er fühlte den Wind auf seiner Haut und die wärmenden Sonnenstrahlen. Die Bässe der Musikwagen schallten ihm entgegen. Je höher er kam, desto lauter wurden sie. Hinzu mischten sich die Melodie und das Lachen, Johlen, Jauchzen Tausender Menschen. Eine Komposition der Freude und des Glücks. In Tims Kehle steckte ein Schrei. Er schluckte ihn herunter und spürte, wie es ihn in seinem Innersten zerriss.

In der Tasche seiner Jeans vibrierte es. Sein Handy. Nervös fingerte er es heraus. »Steffen« stand auf dem Display. Tim ging ran und sagte kein Wort.

»Tim? Bin ich froh, dass ich dich erreiche! Geht es dir gut? Wo bist du?«

Steffen klang aufgeregt und besorgt.

»Tim?«

»Ja, ich bin dran.«

»Alles in Ordnung?«

Tim suchte nach Worten. Er fand keine. Nichts war in Ordnung. Gar nichts.

»Katty …«

»Was ist mit Katty?«

»Ich weiß nicht.«

»Alter, wo bist du?«

»Ich komme gerade die Rampe hoch. Ich bin jetzt da. Ich bin auf der Loveparade.« Er klang wie berauscht.

»Okay, bleib, wo du bist! Wir sind gleich bei dir.«

Steffen legte auf, und Tim leistete Folge. Er blieb stehen und wartete. Vor ihm lag die Ruine des alten Güterbahnhofs. Er sah auf eine Bühne mit flackernden Lichtern. Drum herum tanzte die Menge. Ein Musiktruck fuhr einige Meter entfernt vorbei. Er blickte in die Gesichter der Tänzer. Sie sahen unbeschwert aus. Es war, als wäre das alles nie passiert. Nur der Hubschrauber, der über dem Gelände kreiste, und die Sirenen der Rettungswagen, die sich in den Rhythmus der Techno-Musik beinah so einfügten, als gehörten sie dazu, ließen erahnen, dass irgendwo anders nicht gelacht und gefeiert wurde. Niemand schien zu wissen, was er durchgemacht hatte, sonst hätten sie doch nicht einfach weitertanzen können. Völlig unmöglich. Das hier oben war eine andere Welt, ein Paralleluniversum. Er hatte die Hölle gesehen oder zumindest einen Ausschnitt daraus. Er wusste jetzt, wie es war, Todesangst zu haben, und wie es sich anfühlte, den Menschen, den man liebt, nicht retten zu können. Hilflos zusehen zu müssen, wie er einem wie Sand durch die Finger glitt.

Plötzlich packte ihn jemand am Arm, zog ihn aus seinen Gedanken und umarmte ihn.

»Mensch, bin ich froh, dich zu sehen!« Es war Steffen. Er sah unversehrt aus. Nur seine Schuhe waren mit einer dicken grauen Staubschicht bedeckt. Neben ihm standen Daniel und Verena. Daniels weißes Muskelshirt war grau und hatte unter den Armen und am Ausschnitt dicke, gelbe Ränder. Verenas Netzstrümpfe waren an mehreren Stellen zerrissen. Sie sah erschöpft aus, hatte sich bei Daniel eingehakt und lehnte mit dem Kopf auf seiner Schulter.

»Wo ist Katty?«, fragte Steffen.

Tim sah schuldbewusst auf den Boden. Dann hielt er ihre Handtasche nach oben.

»Was soll das heißen?«

»Sie ist im Krankenhaus, nehme ich an.«

»Ist es ernst?« fragte Verena.

»Ja, ich denke schon.« Er stockte. »Sie mussten sie wiederbeleben«, nuschelte er so leise, dass sie ihn durch die laute Musik nicht verstanden.

»Was?«, brüllte Daniel.

»Verdammte Scheiße, sie war tot, Mann! Die haben sie wiederbelebt!« Tim konnte die Tränen nicht mehr zurückhalten. Er senkte den Kopf und wimmerte. Steffen, Verena und Daniel umarmten ihn. Alle drei gleichzeitig.

»Oh mein Gott, das ist echt übel«, flüsterte Verena ihm ins Ohr.

»Es ist nicht deine Schuld«, sagte Steffen. Er klopfte ihm sanft auf den Rücken.

Tief in sich wusste Tim, dass sein bester Freund recht hatte. Trotzdem machte er sich Vorwürfe. Nicht nur, dass er ihr nicht helfen konnte, er hatte in all dem Chaos nicht mal gefragt, ob er im Rettungswagen mitfahren dürfe. Was war nur los mit ihm? Aber vielleicht würde ja alles gut werden. Bestimmt würde Katty es schaffen. Er musste daran glauben.

»Wo sind Janek und Ines?«

»Beide im Krankenhaus«, antwortete Steffen. »Ines hatte einen Kreislaufkollaps oder so was. Sie war jedenfalls ohnmächtig. Als die Sanitäter sich um sie gekümmert haben, ist sie aber kurz wieder wach geworden. Ich denke, das ist ein gutes Zeichen«, erzählte er.

»Und Janek?«

»Der hatte tierische Schmerzen am Oberkörper. Die müssen checken, ob er innere Verletzungen hat. Und sein Bein ist merkwürdig verdreht worden. Der konnte kaum noch auftreten. Ist vielleicht gebrochen.«

»Oh Mann. Und jetzt?«, fragte Tim.

»Keine Ahnung. Wir sollten wohl zusehen, dass wir nach Hause kommen, ich hab jedenfalls keinen Bock mehr. Ich ertrag das hier nicht und will nur noch schlafen«, sagte Steffen.

Er, Verena und Daniel hatten Glück gehabt. Durch die Wellenbewegungen der Massen waren sie irgendwann nach außen geschwemmt worden, in einen Bereich, in dem sie wieder Luft bekamen. Steffen hatte Ines in der Menge stecken sehen, konnte sie erreichen und seitlich herausziehen. Daniel hatte Janek geholfen. Danach suchten sie Katty und Tim, doch sie konnten sie nicht sehen. Der wabernde Menschenhaufen hatte sie verschlungen.

Von sieben jungen Menschen, die sich am Mittag gemeinsam auf den Weg gemacht hatten, waren nur vier auf der Liebesparade angekommen.

Tim begriff es nicht: Auf dem Gelände war überall Platz. Es war nicht eng. Da waren jede Menge Lücken. Wie konnte das sein?

Er wollte jetzt hier weg. Weg von alledem. Nach Hause. Nur nicht durch den Tunnel. Auf keinen Fall wieder über die Rampe und durch den Tunnel. Und auch nicht an der Bühne vorbei. Da war es zu eng. Viel zu eng.

Also gingen sie in die andere Richtung, links an dem alten Bahnhofsgebäude vorbei, parallel zur A 59. Auf der leeren Autobahn stand ein Rettungswagen hinter dem anderen. Sanitäter bauten Zelte auf, um die Verletzten direkt vor Ort behandeln zu können.

Irgendwann kamen sie zum nördlichen Ende des Geländes und fanden ein geöffnetes Gitter. Sie waren orientierungslos, wussten nicht, wo sie langmussten, irrten mit Tausenden anderen durch die Straßen.

An einer Kreuzung wurden sie von Polizeibeamten aufgehalten, die ihnen sagten, dass sie nicht mehr zur Party gehen könnten. Die Veranstaltung sei geschlossen. Ob sie so aussähen, als ob sie noch Bock auf Party hätten, fragte Steffen ungehalten. Die Beamten schienen zu kapieren. Einer erklärte ihnen den Weg zum Hauptbahnhof.

Unterwegs telefonierte Verena mit ihrer Mutter und Ines' Vater. Das Handynetz schien einigermaßen stabil. Nur einmal wurde das Gespräch unterbrochen. Auch Steffen und Daniel riefen ihre Eltern an, sagten ihnen, dass es ihnen gut gehe.

»Hey Tim, willst du nicht auch jemanden anrufen?«, fragte Steffen.

Von Wollen konnte keine Rede sein, aber er *musste* jemanden anrufen: Kattys Eltern.

Er hielt das Handy in der Hand und starrte immer wieder darauf. Fünf Anrufe in Abwesenheit. Seine Schwester hatte versucht, ihn zu erreichen. Bestimmt machte sie sich Sorgen. Aber er konnte jetzt nicht mit ihr reden. Nur ein Gedanke beschäftigte ihn: Was sollte er Kattys Eltern sagen? Wie sollte er ihnen erklären, was mit ihrer Tochter passiert war? Welche Worte waren die richtigen? Er musste sie anrufen, so schnell wie möglich.

Als er sich gerade ein Herz gefasst hatte, fiel ihm ein, dass die Nummer von Kattys Eltern nicht in seinem Telefon gespeichert war. In seinen Kontakten hatte er nur Kattys Handynummer. Verdammt.

»Hat einer die Festnetznummer von den Telgtes?«

Keiner hatte sie.

Steffen zeigte auf Kattys schwarze Umhängetasche, die Tim unterm Arm hielt. »Was ist damit?« Natürlich. Da war ihr Handy drin, und darin war sicher auch die Nummer ihrer Eltern gespeichert.

Tim öffnete Kattys Tasche und wühlte hektisch darin herum. Zuerst griff er nach Puderdose und Digitalkamera, dann hatte er ihr Telefon erwischt. 13 Anrufe in Abwesenheit, alle von »zu Hause«. Das musste die Nummer ihrer Eltern sein. Tim rief zurück.

Ihre Mutter ging ran. »Katty? Gott sei Dank!« Sie klang so glücklich.

»Nein, Frau Telgte, es tut mir leid, hier ist Tim.«

Ohrenbetäubende Stille.

Dann hörte Tim, wie Frau Telgte nach Luft schnappte. Mit brüchiger Stimme stellte sie fest: »Aber … du rufst mit Kattys Telefon an. Was ist mit meiner Tochter?«

»Sie … sie ist im Krankenhaus. Es geht ihr nicht gut.«

Bettina Telgte fing augenblicklich an zu weinen.

»Oh mein Gott. Ich wusste es. Ich hab es gespürt. Ich wusste es. Was ist mit ihr? Wo ist sie? Bitte, Tim, sag mir, dass alles gut ist.«

»Ich weiß nicht, wo sie ist, die haben sie in irgendein Krankenhaus gebracht. In welches, weiß ich nicht.«

»Ist es ernst? Sag schon. Wie schlimm ist es?« Sie wurde lauter, klang hysterisch. Im Hintergrund redete ihr Mann beruhigend auf sie ein.

»Es ist ziemlich ernst, glaube ich.«

»Was heißt das, Tim? Verdammt, nun sag es mir schon!«

»Sie …« Er brachte es nicht über die Lippen. Er holte tief Luft, dann setzte er erneut an: »Sie musste wiederbelebt werden.«

Tim hörte einen Schrei, dann das Geräusch, wie das Telefon auf den Boden fiel, und ein markerschütterndes Schluchzen. Er wusste nicht, was er tun sollte, also blieb er in der Leitung und wartete. Bettina Telgte weinte so bitterlich, wie er noch nie jemanden hatte weinen hören. Ihr Mann sagte immer wieder: »Alles wird gut, es wird bestimmt alles gut.« Dann hob er das Telefon auf.

»Tim, wo finden wir Katty?«

»Ich weiß es nicht, Herr Telgte, sie ist in irgendeinem Krankenhaus hier in Duisburg.«

»Okay, danke für den Anruf.«

Er legte auf.

Tim wurde übel. Sein Magen randalierte. Er hatte das Gefühl, er müsste sich übergeben. Würgte. Nichts kam.

Steffen legte den Arm um seine Schultern. »Sie packt das schon.«

Nach fünfzehn Minuten hatten sie es zurück zum Hauptbahnhof geschafft. Tim rief seine Schwester an. Sie weinte vor Erleichterung.

Während die Menschen zu Hause durch Radio und Fernsehen von der Katastrophe erfahren hatten, wussten die meisten Raver immer noch nicht, was los war. Viele beschwerten sich über die schlechte Organisation und dass alle Zuwege gesperrt seien. »Da ist kein Durchkommen mehr, das kannste knicken. Die Loveparade in Duisburg ist echt voll zum Abgewöhnen«, nölte ein Mädchen.

Überall war Polizei. Über die Lautsprecheranlagen der Streifenwagen schallte immer wieder die gleiche Durchsage: »Bitte gehen Sie langsam! Bewahren Sie Ruhe!« Es wurde schon wieder enger. Stück für Stück rückten sie dichter zusammen und weiter auf das Bahnhofsgebäude zu. Steffen sah sich nervös um. Verena fing an zu schwitzen, atmete schneller.

Daniel stoppte. »Das kannst du vergessen, ich stell mich da nicht rein«, entschied er. Er hatte recht, das mussten sie sich nicht antun. Nicht nach alledem.

Sie traten den Rückzug an, gingen bis zu einer Straßenecke, an der sie nicht mehr so dicht gedrängt standen. Wie kamen sie bloß nach Hause? Verenas Eltern hatten angeboten, sie und ihre Freunde irgendwo abzuholen, aber sie wussten nicht wo. Alle Straßen waren gesperrt, ebenso die Autobahn. Wo sollten sie langfahren? Wo sich treffen?

Dann wieder eine Durchsage der Polizei, dieses Mal mit anderem Inhalt: Auf der Ost-Seite des Bahnhofs gebe es Busse nach Düsseldorf, Mülheim und Essen. Wenn sie es einmal dorthin geschafft hätten, wäre es vielleicht leichter. In Essen könnten sie sich von ihren Eltern abholen lassen.

Der Plan ging auf. Sie schafften es, sich auf die andere Seite des Bahnhofs durchzuschlagen, links um das Gebäude herum. Eigentlich durfte man in diese Richtung nicht gehen, aber sie taten es einfach, und niemand hielt sie auf. Dort warteten sie eine gute Stunde, bis sie einen Moment ohne Gedränge abpassen konnten, und stiegen in einen der großen Reisebusse. Er war voll, aber sie waren die Ersten im Bus und ergatterten Sitzplätze.

Die Fahrt glich einer Party. Wer jetzt unverrichteter Dinge nach Hause fuhr, der wollte wenigstens im Bus feiern. Viele waren besoffen, grölten und sangen.

Tim fühlte sich wie im Wachkoma. Nachdem er einmal saß, war er unfähig, sich zu bewegen oder zu sprechen. Er nahm die Umgebung zwar wahr, aber wie durch einen Filter, der Geräusche und Bilder verblassen ließ. Erst als der Bus hielt, alle ausstiegen und Steffen ihn am Arm packte, um ihn hinter sich herzuschleifen, kehrte sein Bewusstsein vollständig in seinen Körper zurück.

In Essen erwartete sie Verenas Vater. Er saß in einem grauen VW Touran und sprang aus dem Auto, als er sie auf sich zukommen sah. Überschwänglich umarmte er seine Tochter, hielt ihren Kopf fest, küsste ihre Wangen und ihre Stirn.

»Kind, ich bin so froh, dass es dir gut geht.«

Dann umarmte er Steffen, Tim und Daniel.

Auf der Rückfahrt war es still im Auto. Nur Verenas Vater wollte von ihr wissen, was passiert sei.

»Ich bin müde, Papa. Ich erzähl dir später alles, ja?«

»In Ordnung, ruht euch erst mal aus.«

Sie fuhren über die Autobahn. Tim starrte aus dem Fenster. Das gleichmäßige Surren des Motors beruhigte ihn. Gerade musste die Sonne hinter der Erdkrümmung verschwunden sein. Das verbliebene Licht übermalte die Felder mit einem warmen, rotgoldenen Pinselstrich. Er musste an die Zugfahrt nach Duisburg denken. Wie glücklich sie waren. Wie sehr sie sich auf den Tag gefreut hatten. Vor gerade mal acht Stunden war das. Was hatte noch mal auf dem Aufkleber an der Fensterscheibe im Zug gestanden?

»Egon 30/82 für Egon 12/32!«
»Egon 30/82 hört.«
»Wir brauchen hier dringend weitere Kräfte am Tunnel Landfermannstraße, am Busbahnhof. Da befinden sich bereits Personen auf den Bussen.«
»Habe ich richtig verstanden, auf den Bussen?«
»Ja, korrekt. Da sind Leute nicht nur in den Bussen, sondern auch auf den Bussen. Brauchen dringend Unterstützung.«
»Verstanden.«

23

RENÉ

Gedanklich abwesend reinigte René die Trage, die er von einem Pfleger zurückbekommen hatte. Frank überprüfte die Geräte und legte im Rettungswagen alles für den nächsten Einsatz zurecht. Im Schockraum der Klinik war Katty umgelagert worden. Apparaturen des Krankenhauses hielten jetzt ihre Lebensfunktionen aufrecht.

Susanne war wieder bei ihr. Die Notärztin musste eine Übergabe machen, den behandelnden Kollegen sagen, was sie wusste, und protokollieren, welche Medikamente sie Katty bereits injiziert hatte. Frank und René hätten da nur im Weg gestanden. Also räumten sie den RTW auf, desinfizierten alles und warteten danach vor der Tür.

Immer wieder kamen einzelne Ärzte, Schwestern und Pfleger zu ihnen heraus und fragten, was passiert sei. »Wir wissen auch nicht mehr, als die im Fernsehen sagen«, schmetterte René die Fragen wie mit einem Schild ab. Er konnte immer noch nicht glauben, was er gesehen hatte, und wollte nicht darüber reden. Frank ging es offenbar ähnlich. Er sagte kein Wort und richtete den Blick in die Wipfel der Bäume. So als würde er dort die Antwort auf seine Fragen finden. Wie konnte das passieren? Warum hatte es niemand verhindert? Und wo war der Sinn? Warum musste so etwas überhaupt passieren? Es gab keine Antworten, nur das ungetrübte Zwitschern der Vögel.

Hinter Franks Ohr steckte immer noch die Zigarette, die er kurz vor dem Einsatz aus der Schachtel genommen hatte. Für nachher. Also jetzt. René zog sie hervor und hielt sie ihm hin.

»Hier, vielleicht hilft das.«

»Danke«, murmelte er, kramte sein Feuerzeug aus der Hosentasche und zündete die Zigarette an. Er zog so fest, dass die Glut hell aufleuchtete und die ersten Millimeter des Tabaks sofort wegbrannten. Frank zog noch einmal, atmete tief ein und hielt den Qualm in seinen Lungen fest. Dann atmete er langsam wieder aus. Seine Gesichtszüge entspannten sich, zumindest ein wenig.

»Weißt du was? Gib mir auch eine.«

»Du rauchst doch gar nicht.«

»Na und?«

»Wie du willst.«

Frank reichte René eine Kippe und gab ihm Feuer. Als er das erste Mal zog, hustete er leise. Beim zweiten Mal war es besser.

Susanne kam aus der gläsernen Eingangstür der Klinik. Die Haare hingen ihr strähnig ins Gesicht. Sie sah erschöpft aus.

»Und?«, fragte Frank.

»Keine Ahnung. Sie ist wieder einigermaßen stabil, aber ich bin nicht sicher, ob sie durchkommt.«

»Scheiße.«

»Wenn sie die Nacht übersteht, können wir hoffen.«

Sie standen noch eine Weile wortlos zusammen, dann stiegen sie in den Rettungswagen und fuhren zurück Richtung Veranstaltungsgelände. Susanne wollte, dass René und Frank sie dort rausließen. Die Kollegen könnten sie bei diesem »Massenanfall von Verletzten« sicher noch am Unfallort brauchen.

»Bist du sicher, dass du noch kannst?«, sorgte sich Frank. Er mochte sie.

»Ja, mir geht's gut.«

Er glaubte ihr nicht, aber er ließ sie gewähren. Sie war erwachsen, und er kannte sie kaum. Verbieten konnte er es ihr ohnehin nicht. An ihrer Stelle hätte er es nicht anders gemacht. Also setzten sie Susanne in der Nähe des Tunnels ab. Sie umarmte Frank, drückte ihn fest an sich. René schüttelte sie die Hand und legte ihm die andere freundschaftlich auf die Schulter. Dann ging sie auf den Tunnel zu und verschwand im bunten Treiben unzähliger Raver.

Frank und René mussten zurück zum Stützpunkt. Sie wollten sich wieder einsatzbereit melden, so schnell wie möglich. Bloß nicht zu lange nachdenken. Vielleicht wurden sie mittlerweile woanders gebraucht, sie hatten ja keinen Überblick über die Lage.

Als sie aus dem Wagen stiegen, wurden sie sogleich von mehreren Kollegen umringt. Alle hatten andere Einsätze gehabt, als René und Frank zur Rampe gerufen wurden, und wollten Informationen aus erster Hand.

»Was habt ihr gesehen?«

»Was war da los?«

»Habt ihr jemanden rausgeholt?«

René sah Frank hilfesuchend an. Sie kamen wohl nicht drum herum, Rede und Antwort zu stehen.

»Sah aus wie auf einem Schlachtfeld«, war das Erste, was Frank einfiel. »Mehrere Tote, viele Verletzte. Keine Ahnung, was genau passiert ist. Die Körper waren verdreht und verbogen. Es gab einige offene Frakturen.«

»Die lagen teilweise übereinander, ineinander verkeilt. Ist schwer zu beschreiben«, fuhr René fort. »Und viele waren schwarz vor Staub. Es war so … so wie man sich Krieg vorstellt.«

Ein Raunen ging durch die Reihen der Sanitäter. Doch ihr professioneller Schutzmechanismus funktionierte tadellos. Wie an einer Teflonbeschichtung perlte an ihnen ab, was René und Frank erzählten. Mit Worten wie »heftig« und »krass« reagierten sie gewohnt nüchtern. »Schrecklich« oder »furchtbar« hatten sie nicht ihrem Repertoire.

René wollte sich der Situation so schnell wie möglich entziehen. Er hatte keine Lust auf ein Verhör, nicht jetzt. Sein Hirn war beschäftigt genug damit, die Bilder zu verarbeiten, die sich auf seiner Netzhaut eingebrannt hatten. Ihm kam der Gedanke, dass Nora und die Kinder sich vielleicht Sorgen machten. Das perfekte Alibi.

»Leute, ich muss mal mit meiner Frau telefonieren, nehmt es mir nicht übel.«

Er zog sich ein paar Meter zurück, stellte sich in einen Hauseingang und nahm sein Handy aus der Tasche. Drei Anrufe in Abwesenheit, alle von zu Hause. Er rief zurück.

Noch vorm Tuten des Freizeichens ging Nora ran. »Endlich meldest du dich, ich dachte schon, dir ist was passiert!« Damit hatte René nicht gerechnet. Er dachte, bei dem schönen Wetter seien sie draußen im Garten, die Jungs spielten und hätten nichts von alledem mitbekommen. Vielleicht wäre das auch so gewesen, hätte nicht Herr Böll von nebenan heute seine Pergola gestrichen und den kleinen alten Röhrenfernseher mit nach draußen auf die Terrasse genommen. Und hätte er nicht den WDR, sondern irgendein anderes Programm eingeschaltet. Doch so hatte Herr Böll plötzlich das Wort »Katastrophe« aufgeschnappt, den Pinsel aus der Hand gelegt, den Ton lauter gedreht und über den Gartenzaun gerufen: »Frau Schneider? Das müssen Sie sich unbedingt ansehen! Auf der Loveparade hat es Tote gegeben. Ihr Mann ist doch da, oder?«

Nora hatte sofort versucht, René zu erreichen. Doch sein Handy war entweder ausgeschaltet oder hatte keinen Empfang. Obwohl sie vermutete, dass er im Einsatz war, konnte sie die Sorge um ihn nicht abstellen. Also saß sie seitdem gebannt vor dem Fernseher im Wohnzimmer und bemühte sich, aus den Informationen zu erschließen, ob auch Einsatzkräfte betroffen seien. Es hörte sich nicht so an. Trotzdem war sie unruhig.

»Was macht der Papa denn da jetzt?«, wollte der sechsjährige Max von seiner Mutter wissen.

»Der hilft den Menschen.«

»Warum brauchen die denn Hilfe?«

»Das weiß ich nicht, Schatz. Aber dem Papa geht es gut. Ganz sicher.«

Das war nun schon zwei Stunden her. Endlich kam der erlösende Anruf. René wollte am Telefon nicht über Details sprechen. Er sagte, dass es ihm gut gehe und sie sich weder Sorgen machen noch auf ihn warten solle. Auch wenn Nora gerne mehr gewusst hätte, akzeptierte sie das.

»Pass auf dich auf!«

»Mach ich. Ist alles unter Kontrolle.«

»Okay. Ich liebe dich.«

»Ich dich auch.«

Er legte auf und ging wieder rüber zu Frank. Noch bevor er sich in das Gespräch mit den anderen Einsatzkräften einklinken konnte, mischte sich ein Kollege ein, der aus dem großen roten Bus der Abschnittsleitung dazugestoßen war.

»So ihr zwei, ihr macht jetzt mal Pause. Geht in den Bereitstellungsraum, esst was und haut euch hin.«

»Nee, ist kein Problem, wir machen weiter«, widersprach Frank und sah René Unterstützung suchend an.

»Ich bin dabei. Wir machen weiter, uns geht's gut.«

Der Mann mit der Halbglatze runzelte die Stirn und kratzte sich am Hinterkopf.

»Es ist wirklich besser, wenn ihr eine Pause macht.«

»Ist das eine Anweisung?«, fragte Frank. »Wenn nicht, dann danke für den Hinweis, aber wir brauchen keine Pause.«

»Wie ihr wollt.«

Der Kollege machte auf dem Absatz kehrt und stieg wieder in den Bus. Keine Minute verging, bis der Einsatzleiter mit festem Schritt auf René und Frank zukam. Er guckte streng, aber freundlich.

»So Jungs, euren Einsatz in allen Ehren, aber ihr seid jetzt erst mal raus. Es ist nur zu eurem Besten. Stärkt euch, ruht euch aus, und dann sehen wir weiter. Ihr habt genug getan.«

Als René gerade Luft holte, um eine Diskussion anzufangen, schob der Einsatzleiter mit kräftiger Stimme hinterher: »Das *ist* eine Anweisung!« René schwieg. Frank auch. Da war anscheinend nichts zu machen.

Wegen des Katastrophenalarms, der mittlerweile ausgelöst worden war, rückten immer mehr Sanitäter aus. Andere bereiteten sich auf den Einsatz vor. »Na toll. Und wir sind raus.« Obwohl es

René schwerfiel, das zu akzeptieren, machten sie sich gemeinsam auf den Weg zum Aufenthaltsraum. Er fühlte sich wie ein Schlafwandler.

»Meinst du, wir haben alles richtig gemacht?«, fragte Frank.

René war sich nicht sicher. Gedanklich ging er den Einsatz noch einmal durch. Da war der Junge mit dem Fußabdruck im Gesicht, der sie schon am Wagen abfing. Dann das Menschenknäuel und das Mädchen, das darunterlag, eingeklemmt von anderen Körpern. Die Reanimation und der schrille Ton des EKGs. Der Weg zum Krankenhaus, zum falschen Krankenhaus. Aber das war nicht ihre Schuld. Das konnten sie nicht wissen. Sie hatten sich nichts vorzuwerfen.

»René?«

»Ja. Ja, ich glaube, wir haben alles richtig gemacht. Mir fällt jedenfalls nichts ein, was wir hätten anders machen können.«

»Gut, mir nämlich auch nicht. Ich hab trotzdem ein scheiß Gefühl.«

»Geht mir auch so.«

Der Ruheraum im Keller der Schule kam René jetzt noch düsterer und kälter vor als am Morgen. Das Flackern eines Fernsehers warf einen schmalen Lichtkegel an die Wand. Der Ton war aus. René blickte auf den Bildschirm. Da war wieder die Reporterin in dem schwarzen Kleid mit den türkisfarbenen Blumen. Sie legte die Stirn in tiefe Falten und sah blass aus. Auf dem eingeblendeten Laufband stand nun, dass es mittlerweile 15 Tote und mehr als 100 Verletzte gab. 15? Oh Mann, hörte das denn gar nicht auf? Wie oft würden sie die Zahl wohl noch nach oben korrigieren müssen? Hoffentlich war Katty nicht eine von den fünf, die dazugekommen waren.

Frank stand wie angewurzelt vor dem Fernseher und schüttelte den Kopf. Hinter der Reporterin strömten Tausende Menschen zum Bahnhof. Auch dort könnte die Lage kritisch werden, befürchtete René. Und *er* sollte sich schlafen legen. Jetzt. Das war doch hirnrissig.

Widerwillig setzte er sich auf eines der Feldbetten und wickelte die Wolldecke, die obendrauf lag, um seine Schultern. Frank legte sich hin.

»Das ist doch lächerlich, ich werde eh kein Auge zukriegen.«

»Ich auch nicht.«

Es kostete René Überwindung, den Oberkörper und den Kopf auf das provisorische Bett sinken zu lassen. Er schloss die Augen. Erst jetzt bemerkte er, wie erschöpft er war. Es kam ihm vor, als hingen Gewichte an seinen Gliedern, die ihn in den stramm gespannten Stoff der Liege drückten. Schwärze legte sich über seine Gedanken. Auf der Haut spürte er die kühle Feuchtigkeit der Kellerluft. Die Härchen auf seinen Armen stellten sich auf. Er zog die Decke bis unters Kinn und glitt in einen unruhigen Dämmerzustand. Er war nicht wach. Aber er schlief auch nicht.

24

BETTINA & JÜRGEN

Als Katty ihr per SMS schrieb, dass sie gleich im Fernsehen zu sehen sein würde, machte es sich Bettina Telgte auf dem großen, grauen Sofa bequem.

»Jürgen! Schnell! Sonst verpasst du es noch!«

Ihr Mann hatte sich Arbeit mit nach Hause genommen. Er saß in seinem Büro und brütete über der Budgetierung einer Werbekampagne seiner Firma. »Ich komm ja.« Wenn das eigene Kind einen Fernsehauftritt hatte, musste man die Arbeit eben mal Arbeit sein lassen. Er klickte auf »Speichern« und schloss das Excel-Dokument auf dem Bildschirm seines Laptops. Schlimmstenfalls müsste er sich am Sonntag noch mal dransetzen.

Und so warteten Bettina und Jürgen gemeinsam auf den großen Moment. Als die Moderatoren, die offensichtlich mitten auf dem Loveparade-Gelände standen, an eine Reporterin vor dem Duisburger Hauptbahnhof abgaben, erspähte Bettina ihre Tochter sofort. »Guck! Guck, da ist sie! Unsere Katty! Hübsch sieht sie aus!«

Ihr Mutterherz machte einen Sprung vor Aufregung.

»Ja, ich seh's ja.« Während sich Jürgen entspannt nach hinten lehnte, rückte seine Frau nach vorne auf die Sitzkante. Sie wollte nichts verpassen und jedes Detail sehen. Als Janek »Party ohne Ende, Party ohne Ende!« in das Mikrofon der Reporterin brüllte, musste Bettina lachen. Was für ein schräger Vogel. Ob Katty wohl auch was sagen dürfte? Die junge Frau vom WDR machte jedenfalls einen Schritt auf sie zu. Und tatsächlich, sie fragte ihre Tochter, was sie von der Parade in Duisburg erwarte. Katty antwortete freundlich, versprach sich nicht und lächelte. Toll! Besser hätte das Fernsehinterview nicht laufen können. Gut, es war ein bisschen kurz, aber bei der Menge an Ravern grenzte es ohnehin an ein Wunder, dass es ausgerechnet sie ins Fernsehen geschafft hatte.

Jürgen ließ es sich nicht anmerken, aber auch für ihn war es etwas Besonderes, Katty auf dem großen Flachbildfernseher bewundern zu können. Am Montag würde er seinen Kollegen davon erzählen und ein bisschen angeben, nahm er sich vor.

Bettina steckte ihren Pony hinters Ohr, griff nach ihrem Handy und tippte: »Super Auftritt, Liebes! Wir sind stolz auf Dich! Wünschen Euch noch ganz viel Spaß! Mama & Papa.« Danach lehnte sie sich wieder zurück und kuschelte sich in eins der dicken Kissen auf der Couch.

»Willst du das jetzt weitergucken?«, fragte Jürgen.

»Einen Moment noch, ja.«

»Okay, ich geh dann wieder rüber. Ruf mich, falls Katty noch mal vor irgendeine Kamera springt, ja?«

»Mach ich, Schatz.«

Nach einer halben Stunde fielen Bettina die Augen zu. Die Woche war anstrengend gewesen. Sie hatte viel gearbeitet, im Haus gab es jede Menge zu tun. Katty hatte mit Aufräumen und Hausarbeit nicht viel am Hut, und Philipp war gerade in seiner Trotzphase. Er sagte ständig zu allem Nein, ganz gleich, ob das Sinn ergab oder nicht. Aber heute war er bei seinem besten Freund Paul. Endlich kam Bettina mal zur Ruhe.

Gegen 17 Uhr balancierte ihr Bewusstsein auf der Kante zwischen Schlaf und Wachsein. Irgendetwas beunruhigte sie. Ihr Herz raste, und sie hatte das Gefühl, als läge ein riesiger Felsbrocken auf ihrem Brustkorb. Sie riss die Augen auf. Katty! Irgendwas war mit ihr. Sie war sich sicher. Instinktiv griff sie zum Handy und wählte die Nummer ihrer Tochter. Es klingelte nicht. Sofort meldete sich die Mailbox.

»Hier ist Kattys persönlicher Anrufbeantworter. Hinterlasst mir 'ne Nachricht, wenn ihr wollt. Ob ich zurückrufe, weiß ich noch nicht.«

»Hey mein Schatz, Mama hier. Meld dich doch bitte mal. Ich hab so ein komisches Gefühl.« Sie legte auf, ging zu Jürgen ins Büro und erzählte ihm, dass sie sich sorge.

»Mach dich nicht verrückt. Wenn was wäre, hätten die das längst im Fernsehen gesagt.«

»Stimmt.«

Bettina atmete tief durch. Langsam beruhigte sie sich wieder. Vielleicht hatte sie nur schlecht geträumt. Als Katty noch klein war, hatte sie regelmäßig Alpträume gehabt, in denen ihr etwas zustieß. Und auch Philipp war in einem dieser Träume schon mal ums Leben gekommen. Wahrscheinlich war das normal. Eltern machten sich eben Sorgen um ihre Kinder. Ihre größte Angst war es, sie zu verlieren, und die Psyche verarbeitet solche Ängste in Träumen. Kein Grund, sich deswegen verrückt zu machen.

Bettina schaltete den Fernseher aus. Sie blickte auf die im Halbkreis angeordneten Familienfotos auf dem Sideboard: ein Hochzeitsfoto von Jürgen und ihr; wie jung sie damals waren, gerade Anfang zwanzig. Katty und Philipp als Babys. Katty bei ihrer Einschulung; ihre rosa Schultüte hielt sie fest umklammert, wie einen Schatz. Und Philipp im Kindergarten; er präsentierte stolz seine selbst gebastelte Laterne für St. Martin. Jedes Bild hatte einen hübsch verschnörkelten, weißen Holzrahmen. Ein schöner Kontrast zum Grau der Möbel, fand Bettina. Nachdem sie sich vergewissert hatte, dass alle Bilder noch an ihrem Platz standen, ging sie in den Garten.

Zwischen den roten Blüten des Seidenmohns zupfte sie etwas Unkraut aus der Wiese. Der sanfte Duft des Lavendels wehte herüber. Sie beobachtete, wie ein großer, bunter Schmetterling um die violetten Ähren tanzte. Er war orange-braun gemustert, ein bisschen wie ein Distelfalter. Im Sonnenlicht schillerten blaue Punkte auf seinen Flügeln. Einen solchen Schmetterling hatte sie noch nie gesehen. Er war wunderschön. Um Nektar zu sammeln, ließ er sich auf einer Blüte nieder. Bettina trat einen Schritt näher. Das Insekt flatterte nur kurz auf. Dann setzte es sich wieder.

Ein Lächeln huschte über Bettinas Gesicht. Es war liebevoll und traurig zugleich.

»Schatz, komm schnell, da ist was passiert!«

Jürgen steckte den Kopf aus dem Wohnzimmerfenster. So schnell sie konnte, rannte Bettina die Treppen zu ihm hinauf. Sie fühlte, wie das Blut in ihrer Halsschlagader pulsierte. Der Fernseher lief. Die Moderatoren sahen ernst aus. Sie erzählten etwas vom traurigsten Tag in der Geschichte der Loveparade. Und dann sprachen sie aus, was alle Eltern, deren Kinder an diesem Tag in Duisburg unterwegs waren, in Angst versetzte: Es hatte zehn Tote gegeben.

Bettinas Herz stockte. In der Brust spürte sie einen heftigen Stich, der von dort aus ihren ganzen Körper durchfuhr. Sie sackte in sich zusammen und umklammerte eins der Couchkissen. Ihre Finger krampften, bohrten sich in den Stoff.

»Mein Baby, nicht mein Baby. Bitte nicht mein Baby«, flüsterte sie wie ein Mantra immer wieder vor sich hin. Jürgen setzte sich neben sie und nahm sie in die Arme.

»Da sind über eine Million Menschen. Es müsste schon mit dem Teufel zugehen, wenn ausgerechnet unsere Katty eine von den zehn wäre. Bleib ruhig.« Seine Stimme wackelte.

»Ruhig? Ich soll ruhig bleiben? Unsere Tochter ist auf dieser Veranstaltung, und es gibt Tote. Wie soll ich da ruhig bleiben?«, schrie sie ihn an. Jürgen war genauso weit davon entfernt, ruhig zu sein, wie seine Frau. Aber einer musste die Nerven bewahren, fand er.

Sie versuchten, Katty über ihr Handy zu erreichen. Wieder und wieder. Sie riefen auf Ines' Telefon an und auf Verenas. Tims Nummer hatten sie nicht gespeichert, die hatte nur Katty.

Nach einer Stunde wählte Bettina die Nummer der Polizei. Die konnte ihr nicht weiterhelfen, verwies auf eine Hotline, die bald eingerichtet werden sollte. Bald. Na toll.

Sie sprang von der Couch auf und griff nach dem Autoschlüssel. »Ich fahr jetzt nach Duisburg und suche unsere Tochter.«

»Schatz, das bringt doch nichts. Wo willst du denn anfangen zu suchen? Wir haben doch keine Ahnung, wo sie ist.«

»Ist mir egal. Ich kann hier nicht so untätig rumsitzen und Däumchen drehen.«

Noch bevor Bettina Telgte zur Tür hinausstürmen konnte, klingelte das Telefon. Sie rannte zurück, griff nach dem Hörer und starrte auf das leuchtende Display.

»Katty ruft an« stand da.

Endlich! Es ging ihr gut. Was für ein Glück!

Sie drückte auf »Annehmen«. Die Tatsache, dass Tim dran war, traf sie wie eine haushohe Welle, die ihre Hoffnung mit voller Wucht davonspülte. Sie hatte Schmerzen, jeder Teil ihres Körpers tat ihr weh. Jürgen beobachtete die Reaktion seiner Frau. Ihm war schnell klar, dass es ernst sein musste, sehr ernst. Bettina war kreidebleich.

Panik stieg in ihm auf. Als Tim sagte, dass Katty wiederbelebt werden musste, ließ Bettina das Telefon fallen. Sie hatte keine Kraft mehr, es zu halten, und keine Kontrolle mehr über ihre Gliedmaßen. Sie konnte nichts mehr sagen, nichts mehr denken. Die Angst um ihr Kind fraß sie innerlich auf, wie Millionen von Maden, die sie bei lebendigem Leibe verspeisten. Sie wimmerte, weinte, schrie. Jürgen streichelte ihr übers Haar, versuchte, sie zu beruhigen. Dann hob er das Telefon auf und fragte Tim, wo seine Tochter sei. Tim wusste es nicht. In irgendeinem Krankenhaus.

Jürgen Telgte suchte im Internet nach Duisburger Krankenhäusern. Jedes, das er fand, rief er an. Ohne Ergebnis.

»Okay, mir reicht's. Nimm dir eine warme Jacke mit, falls wir lange unterwegs sind. Wir fahren nach Duisburg«, entschied er.

»Jupiter 2 für Egon 43/19!«
»Jupiter 2 hört.«
»Wir haben hier eine verwirrte Person an der Düsseldorfer Straße, Ecke Karl-Jarres-Straße, da benötigen wir mal einen RTW oder jemanden von der Seelsorge.«
»Was heißt verwirrt?«
»Die ist in Panik, weil sie nach ihrem Kind sucht und es nicht finden kann.«
»Verstanden.«

25

EMMA

»So, wir müssen jetzt mal einen Schichtwechsel organisieren.« Roman stand vor der Tür der »Fly away« und kam seiner Aufgabe als Aufnahmeleiter nach, auf die Einhaltung der Dienstzeiten zu achten. Emma und Jens saßen im Wagen und sprachen gerade über die nächste Schalte.

»Äh, das ist jetzt ein Witz, oder?« Jens sah Roman ungläubig an. »Wir bleiben natürlich. Es kommt doch eh kein neues Team zu uns durch, bei dem Chaos in der Stadt.«

Aber Roman pochte darauf, dass der Dienst spätestens um 21 Uhr zu beenden sei. »Wir können hier nicht einfach ewig weitermachen, Leute. Das geht so nicht.« Seine Stimme schraubte sich nach oben.

»Also ich bleibe!«, sagte Emma schroff. Einfach so die Segel zu streichen kam für sie nicht in Frage.

»Ich auch!«, unterstützte sie Jens.

»Na, das wollen wir erst mal sehen.« Roman war pflichtbewusst. Katastrophe hin oder her. Überstunden mussten genehmigt werden.

»Hört der jetzt mal auf zu nerven?«, flüsterte Jens Emma zu.

»Keine Ahnung, ich glaube jedenfalls nicht, dass die allen Ernstes eine Ablöse für uns schicken. Das wäre doch Wahnsinn.«

Fünf Minuten später, als Emma auf dem Weg in das Bahnhofshotel war, um eine Toilette zu suchen, stand Roman wieder am Ü-Wagen, um Jens daran zu erinnern, dass sie jetzt dringend überlegen müssten, wie und wann sie Feierabend machen könnten.

»Sag mal, hast du eigentlich keine anderen Sorgen?«, fragte Jens.

»Ich mache hier nur meinen Job, und wir sind ohnehin schon in den Überstunden.«

»Na und?«

»Ich versuche nur, die Dienstvorschriften einzuhalten.«

Jens schüttelte den Kopf und stieg aus dem Ü-Wagen.

»Pass mal auf: Wir kennen uns nicht, und das hier ist eine Extremsituation, aber ich stelle hiermit ein für alle Mal klar, dass ich hierbleibe. Und wenn du mir weiter auf die Eier gehst, raste ich irgendwann aus und kann für nichts mehr garantieren.«

Das war deutlich. Jens konnte nicht verstehen, wie jemand an einem solchen Tag in der Lage war, über Dienstzeiten und Überstunden nachzudenken. Sein Verständnis von Pflicht war ein komplett anderes: Er sah es als seine Aufgabe an, die Sache hier zu Ende zu bringen, gemeinsam mit Emma und Beate.

Roman sagte kein Wort. Er zog sich zurück, um zu telefonieren. Während er mit einem Vorgesetzten debattierte, ging er nervös auf und ab. Nach einer Weile kam er zurück, um der Crew mitzuteilen, dass die Überstunden von oberster Stelle genehmigt worden seien. Wie schön, dass sie jetzt durften, was sie ohnehin getan hätten.

In den vergangenen sechzig Minuten hatte Emma noch drei weitere Male geschaltet. Einmal für die Aktuelle Stunde. Ohne Vorwarnung. Plötzlich hörte sie auf ihrem Ohr: »Noch zehn.«

»Scheiße! Wir sind in zehn Sekunden drauf!«, brüllte sie.

Fünf, vier, drei, zwei. Beate riss die Kamera hoch, Roman die Lampe und Jens den Regler für den Ton.

Die Moderatoren wollten von Emma mehr über die Arbeit der Polizei erfahren und was nun getan werde, um der Massen Herr zu werden. Es gab Sonderbusse. 120 Stück, die die Raver nach Hause bringen sollten. Und überall wurden Durchsagen gemacht, wer in welche Richtung gehen solle. Die Stimmung am Bahnhof war angespannt, aber die Lage war bisher unter Kontrolle.

Die Lokalzeit aus Duisburg sendete an diesem Tag nicht. Der Stromausfall, verursacht durch den Brand am Morgen, hatte die komplette Studiotechnik lahmgelegt. Die Verantwortlichen hatten die Idee wieder verworfen, die komplette Sendung von der »Fly away« auszustrahlen. Stattdessen übernahm die Lokalzeit Düsseldorf nun auch den Bereich Duisburg und schaltete Emma live in die Sendung. Direkt danach berichtete sie für ein weiteres WDR-Regionalfenster, die Lokalzeit Ruhr.

Während Emma immer wieder vor der Kamera stand, schnitt Jens auf Anweisung von Lea Rottenbach einen Beitrag mit den Bildern von der Rampe. 1 Minute 30 sollte der Bericht für das nächste WDR-Extra lang werden. Doch was Jens auf den Monitoren sah, machte ihm Bauchschmerzen: Verletzte, deutlich sichtbar. Weinende Menschen in Nahaufnahme, die wahrscheinlich nicht bemerkt hatten, dass sie gefilmt wurden. Tote, zwar abgedeckt durch Wärmedecken oder Planen, aber doch deutlich als Tote zu erkennen. Und Menschen, die noch reanimiert wurden.

»Das sollten wir nicht senden«, sagte Jens. »Das können wir keinem Zuschauer nach nur zwanzig Sekunden Anmoderation zumuten.«

»Mhm, aber so sieht es dort nun mal aus.« Lea stützte den Kopf in die Hand und seufzte. »Und jetzt?«

Jens war sich sicher: Diese Aufnahmen verstießen gegen die ethischen Grundsätze, die er hatte und die der Sender vertrat, für den er arbeitete.

»Lass uns mal Emma fragen, was sie davon hält.«

Lea nickte und band sich das voluminöse Haar mit einem Gummi zu einem Knoten zurück.

Jens schob die Wagentür nach hinten, rief nach Emma und gab ihr Handzeichen, dass sie herkommen solle.

»Sieh dir das bitte mal an. Wir haben Bauchschmerzen, das zu senden, aber andere Bilder haben wir nicht.«

Jens spielte den fertigen Beitrag ab.

Im Augenwinkel sah Emma auf einem anderen Monitor das laufende Fernsehprogramm. Das WDR-Extra sendete gerade ebenfalls einen Bericht mit Bildern von der Rampe.

»Mach das mal bitte kurz lauter, Jens.«

Die drei hörten gebannt zu. Die Kollegen, die den Beitrag gemacht hatten, verfügten über ähnliche Informationen wie Lea und Emma. Die Bilder, die sie verwendet hatten, waren zwar auch von der Rampe, aber mehr aus der Distanz. Keine Nahaufnahmen.

»Das reicht doch völlig. Brauchen die unseren Beitrag dann überhaupt noch?«, warf Emma in den Raum.

»Eigentlich nicht, aber ich frage mal in der Regie nach und gebe denen Bescheid, dass wir darüber hinaus inhaltlich nicht viel haben«, sagte Jens.

Während er versuchte, mit der Regie zu klären, ob der Beitrag überhaupt gesendet werden müsse, steckten Lea und Emma die Köpfe zusammen und gingen das Pro und Contra für die Bilder durch.

Contra: Die Menschen wussten nicht, dass sie gefilmt wurden, und waren in einer Ausnahmesituation. Das Material zu senden wäre dementsprechend ein Verstoß gegen ihr Persönlichkeitsrecht. Nun könnte man sagen, dass bei einem solchen Unglück das öffentliche Interesse so groß ist, dass Abstriche beim Persönlichkeitsrecht hinnehmbar sind. Aber um welchen Preis?

Die Nachricht an sich war schlimm genug, da brauchte man nicht auch noch heftige Bilder, um das zu unterstreichen.

Sie alle hatten ein ungutes Gefühl, die Bilder zu senden.

Und: Sie arbeiteten nicht für irgendein Boulevardmagazin. Dass die Kollegen mit ihren Kameras erst mal draufhielten, war in dem Chaos verständlich. Aber es war die Aufgabe von Reportern und Redakteuren zu entscheiden, ob sie die Bilder veröffentlichten.

Pro: Starke Bilder, die die Tragödie veranschaulichten. Ließe man das als Begründung gelten, gäbe es keinerlei Grenzen in der Berichterstattung.

»Entwarnung, ihr zwei. Die brauchen den Bericht nicht unbedingt. Sie meinen, die wichtigsten Infos kann Emma auch in ihrer Schalte erzählen und wir sollen auf unser Bauchgefühl hören«, unterbrach Jens die beiden Frauen.

»Gute Entscheidung«, atmete Emma aus.

Der Bericht von Lea Rottenbach wurde nie gesendet.

»Jupiter 1 für Jupiter 24/8!«
»Jupiter 1 hört.«
»Mal zur Klarstellung.
Der Bereich der Rampe ist immer
noch wegen der Tatortaufnahme gesperrt.
Der gesamte westliche Bereich
des Veranstaltungsgeländes müsste
nach unseren Informationen offen sein.
Der östliche Bereich ist aufgrund
der Nähe zur Bahnlinie geschlossen.
Ist das richtig so? Kommen!«
»Nein, die Zäune im Westen zur A 59
sind unseren Informationen nach noch
überwiegend geschlossen.«
»Müssten die für die Entfluchtung
nicht schon längst geöffnet sein?«
»Richtig. Wir werden da noch mal nachhaken.
Ende.«

26

RENÉ

»Hey Mann, aufwachen! Guck mal, wer hier ist!« Als René die Augen öffnete, sah er alles verschwommen. Seine Netzhaut war trocken, die Kontaktlinsen klebten auf den Pupillen. Er drückte die Lider mehrfach fest zusammen, um die Tränenflüssigkeit anzuregen. Dann sah er im schummrigen Kellerlicht die Gesichter von Frank und Susanne, die neben seinem Feldbett hockten.

»Wie lange war ich weg?«, nuschelte er schlaftrunken.

»Höchstens eine Stunde.«

Lächelte Frank etwa? Wie konnte er nur? Bei all dem Elend.

»Wir haben gute Nachrichten«, begann er, sah Susanne an und stieß mit dem Arm gegen ihren.

»Na komm, sag es ihm selbst.«

Sie ließ sich nicht zweimal bitten.

»Ich habe mich im Krankenhaus nach unserer Patientin erkundigt.«

René setzte sich auf.

»Und? Sag schon!«

»Sie ist in ein anderes Krankenhaus verlegt worden, und …« Susanne legte eine dramaturgische Pause ein »… sie ist stabil. Es sieht nicht schlecht aus.«

»Gut« wollte sie nicht sagen, das wäre zu optimistisch gewesen. Aber es gab jetzt immerhin Grund zu hoffen. Das war besser als nichts. In René stieg ein wohliges Gefühl der Zufriedenheit auf.

Als Helfer nicht helfen zu können war das Deprimierendste, was es gab. Die Nachricht, dass sie einen schier aussichtlosen Kampf gegen den Tod gewonnen haben könnten, war das genaue Gegenteil. Dieses Gefühl war der Grund, warum er diesen Job machte.

Innerlich ermahnte er sich zur Zurückhaltung. Euphorie war völlig unangebracht. Schließlich war noch nichts entschieden. Trotzdem hatten Susannes Worte dafür gesorgt, dass sein Körper so viele Glückshormone ausstieß, dass er sich schlagartig putzmunter fühlte.

»Meinst du, die Einsatzleitung lässt uns wieder ran?«, fragte er Frank.

»Ja, denke schon, wir haben ja guten Willen bewiesen und eine ausgiebige Pause gemacht.«

René faltete seine Decke, drapierte sie ordentlich auf dem Feldbett und zog sich die Schuhe an. »Ich hol uns mal Kaffee.«

Ein wenig Koffein konnte nicht schaden, wenn sie bis in die frühen Morgenstunden durchhalten wollten. Als er mit drei dampfenden Plastikbechern zurückkam, die er nur am oberen Rand festhalten konnte, weil er sich sonst die Finger verbrannt hätte, beobachtete er, wie Frank Susanne einen Zettel reichte. Sie ließ ihn mit einem verschämten Lächeln in ihrer Hosentasche verschwinden. René tat so, als hätte er nichts gesehen.

»Könntet ihr mir mal was abnehmen? Die sind verdammt heiß«, platzte er dazwischen. Sie tranken den Kaffee gemeinsam. Susanne berichtete den beiden von ihrem zweiten Einsatz an der Rampe. Die meisten Schwerverletzten seien schon behandelt und abtransportiert worden. Im Tunnel habe man eine »Verletztenablage« aufgebaut. Nur die, die nicht in akuter Lebensgefahr schwebten, seien noch am Unfallort gewesen, als Susanne zurückkehrte. Und die Toten, die auch. Zugedeckt mit weißen Tüchern oder goldenen Wärmefolien. Susanne schlürfte an ihrem Kaffee. Dann holte sie tief Luft und fuhr fort. Wie beim Militär habe man die Verletzten mit farbigen Karten versehen, die für verschiedene sogenannte Sichtungskategorien stehen.

Mit anderen Worten: Nachdem ein Notarzt sich die Opfer angesehen hatte, musste er, gemeinsam mit seinem Team, schwerwiegende Entscheidungen treffen. Das System war einfach: Wer eine blaue Karte bekam, hatte nur eine sehr geringe Überlebenschance. Eine Reanimation hatte kaum Aussicht auf Erfolg. Rot hieß, dass derjenige so schnell wie möglich behandelt werden musste. Verletzte mit einer gelben Karte konnten noch warten. Und wer eine grüne Karte bekommen hatte, wurde als »geringfügig verletzt« eingestuft. Unnötig zu erwähnen, dass eine falsche Einschätzung des Gesundheitszustandes des Patienten schlimmstenfalls seinen Tod bedeuten konnte. Doch wenn in den ersten Minuten nach dem Unglück zu viele Verletzte auf zu wenige Einsatzkräfte kamen, galt es Prioritäten zu setzen. Die Ärzte und Sanitäter mussten sich entscheiden, um wen sie sich kümmerten und um wen nicht. Eine solche Wahl müssen Helfer normalerweise nur im Krieg treffen oder bei Großschadenslagen wie dem Flugschau-Unglück 1988 in Ramstein. Damals waren siebzig Menschen ums Leben gekommen und rund tausend verletzt worden, als ein brennendes Flugzeug nach einem Zusammenstoß mit einem weiteren in die Zuschauermenge gestürzt war.

Und jetzt eben bei der Loveparade.

Susanne war froh, dass sie diese Aufgabe nicht übernehmen musste. Kollegen hatten die Einteilung vorgenommen. Als Notarzt musste man dafür eine Extra-Ausbildung haben. Susanne hatte sie nicht. »Zum Glück«, sagte sie an diesem Abend im Keller zu Frank und René. Denn die Entscheidung, jemandem nicht zu helfen, weil ihm wahrscheinlich nicht mehr zu helfen war, wollte sie nicht treffen. Was war, wenn sie falschlag? Mit diesem Gedanken klarzukommen stellte sie sich schwer vor. Als sie zur Rampe zurückkehrte, musste sie sich nur noch um die Patienten mit den gelben Karten kümmern. Katty hätte sicher eine rote bekommen, vielleicht sogar eine blaue. Doch als die beiden Sanitäter sie aus dem Menschenknäuel herauszogen, hatte der Einsatz noch kein System, keine Regeln gehabt. Jeder tat, was er konnte und was in diesem Moment naheliegend war.

»Und, was schätzt du? Wie viele Verletzte?«, fragte Frank.

»Schwer zu sagen. Unglaublich viele. Überall hat jemand nach mir gerufen. Ich hab Schmerzmittel ohne Ende verteilt.«

»Und was für Verletzungsmuster?«

»Frakturen, offene Brüche, Quetschungen und Prellungen. Der Druck muss enorm gewesen sein.«

»Kann man sich gar nicht vorstellen.«

»Nein, kann man nicht.«

René kippte den letzten Schluck Kaffee hinunter. Er wollte los, so schnell wie möglich wieder in den Einsatz gehen. Er glaubte, dass das ein bisschen so sei, wie wenn man vom Pferd fällt. Da muss man auch direkt wieder aufsteigen. Mit zu viel Abstand konnte sich die Angst erst entwickeln, und dann würde man nachher nie wieder unbekümmert im Sattel sitzen. Das wollte er nicht riskieren. Einen Standard-Einsatz brauchte er jetzt. Irgendwas Normales. Drogenintoxikation, Alkoholintoxikation oder seinetwegen auch ein gebrochener Knöchel, aber bitte kein Drama.

»Wie sieht's aus, Frank? Ich will auf jeden Fall weitermachen. Wenn du hierbleiben willst, kein Problem.«

»Nein, kommt nicht in Frage, wir ziehen das zusammen durch.«

Zu dritt gingen sie nach oben. Auch Susanne wollte wieder in den Einsatz. Vor dem Tor zum Schulhof verabschiedeten sie sich. Susanne umarmte René und Frank.

Die beiden Männer gingen zurück zum Stützpunkt und meldeten sich bei ihrem Einsatzleiter. Der große, blonde Mann musterte sie skeptisch.

»Habt ihr geschlafen?«

»Ja, fast zwei Stunden«, übertrieb René.

»Und ihr braucht keine Betreuung? Seelsorge oder so?«

»Nein, alles in Ordnung«, sagte Frank ohne eine Regung in der Stimme.

»Na schön. Dann seid ihr wieder dabei.«

Sie baten darum, möglichst schnell den nächsten Einsatz zu bekommen. Um wieder »Routine reinzukriegen«, wie Frank es formulierte.

Mittlerweile dämmerte es. Menschen, Einsatzwagen, Gebäude,

alles war in ein bläuliches Licht getaucht. Doch an der Szenerie hatte sich nicht viel geändert. Es war immer noch voll. Nur die Stimmung war umgekippt. Das unbeschwerte Lachen einer ganzen Partygeneration war verschwunden.

Sie fuhren noch drei Einsätze in dieser Nacht. Eine junge Frau klagte über Übelkeit. Weil sie schwanger war und sich Sorgen um ihr ungeborenes Baby machte, brachten sie sie ins Krankenhaus. In einer Unfallhilfsstelle holten sie einen jungen Mann mit einer Augenverletzung ab. Er hatte es geschafft, sich den Rand der Öffnung einer Plastikflasche in den Augapfel zu rammen. Sehen konnte er noch, hatte aber große Schmerzen. Also kam auch er in ein Krankenhaus, eines mit einer Abteilung für Augenheilkunde. Der dritte Einsatz war eine Patientin, die sich den Fuß umgeknickt hatte. Ihr ging es gut, und René kam sich wie ein Taxifahrer vor, nicht wie ein Sanitäter. Aber das war okay.

Auf den Wegen rund um das Loveparade-Gelände standen überall Polizisten. Einsatzkräfte der Feuerwehr und des technischen Hilfswerks zogen durch die Straßen und versuchten, die Lage in den Griff zu bekommen. Sie hielten Absperrungen aufrecht, leiteten die Besucher Richtung Hauptbahnhof, beruhigten Menschen, die schon seit Stunden in der Stadt herumirrten, und gingen bei Prügeleien dazwischen. In Duisburg herrschte immer noch Chaos.

Am Steuer des Rettungswagens fiel es René zunehmend schwerer, sich zu konzentrieren. Er musste unbedingt wach bleiben. Wieder flackerten die Bilder von der Rampe auf. Flashbacks, die ihn nicht losließen. Die Schreie, diese qualvollen Schreie. Und die Körper, all die unnatürlich verdrehten und verbogenen Gliedmaßen. Kattys Gesicht, das so friedlich aussah. Und so dreckig. Die Haut, überzogen vom Staub, der selbst die Poren erstickte.

Plötzlich tauchte im Lichtkegel der Scheinwerfer ein junger, bulliger Mann auf. Er stand mitten auf der Straße und wich nicht zur Seite. Im letzten Moment stieg René auf die Bremse. Die Reifen quietschten. Das war knapp. Scheiße, beinah hätte er diesen Idioten überfahren! Hatte der Drogen genommen?

Der Typ taumelte auf den RTW zu. Stützte sich mit beiden Händen auf der Motorhaube ab und schimpfte Unverständliches. Dann ging er seitlich am Kotflügel entlang, touchierte mehrfach das Blech mit seiner Hüfte und griff schließlich nach dem Seitenspiegel auf der Fahrerseite, um ihn mit einem Ruck Richtung Wagen zu drücken. René wurde wütend. Was sollte der Scheiß?

»Bleib locker, der ist sternhagelvoll«, versuchte Frank ihn zu beruhigen. Genau in dem Moment schlug der Typ mit der Faust gegen die Fensterscheibe. Er war groß und kräftig, hatte ein Muskelshirt an. Wahrscheinlich hatte er die meiste Zeit seines Lebens im Fitnessstudio verbracht.

René brannten die Sicherungen durch. Er riss die Tür auf, sprang aus dem Wagen und brüllte: »Was bist du denn für ein Arschloch? Willst du ein paar aufs Maul oder was?«

Der Mann mit dem kahl geschorenen Schädel glotzte ihn schockiert an. Mit Gegenwehr hatte er offensichtlich nicht gerechnet. Diesen Moment der Irritation nutzte Frank aus. Er hechtete aus der Beifahrertür einmal um die Motorhaube herum und stand innerhalb weniger Sekunden neben René.

»Sie müssen entschuldigen, mein Kollege hatte einen schweren Tag«, sagte er, während er René mit einem kräftigen Stoß Richtung Tür bugsierte. »Los, steig schon ein! Bist du irre? Hast du mal gesehen, mit wem du dich da anlegst?«

René setzte sich widerstandslos hinters Steuer. Nein, er hatte sich keine Gedanken über sein Gegenüber gemacht. Es war ihm auch völlig egal. Hätte der Typ ihm doch die Fresse polieren sollen. Was machte das schon für einen Unterschied? Doch der besoffene Muskelmann zog in großem Bogen ab.

Als Frank wieder neben René saß, prustete er erleichtert. »Mensch, ich wollte eigentlich noch nach Hause kommen heute und hatte keine Lust, in der Notaufnahme zu landen.«

»Tut mir leid. War wohl alles ein bisschen viel.«

»Ja, wahrscheinlich.«

René erkannte sich selbst nicht wieder. Er hatte sich nicht mehr unter Kontrolle. Das war nicht seine Art, einfach so draufloszustürmen und die Konfrontation zu suchen. Nora nannte ihn sogar harmoniesüchtig. Wenn sie laut wurde, versuchte er jedes Mal, so schnell wie möglich die Wogen zu glätten und den Streit bloß nicht eskalieren zu lassen. Aggressivität war ihm zuwider. Normalerweise. Er hatte sich verändert.

»Jupiter 2 für Egon 14/31!«
»Jupiter 2 hört.«
»Wir brauchen hier
Unterstützungskräfte am Tatort.«
»In welcher Form?«
»Wir müssen hier einige Bereiche
freiräumen und Sichtschutz aufstellen, weil
hier gleich die Untersuchungen anfangen.
Und die Schaulustigen haben im Moment freie
Sicht auf den Tatort und die Toten.«
»Wie viele Personen benötigen Sie?«
»Ein Zug würde ausreichen.«
»Verstanden.«

27

EMMA

Der Bahnhof war dicht. Schon wieder. Und wieder die gleiche Ursache: Menschen, die auf die Gleise geklettert waren. Auf dem Bahnhofsvorplatz standen Tausende, die nach Hause wollten. Emma machte sich ernsthaft Sorgen. Wenn es jetzt noch ein bisschen enger würde, gäbe es Verletzte. Aber kurz darauf fuhren die Züge wieder, und die Lage entspannte sich. Ein ewiges Hin und Her.

Emma schaltete an diesem Tag insgesamt zwölf Mal, erzählte von ihrem unguten Gefühl am Abend zuvor und davon, dass der Pressesprecher des Veranstalters ihr gesagt habe, dass die Flächen auch bei früheren Paraden nie für eine solche Menschenmasse ausgelegt gewesen seien. Aber schließlich sei noch immer alles gut gegangen. Bis heute. Sie berichtete von ihren Eindrücken von der Parade in Berlin – dort habe es kaum Zäune gegeben. Sie sprach mit Menschen am Bahnhof, die das Chaos miterlebt hatten, und interviewte den Pressesprecher der Bundespolizei.

Wenn sie nicht auf Sendung war, lieh Jens ihr seine dicke, viel zu große WDR-Jacke, und sie kuschelte sich hinein. Er machte sich Sorgen, weil sie nicht aufhörte zu zittern.

»Es ist nicht schlimm, mir ist nur ein bisschen frisch«, untertrieb sie. Es war mittlerweile dunkel und hatte sich abgekühlt. Aber das war nicht Grund für Emmas Zittern. Es war eine Kälte, die tief aus ihrem Inneren kam. Zuverlässig hörte das Zittern auf, wenn sie auf Sendung ging. Und sobald das Rotlicht erlosch, bebte sie wieder.

Jens organisierte im Bahnhof den Kaffee, den er ihr schon vor Stunden versprochen hatte. Sie klammerte sich an den wärmenden Becher und schlürfte den süßen Milchschaum ab.

»Danke, das habe ich jetzt gebraucht«, lächelte sie. Während die Flüssigkeit ihren Hals hinunterlief, entspannte sich ihr Körper, und das Zittern ließ nach. Allerdings hatte der Kaffee auch zur Folge, dass sie ein weiteres Mal die Toilette im Bahnhofshotel aufsuchen musste.

Als sie sich gerade die Hände wusch, klingelte ihr Telefon. Jemand von einem englischsprachigen Fernsehsender war dran. Er redete so schnell, dass Emma überhörte, welcher Sender es war. Sie schnappte nur »British Broadcast« auf und dass ihre stellvertretende Studioleiterin dem Redakteur ihre Nummer gegeben habe.

»We would like to do a short interview with you, please. So would you be able to give us some detailed information regarding the incident at the Loveparade in Duisburg?«

Ein Interview. Auf Englisch. Spontan. Auf der Toilette des Bahnhofshotels. Großartig. Was eigentlich noch? Ihr Englisch war okay. Seit ihrer Zeit in London brachte es sie nicht mehr aus der Fassung, wenn sie gezwungen war, englisch zu sprechen. Aber für solch eine Katastrophe fehlte ihr das Vokabular. Es fiel ihr ja schon schwer, auf Deutsch die richtigen Worte zu finden.

Sie könnten das nachher noch zusammenschneiden, beruhigte sie der Redakteur am Telefon. Also antwortete sie. Während in der Kabine hinter ihr jemand die Klospülung betätigte, kramte sie in ihrem Sprachzentrum nach englischen Begriffen für Katastrophe, Massenpanik und Menschenmengen. Sie fand welche. Nach drei Minuten bedankte sich der Redakteur, und sie verabschiedeten sich. Was hatte sie eigentlich gerade erzählt? Sie hatte keine Ahnung. Aber was spielte das schon für eine Rolle? Sie wusch sich ein zweites Mal die Hände und ging zurück zum Wagen, um die nächste Schalte für das WDR-Extra zu machen.

Mittlerweile waren Jonas und Marco wieder zurückgekehrt.

Ihr Drehmaterial hatten sie auf einem der Ü-Wagen auf dem Gelände abgegeben. Die Redakteure schnitten dort weitere Beiträge, während Emma sich bei ihrer Berichterstattung auf die Situation am Hauptbahnhof konzentrieren sollte.

Jonas war blass, beteuerte aber, dass es ihm gut gehe. Marco sprach kaum.

Um 23 Uhr 10 rief Emmas Mutter an. Man habe die Musik auf dem Loveparade-Gelände soeben komplett ausgeschaltet, wusste sie aus dem Fernsehen. Über die Boxen laufe nur noch künstliches Meeresrauschen.

»Pass bloß auf dich auf! Die kommen jetzt alle zurück zum Bahnhof.«

»Mach dir keine Sorgen, Mama. Hier steht Polizei, und im Notfall verkriechen wir uns im Ü-Wagen und verrammeln die Tür.«

Es wurde noch einmal voll am Bahnhof, aber die Situation blieb unter Kontrolle.

Um 23 Uhr 45 schaltete Emma zum letzten Mal. Mittlerweile hatte der Krisenstab der Stadt die Zahl der Toten auf 17 erhöht. Der Bahnhof war wieder gesperrt, weil Menschen in der Gleisanlage gesehen worden waren. Und so waren Emmas letzte Worte auf Sendung an diesem Tag: »Also wollen wir hoffen, dass der Zugverkehr bald wieder läuft und die Menschen sicher nach Hause kommen. So viel hier vom Duisburger Hauptbahnhof.«

Marco knipste die LED-Lampe aus. Es kam Emma stockfinster vor. In dem Bereich, in dem die Crew stand, gab es keine Straßenlaternen. Nur das Licht des Bahnhofseingangs strahlte schwach auf die Umgebung ab. Aus Menschen wurden Schatten.

Ein großer kam auf sie zu. Jens. Er wollte sich von ihr verabschieden. Sie ging ihm entgegen und umarmte ihn.

»Danke für alles! Ich bin froh, dass wir uns kennengelernt und das zusammen durchgestanden haben«, sagte Emma.

»Sehe ich auch so. Ich hoffe, wir treffen uns noch mal unter anderen Umständen.«

»Mit Sicherheit.«

»Fahr vorsichtig, ja?«

»Na klar. Du auch.«

Emma verabschiedete sich von Jonas, Marco und Lea Rottenbach.

»Ihr wart großartig. Danke.«

»Du auch«, sagte Lea.

Ein schwaches Lächeln huschte über Emmas Gesicht.

Dann ging sie zu Ben und seinem Freund Kai, die immer noch im Häuschen der Reisebushaltestelle saßen.

Ben blickte zu Emma auf.

»Fahren wir jetzt nach Hause?«

»Ja, ihr zwei. Es tut mir leid, dass es so lange gedauert hat.«

»Kein Problem.«

Gemeinsam mit Beate und Roman stiegen sie in den weißen Octavia auf der anderen Straßenseite. Langsam bahnte sich der Wagen einen Weg durch das immer noch große Menschengewühl. Die ersten 300 Meter fuhr Roman Schritttempo. Dann waren die Straßen leer. Eine Stadt bei Nacht, als ob nichts gewesen wäre.

Als Roman das Licht des Teamwagens ausschaltete, war es in der Tiefgarage des WDR-Gebäudes im Duisburger Innenhafen stockdunkel. Der Strom war immer noch weg. Emma riss die Augen auf und versuchte, etwas zu erkennen. Schemenhaft sah sie die Umrisse einzelner Autos. Als sie ins Treppenhaus des Studiogebäudes gehen wollten, stellten sie fest, dass auch die Türautomatik vom Stromausfall betroffen war. Nichts ging mehr. Die geöffnete Einfahrt war der einzige Weg nach draußen. Dort, am anderen Ende der Tiefgarage, tanzte ein Licht in der Dunkelheit. Es war klein und kam langsam auf sie zu. Der Scheinwerfer eines Fahrrads. Emma erkannte ihren Chef. Er hatte bis zum Ende der letzten Sondersendung vor der Feuerwache der Stadt Duisburg gestanden, in der die Mitglieder des Krisenstabs erste Statements abgaben. Wie Emma hatte auch er immer wieder live geschaltet. Karl Borg stieg von seinem Rad. Das Licht flackerte.

»Guter Job, Emma. Danke!«

Offenbar hatte er zwischendurch das WDR-Programm verfolgt. Der Mann mit der Halbglatze und dem grau melierten Dreitagebart umarmte sie.

Emma suchte nach Worten. »Was für ein Tag. Ich begreif das alles immer noch nicht.«

»Das ist auch nicht zu begreifen.«

Ein Gitarrenmedley hallte durch die Dunkelheit. Karl Borgs Handy klingelte. Das war merkwürdig. Normalerweise hatte man in der Tiefgarage keinen Empfang. Den ganzen Tag war das Handynetz überlastet, und nun klingelte ein Mobiltelefon in einer Tiefgarage, in der Emma in den vergangenen Jahren schon zig Mal erfolglos versucht hatte zu telefonieren. Ihr Chef ging ran.

»Thorsten. Ja, danke. Moment, ich stell mal auf laut.«

Der Redaktionsleiter der Aktuellen Stunde lobte Emma und ihren Chef für ihre Berichterstattung. Beide hätten sehr angemessen auf die Situation reagiert. Er fragte, ob Emma am nächsten Morgen ab zehn für das nächste WDR-Extra vom Tunnel berichten könne. Sicher kämen viele zum Unglücksort, um Blumen niederzulegen.

Sie war müde, fühlte sich ausgelaugt und wollte nur noch ins Bett. Ein entspannter Sonntag, am besten auf der Couch, mit viel heißem Tee und Gesprächen mit Tom über das, was sie heute erlebt hatte. Das war ihr Plan gewesen. Nein, sie wollte morgen früh nicht am Tunnel stehen. Aber konnte sie das auch sagen? War es nicht auch ihre Pflicht weiterzumachen?

Ihr Chef nahm ihr die Entscheidung ab. Mit einem deutlichen Kopfnicken signalisierte er unmissverständlich, dass sie die Bitte von Thorsten Feuerburg nicht ablehnen könne.

»Ja, okay. Ich bin dann um neun am Tunnel. Ist das früh genug?«

»Absolut, danke. Und dich, Karl, möchte ich morgen auch wieder sehen.«

»Geht klar.«

Gemeinsam gingen Emma, Beate, Ben, sein Freund Kai, Roman und Karl Borg durch die Ausfahrt auf die Straße. Am Duisburger Innenhafen herrschte gespenstische Ruhe. Kein Auto weit und breit, kein Mensch auf der Straße. Sie verabschiedeten sich.

»Danke Beate, ich bin froh, dass *du* dabei warst.«

»Sehr gerne. Ich bin völlig durch, aber wir waren ein tolles Team.«

»Stimmt.«

Die beiden Frauen umarmten sich. Emma bedankte sich bei Roman und schüttelte ihm anerkennend die Hand.

»Siehst du, war doch gut, dass wir das noch gemeinsam durchgezogen haben.«

»Ja, finde ich auch.« Er rang sich ein Lächeln ab.

Ben und Kai trotteten stumm neben Emma her. Der Mond spiegelte sich in der Motorhaube ihres schwarzen Polos.

Auf der Rückfahrt rief Emma ihre Mutter an, um ihr zu sagen, dass es ihr gut gehe. Ihr Vater war mit seiner zweiten Frau im Urlaub und hatte von alledem anscheinend nichts mitbekommen. Jedenfalls hatte er sich bisher nicht gemeldet. Sollte ihr recht sein. Sie hatte ohnehin keine Lust mehr zu telefonieren. Egal mit wem.

Die Autobahnauffahrt zur A 3 war gesperrt. Mitten auf der Fahrbahn blockierte ein Streifenwagen den Weg. Als sie weiter geradeaus fuhr, protestierte das Navi: »Wenn möglich, bitte wenden.«

»Ja, es ist möglich, aber völlig sinnlos, weil die verkackte Autobahnauffahrt gesperrt ist!«, schnaubte Emma. Im Abstand von 300 Metern wiederholte sich das Navigationsgerät. Wenn sie nur lang genug geradeaus führe, würde es hoffentlich eine alternative Route berechnen.

»Geht es dir gut, Ben?«, fragte Emma.

»Bitte wenden.«

»Halt die Klappe! Also nicht du Ben, das scheiß Navi.«

»Schon klar. Ja, es geht mir gut.«

»Sicher? Wenn du bei uns schlafen willst, kannst du das gerne tun.«

»Nee, ich komm schon klar. Ich will jetzt eh erst mal nur meine Ruhe haben.«

»Was ist mit dir, Kai? Alles okay?«

»Ja, Frau Weber. Meine Eltern sind noch wach und warten auf mich. Ich habe sie eben erreicht.«

»Gut.«

Nach fünf Kilometern hatte das Navi kapituliert und zeigte einen neuen Weg an. 45 Minuten später setzte Emma Kai zu Hause ab. Von dort aus war es nicht mehr weit. Bens Eltern wohnten in derselben hübschen Siedlung aus den Zwanzigern wie Emma und Tom, direkt nebenan. Die Häuser waren bunt gestrichen und schienen selbst im Dunkeln gut gelaunt. Emma parkte und umarmte Ben.

»Wenn was ist oder du reden willst, ruf mich an, ja?«

»Mach ich. Danke.«

»Ist doch klar.«

Sie sah Ben nach, bis er in der Haustür verschwand. Wahrscheinlich würde ihm erst in den nächsten Wochen bewusst werden, wie knapp er der Katastrophe entgangen war. Dann wäre sie für ihn da. Das war selbstverständlich.

In ihrer Handtasche kramte sie nach den Schlüsseln. Verflucht, wo waren sie nur? Im schummrigen Licht der Straßenlaterne sah Emma nicht viel. Sie griff nach der Brotdose, die im Chaos ihrer Tasche schwamm. Emma hatte keines der Brote angerührt und seit Stunden nichts gegessen. Auch jetzt verspürte sie keinen Hunger. Als Nächstes ertastete sie ein Stoffband. Daran hing der Pass für den »1Live-Float«. »Oh Mann«, seufzte sie. Im dritten Anlauf hatte sie ihre Schlüssel in der Hand.

Auf Zehenspitzen schlich sie durch den Hausflur in die oberste Etage. Die Holzstufen ächzten unter ihren müden Füßen. Als sie den Wohnungsschlüssel herumdrehte und die Tür öffnete, wurde ihr bewusst, dass sie allein war. Kein Tom. Niemand, der sie jetzt in den Arm nehmen würde und mit dem sie reden konnte. So ein Mist. Er war ja noch in den Staaten auf seinem verdammten Virologen-Kongress.

Die Wohnung war dunkel, und es roch muffig. Sie hatte am Morgen vergessen zu lüften. Emma schaltete alle Lampen an, riss das Fenster in ihrem kleinen Büro auf und fuhr den Rechner hoch. Bier. Sie brauchte ganz dringend ein Bier. Im Kühlschrank war keins. Nur eine Flasche abgestandener Weißwein vom vorletzten

Wochenende. Egal. Sie schenkte sich ein Glas ein und nahm es mit an ihren Schreibtisch vor dem Fenster.

»Loveparade Duisburg« gab sie bei Google ein. Obwohl sie gerade noch dort gewesen war, hatte sie das Gefühl, dass sie nichts wusste, nichts verstanden hatte. Auf den Bildern im Netz sah sie Verletzte, die von Sanitätern behandelt wurden, Menschen, die versuchten, eine schmale Treppe hinaufzuklettern. Sie begriff es immer noch nicht. YouTube. Es musste Videos geben. Und tatsächlich, auf der Online-Videoplattform hatten die ersten Augenzeugen Videos hochgeladen, direkt aus dem Chaos. Emma drückte auf Play und hörte Schreie. Sie stöpselte ihre Kopfhörer ein und saß fassungslos vor dem Rechner. Was sie sah, war keine Massenpanik. Es war ein Gedränge, so eng, dass es sich kaum beschreiben ließ, und mittendrin hatte jemand die Videofunktion seines Handys laufen lassen. Emma nahm einen großen Schluck Weißwein. Sie wollte weinen. Einfach nur heulen. Die Anspannung loswerden. Alles rausschreien. Aber es ging nicht. Sie, die emotionale Emma, die bei jedem Liebesfilm anfing zu flennen, war nicht in der Lage zu weinen. Es war zu viel. Ihr Kopf war so voll von Gedanken und Eindrücken, dass er leer war. Wie durch ein Überdruckventil schien er alles unkontrolliert nach draußen geschleudert zu haben. Nichts war mehr übrig.

Sie versuchte, Tom zu erreichen. Er ging nicht ans Telefon. Also schrieb sie ihm eine Nachricht: »Hallo Engel, mir geht es gut. Bitte ruf mich nicht mehr an. Ich muss jetzt schlafen und morgen früh um neun schon wieder am Tunnel stehen. Ich liebe dich!«

Den Rest des schalen Weins kippte Emma in den Ausguss der Küchenspüle. Sie zog ihr hübsches schwarzes Kleid aus und betrachtete es traurig. Von nun an hatte es eine andere Bedeutung. Es stand nicht mehr für die schönen Tage in London. Es war das Kleid, das sie am Tag der Loveparade-Katastrophe getragen hatte. Das Kleid, das wegen seiner schwarzen Grundfarbe auch noch passte, um der Fernsehöffentlichkeit mitzuteilen, dass es Tote gab. Emma wusch sich das Gesicht und musterte sich im Spiegel. Reste der Wimperntusche liefen in dünnen Rinnsalen über ihre Wangen.

Es sah aus, als hätte sie geweint. Endlich. Auch wenn es nur eine Illusion war.

Als sie im Bett lag, konnte sie nicht schlafen. Es war noch zu viel Adrenalin in ihrer Blutbahn, und ihr Herz hämmerte wie ein Presslufthammer. »Ruhig, Emma, ganz ruhig. Alles ist gut. Du musst zur Ruhe kommen und schlafen«, dachte sie, atmete bewusst langsam und versuchte, an etwas Schönes zu denken. An die bevorstehende Hochzeit mit Tom. Das würde toll werden. Seit Monaten freute sie sich darauf, und jetzt waren es nur noch anderthalb Monate. Doch zwischen die Gedanken an Tom und sein Lächeln mischten sich immer wieder Bilder von dicht aneinandergedrängten Menschen.

Was wäre, wenn jemand, den sie interviewt hatte, dort hineingeraten war? Vielleicht hatte sie jemanden auf dem Weg aufgehalten. Und er war nachher nur deshalb zur falschen Zeit am falschen Ort gewesen. Hatte ihre Entscheidung, wen sie interviewte, womöglich etwas geändert? Das Schicksal beeinflusst?

Ihre Gedanken kreisten um ein Foto, das sie gerade im Internet gesehen hatte. Darauf war ein Junge zu sehen, der mit verdrehtem und völlig verdrecktem Oberkörper auf einer Trage lag. War das nicht vielleicht der Junge, der so lustig »Party ohne Ende« in ihr Mikrofon gerufen hatte? Das musste sie unbedingt herausfinden. Nur wie? Sie hoffte inständig, dass sie falschlag. Aber er sah so aus. Er hatte das gleiche fliederfarbene T-Shirt an. »Oh mein Gott. Hoffentlich nicht.« Aber selbst wenn, es wäre nicht ihre Schuld. Nein, sicher nicht ihre Schuld.

Ihre Atmung wurde ruhiger. Als sie gerade das Gefühl hatte, sie könnte in einen Dämmerzustand hinübergleiten, hörte sie ihr Handy klingeln. »Fuck!« Wer war das jetzt? Sie sprang aus dem Bett und donnerte mit voller Wucht mit dem Kopf gegen die angelehnte Schlafzimmertür. »Verdammt, langsam wird das zur Gewohnheit«, fluchte sie und taumelte durch die dunkle Diele.

Natürlich war es Tom. Mittlerweile hatte sich die Nachricht von der »Massenpanik auf der Loveparade in Duisburg« bis über den Großen Teich verbreitet.

»Ich hab doch geschrieben, du sollst mich nicht anrufen!«, schimpfte sie. Ihre Nerven lagen blank. Warum hatte er nicht auf sie gehört?

»Schatz, ich habe mir solche Sorgen gemacht. Und eine SMS habe ich nie bekommen.«

»Echt nicht?«

»Nein.«

»Oh, tut mir leid. Ich bin völlig fertig und muss morgen früh direkt am Unglücksort stehen.«

»Aber du bist okay?«

»Ja, bin ich. Und Ben auch. Dein Bruder hat sich ja schön in den Urlaub verdünnisiert. Ich hab dann mal seinen Sohn von der Loveparade mit nach Hause genommen. Der übrigens ziemlich dicht dran war, an der ganzen Scheiße.«

»Das tut mir leid.«

»Ist ja nicht deine Schuld.«

Sie war todmüde, hatte noch vier Stunden Zeit, um zu schlafen, und Tom schien keinen Schimmer davon zu haben, was sie durchgemacht hatte. Das machte sie wütend, obwohl sie wusste, dass er nichts dafür konnte. Sie riss sich zusammen und bemühte sich, nett zu sein.

»Ich liebe dich, aber ich muss jetzt wirklich schlafen, okay? Wir reden, wenn du wieder da bist.«

»Okay, schlaf gut. Ich liebe dich auch.«

Emma wankte zurück ins Bett. Sie schloss die Augen und versuchte, die Gedankenflut, die ihr komplettes Bewusstsein unter Wasser gesetzt hatte, zurückzudrängen.

Am nächsten Morgen war sie sich nicht sicher, ob sie überhaupt geschlafen hatte. Sie fühlte sich gerädert, hatte tiefe dunkle Ränder unter den Augen, die sie mit viel Make-up überschminkte. Aber sie funktionierte. Wenn nicht sie, wer dann? Das war sie den Opfern der Katastrophe schuldig. Und den Angehörigen sowieso.

28

RENÉ

Um Viertel nach drei erklärte der Einsatzleiter den Dienst von René und Frank für beendet. Sie brachten den Rettungswagen zurück zum Stützpunkt, an dem sie ihn zwanzig Stunden zuvor abgeholt hatten.

Dem Rest der Stadt war die Katastrophe nicht anzumerken. Sie schlief. Seelenruhig und friedlich.

Ein letztes Mal überprüften sie die Ausrüstung des RTWs, bevor sie den Schlüssel abgaben und in Renés alten, silbernen Mercedes umstiegen. Im schwachen Licht des Mondes sahen sie die Umrisse der Kühe, die immer noch auf der Weide nebenan grasten. René ließ den Motor an und drehte den Lautstärkeregler des Radios auf null. Er wollte nichts mehr hören. Die Fahrt durch die Nacht war stumm. Am Horizont färbte sich der Himmel zartviolett. Nebel hing zwischen den Schornsteinen der Schwerindustrie.

Als René vor Franks Haus hielt, fragte er: »Was meinst du, wird uns das verfolgen?«

»Kann schon sein.«

»Wir können uns ja mal auf ein Bier treffen und drüber reden, wenn du willst.«

»Ist vielleicht eine gute Idee. Gerne.«

Zehn Minuten später kam René zu Hause an. Nora hatte die Rollläden heruntergelassen. Die Räume waren dunkel. Es roch, als wäre eines der Kinder krank. Dann kochte Nora Grießbrei und

Kamillentee. Manchmal half das auch, wenn Max nicht schlafen konnte.

Leise öffnete René die Tür zum Kinderzimmer. Da lag Max. Die Decke auf seiner Brust bewegte sich gleichmäßig auf und ab. Auf dem Stuhl neben dem Bett saß ein großer Teddybär, als würde er über ihn wachen. Beruhigt zog René die Tür wieder zu.

Um runterzukommen, holte er sich eine Flasche Bier aus dem Kühlschrank. Mit der Flasche in der Hand schlich er ins Arbeitszimmer, zog seine Dienstkleidung aus und hängte sie über einen Stuhl. In Shorts und Unterhemd stieg er die Treppe hinauf zu Damians Kinderzimmer. Die Tür stand offen, sein Bett war leer. Panik! Scheiße, wo war sein Kind? Er hastete die Treppe hinunter und riss die Schlafzimmertür auf. Da lag Nora. Und in ihren Armen, mit ihr unter einer Decke, Damian. Sie schliefen. Tief und fest.

René atmete hörbar aus, ging ins Wohnzimmer, ließ sich in den großen Sessel fallen, trank sein Bier und starrte auf die Familienfotos, die in silbernen Rahmen an der Wand hingen: ein Hochzeitsfoto von ihm und Nora, Max als Baby, Damian direkt nach der Geburt und ein Bild von ihnen allen zusammen aus dem letzten Urlaub auf Mallorca. Es war in einem Freizeitpark entstanden, und auf Damians Schulter saß ein Papagei. Unvorstellbar, dass es Eltern gab, die gerade ein Kind verloren hatten.

René trank den letzten Schluck Bier, putzte sich die Zähne und kroch zu Nora und Damian ins Bett. Nora öffnete kurz die Augen. Er gab ihr einen Kuss auf die Wange und streichelte über ihren Kopf.

»Schlaf weiter, mein Schatz. Alles ist gut.« Nichts war gut, in seinem Kopf ging es drunter und drüber.

Damian kuschelte sich in den Arm seines Vaters. Die ersten Sonnenstrahlen bahnten sich einen Weg durch die Schlitze der Rollläden. Noras Haar glänzte im warmen Licht.

Es war Sonntag.

Der 25. Juli 2010.

Der Tag nach der Loveparade-Katastrophe.

René schloss die Augen und fiel in einen traumlosen Schlaf.

»Jupiter 1 für Jupiter 32/18, kommen!«
»Hier Jupiter 1.«
»Mich haben Kräfte von Jupiter 32/46 am Tatort abgelöst. Die sichern den Ereignisort, bis morgen früh das Bundeskriminalamt kommt. Ich würde jetzt gerne Dienstschluss machen, wenn Sie einverstanden sind.«
»Ja. Sie sind aus dem Einsatz entlassen.«
»Danke. Gute Nacht.«
»Gute Nacht. Ende.«

29

KATTY

Meine Eltern fanden mich im zweiten Krankenhaus, das sie anfuhren. Ich war ins Bethesda verlegt worden. Doch bis sie dort ankamen, wurden sie mehrfach von Polizeibeamten aufgehalten. Sie ließen sie nicht durch die Straßensperren, die in der ganzen Stadt aufgebaut waren. Zweimal wendete mein Vater und suchte einen anderen Weg. Beim dritten Mal rastete meine Mutter aus. Sie sprang aus dem Auto und packte einen Polizisten am Schlafittchen. »Meine Tochter stirbt vielleicht! Lassen Sie mich verdammt noch mal durch!«, brüllte sie ihn an und brach danach in Tränen aus. Mein Vater entschuldigte sich für sie, nahm sie in den Arm und setzte sie behutsam wieder ins Auto. Die Polizisten traten wortlos zur Seite und öffneten die Absperrung.

Als sie vor dem Bethesda ankamen, steuerte ein Mann auf sie zu. Kein Pfleger, kein Arzt, vielleicht jemand von der Notfallseelsorge. Unter Hunderten von Menschen, die hier aufgeregt vor dem Krankenhaus herumliefen, filterte er meine Eltern mit einem Blick heraus und führte sie auf die Intensivstation. Sie fragten sich danach noch lange, wie er wissen konnte, dass sie meine Eltern waren. Aber sie konnten ihn nicht fragen, sie sahen ihn nach diesem Tag nie wieder.

Als meine Mutter mein Krankenzimmer betrat und mich angeschlossen an Monitoren, Schläuchen und Kabeln reglos dort liegen sah, konnte sie den Anblick nicht ertragen. Sie versuchte, die Situation zu verstehen, aber ihr Gehirn verweigerte die Arbeit. Es war wie ein schwarzes, schweres Beil, das ihrem Bewusstsein einen schmerzhaften Hieb versetzte. Es wurde dunkel in ihrem Kopf. Angst flutete jeden Winkel ihres Geistes. Sie stürzte wieder aus dem Zimmer und schüttelte heftig mit dem Kopf. Totale Verweigerung der Realität. Mein Vater umarmte sie, strich ihr liebevoll das Haar aus dem Gesicht und sagte: »Bettina, das wird schon wieder, wir müssen jetzt stark für Katty sein und ihr beistehen, okay?«

Mama nickte. Gemeinsam betraten sie wieder mein Zimmer. Sie setzten sich neben das Bett, hielten meine Hand und streichelten sanft über meine Haut. Ich musste kämpfen, für sie. Das konnte ich ihnen nicht antun. Auch wenn ich keine Angst mehr vor dem Tod hatte, denn irgendetwas sagte mir, dass es okay war und ich nichts zu befürchten hatte.

Meine Mutter redete leise auf mich ein: »Kattymaus, du schaffst das. Sei stark, mein Kind. Du wirst wieder gesund.« Nach einer Viertelstunde bat ein Arzt meine Eltern, nach Hause zu fahren. Sie könnten momentan nichts für mich tun, und es müssten nun eine ganze Reihe von Untersuchungen durchgeführt werden, unter anderem eine Computertomografie. Man wollte feststellen, wie es um meine Organe stand und ob ich innere Verletzungen hatte. Schweren Herzens verließen meine Eltern das Krankenhaus. Jetzt weinte auch mein Vater. Leise und so, dass es meine Mutter nicht sehen konnte.

In der Nacht wurde mein Herz schwächer. Ein Arzt rief meine Eltern an. Sie schliefen nicht. Wortlos saßen sie im Bett und umklammerten sich gegenseitig. »Kommen Sie schnell! Es könnte zu Ende gehen«, sagte der Arzt am Telefon.

Ich glaube, das Schlimmste, was einem im Leben passieren kann, ist, ein Kind zu verlieren. Das ist einfach nicht richtig. Es ist die falsche Reihenfolge. Wenn Eltern sterben, ist das schlimm, aber es ist der Lauf der Natur. Wenn Partner sterben, ist es unglaublich schwer, aber auch das ist der Mensch imstande zu verarbeiten. Dass Kinder sterben, das darf nicht sein. Es ist ein Fehler im System.

Wie in Trance steuerte mein Vater unseren blauen Kombi durch die Nacht. Meine Mutter saß auf dem Beifahrersitz und starrte in die Schattenwelt. Sie war blass. Die Haare hatte sie zu einem zerzausten Dutt zusammengebunden, und auf ihrer Stirn bildeten sich tiefe Sorgenfalten, als habe sie jemand mit einem Stift eingezeichnet.

Als sie im Krankenhaus ankamen und ich ihre Stimmen hörte, stabilisierte sich mein Zustand. Meine Eltern schöpften Hoffnung. Die Ärzte auch. Vertraute Geräusche halfen mir. Sie gaben mir die Gewissheit, dass Menschen, die ich liebte, bei mir waren.

Der Oberarzt schlug vor, am nächsten Tag Freunde und Verwandte ins Krankenhaus einzuladen. Er erklärte meinen Eltern, dass sich die Gehirnströme eines Menschen in Vollnarkose kaum von denen eines Menschen im Koma unterscheiden. Was ein Mensch im Koma noch wahrnimmt, könne niemand sagen. Die meisten Menschen, die wieder aus dem Koma erwachten, könnten sich an nichts oder nur an sehr wenig erinnern. Aber manche erzählten auch, dass sie wussten, wer sie besucht hatte, dass sie von oben beobachten konnten, was um sie herum geschah, oder dass sie die Stimme einer geliebten Person hörten. Also sollte jeder, der mir nahestand, vorbeikommen. Mir Mut machen … oder die Gelegenheit haben, sich zu verabschieden.

Meine Eltern riefen alle an: Tanten, Onkel, Großeltern, Freunde. Auch Philipp nahmen sie mit. Als er das Zimmer betrat, riss er sich von der Hand meiner Mutter los, stürmte auf mein Bett zu und umarmte mich. Dann kramte er ein sorgsam zusammengefaltetes Stück Papier aus seiner Hosentasche, faltete es andächtig auseinander und legte mir ein Bild aufs Bett, das er mit Buntstiften für mich gemalt hatte. Ein Schmetterling. Das Insekt sah zwar eher aus wie eine dicke, unförmige Raupe, die ein paar Blätter zu viel verdrückt hatte, mit Mini-Flügeln, die unmöglich ihr Gewicht tragen konnten, aber ich freute mich sehr darüber.

Als Tim hereinkam, tat es mir in der Seele weh. Er sah so erschöpft und traurig aus. Zärtlich hielt er meine Hand, strich über mein Haar und entschuldigte sich immer wieder bei mir, dass er mir nicht hatte helfen können – in der Enge, in der Panik, in dem Chaos. Tränen rannen über sein Gesicht. Ich wünschte, ich hätte ihm sagen können: »Es war nicht deine Schuld.« Er hatte alles versucht, alles, was in seiner Macht stand, das wusste ich. Und dann erklärte er mir, warum er mir nicht eher gesagt hatte, dass er mich liebte. Nachdem seine Mutter ihn verlassen hatte und sein Vater gestorben war, wollte er nie wieder einem Menschen die Chance geben, ihn zu verletzen. Er wollte niemanden mehr an sich heranlassen.

Wie furchtbar. Ich wollte ihm nicht wehtun, ich wollte ihn nicht verlassen. Um nichts in der Welt. Aber was, wenn ich gehen musste? »Katty, ich liebe dich, und ich weiß, die Liebe überdauert alles«, flüsterte er mir ins Ohr.

Er hatte so recht.

Ines war noch zur Beobachtung im Krankenhaus. Deshalb konnte sie mich nicht besuchen. Aber ihr Zustand war stabil. Sie hatte eine Rippenprellung, und ihre Nieren waren so sehr gequetscht worden, dass sie sich nur langsam erholte. Verena, Daniel und Steffen waren körperlich unverletzt. Sie brachten Luftballons und Blumen mit und redeten mir gut zu.

Janek kam auf Krücken in mein Zimmer gehumpelt. Sein Bein war eingegipst. Es war gebrochen. Er sah zehn Jahre älter aus als vor der Katastrophe. Seine Haut wirkte fahl, und die Mundwinkel hingen kraftlos nach unten. Von seiner Fröhlichkeit war nichts mehr übrig. Er hockte sich neben mein Bett und schrie mir wie ein Feldwebel ins Ohr: »Kämpf, Katty! Hast du mich verstanden? Aufgeben ist nicht!« Dann drehte er sich um und trat einen Schritt zurück.

Meine Oma brachte mir meinen Lieblingskuchen mit, den sie in aller Herrgottsfrühe für mich gebacken hatte. Zitronenkuchen. Schon immer, wenn jemand in unserer Familie krank war, backte meine Oma Kuchen. Kuchen war ihrer Ansicht nach die beste Medizin. Sie stellte ihn auf den Tisch zwischen die Blumen. Der Geruch der Blüten mischte sich mit dem des Zitronenaromas. Bestimmt zwanzig Personen standen um mein Bett herum. Sie redeten, weinten, und manchmal lachte auch jemand leise, wenn es um eine schöne Geschichte ging, die wir gemeinsam erlebt hatten.

Nach zwei Stunden leerte sich mein Zimmer wieder. Tante Evi nahm Philipp mit zu sich, damit er nicht zu viel mitbekam. Meine Eltern blieben. Der Oberarzt teilte ihnen das Ergebnis der Computertomografie mit: keine schweren inneren Verletzungen. Das war die gute Nachricht. Die schlechte war, dass mein Hirn massiv anschwoll. Das lag daran, dass es zu lange keinen Sauerstoff bekommen hatte.

Spät am Abend schlief meine Mutter auf dem Stuhl neben meinem Bett ein. Papa hob sie hoch und trug sie durch die kalten Gänge des Krankenhauses zurück zum Auto.

Ich starb am Montagmorgen. Um Viertel vor sechs, kurz vor dem Schichtwechsel im Krankenhaus. Die Nachtschwester war die Erste, die sah, dass mein Gehirn keine Signale mehr sendete.

»Hirnelektrische Stille« nennt man das.

Mein Bewusstsein verließ meinen Körper.

Aber ich bin immer noch da. Nur anders.

Als meine Eltern ins Krankenhaus kamen, empfing sie der Oberarzt. Neben ihm stand eine Frau, auf deren Polohemd der Aufdruck »NOTFALLSEELSORGE« zu lesen war. Mama schluckte. Sie ahnte, dass das nichts Gutes bedeutete.

»Frau Telgte, Herr Telgte. Setzen Sie sich doch bitte.«

Nur meine Mutter folgte seinem Rat.

Dann fuhr er fort: »Es tut mir sehr leid, Ihnen das sagen zu müssen, aber wir denken, dass es besser für Ihre Tochter ist, wenn wir die Maschinen jetzt abstellen.«

»Warum? Sie lebt doch! Ihr Herz schlägt«, widersprach meine Mutter aufgebracht.

»Leider ist das so nicht ganz richtig, Frau Telgte. Die Maschinen halten sie noch am Leben, ja. Aber die Messung ihrer Gehirnströme zeigt, dass da nichts mehr zu machen ist. Sie ist hirntot.« Er sah meine Eltern mitfühlend an.

»Sie müssen sie jetzt loslassen«, sagte die Frau von der Notfallseelsorge.

Mein Vater stand regungslos daneben. Als gehörte er nicht dazu, als ginge ihn das alles nichts an.

»Herr Telgte. Haben Sie verstanden, was ich Ihnen gesagt habe?«, fragte der Arzt.

Papa nickte. Seine Augen waren glasig.

Meine Eltern brauchten eine Stunde, bis sie sich entschieden hatten. Sie stritten, weinten, umarmten sich, brüllten sich an, küssten sich, hielten sich fest.

Am Mittag wurden die Maschinen nacheinander abgestellt.

»Kattymaus, du darfst nun gehen, wenn du möchtest«, flüsterte mir meine Mutter weinend ins Ohr. Es kam ihr so vor, als ob sich meine Gesichtszüge entspannten. Auch wenn die Ärzte sagten, das wäre nicht möglich, weil ich schon tot sei.

Fünf Stunden dauerte es, bis mein Herz aufhörte zu schlagen und das EKG wieder den schrillen, gleichförmigen Ton sendete. Nulllinie.

Meinen Eltern blieben nur noch wenige Minuten, um sich von mir zu verabschieden. Bevor sie begreifen konnten, dass sie ihre einzige Tochter verloren hatten, wurde meine Leiche von der Staatsanwaltschaft zur Spurensicherung und Obduktion beschlagnahmt. Sie mussten den Raum verlassen.

»Halt! Ich muss da noch mal rein!« Meine Mutter löste sich aus der Umarmung der Notfallseelsorgerin, drehte sich um und rannte panisch auf die Tür meines Zimmers zu.

»Tut mir leid, das dürfen Sie nicht«, stoppte sie eine Krankenschwester.

»Bitte. Ich möchte eine Haarsträhne von meiner Tochter. Irgendetwas, das mir von ihr bleibt.«

Die Schwester sah meine Mutter prüfend an. Sie runzelte die Stirn.

»Na schön, ich mache das für Sie.«

Sie verschwand in dem Raum, in dem sich bereits mehrere Männer und Frauen in weißen Kitteln an meinem leblosen Körper zu schaffen machten. Nach wenigen Minuten kam sie wieder heraus und drückte Mama eine dicke Strähne meines braunen Haares in die Hand.

»Bitte. Mehr kann ich nicht für Sie tun.«

»Ich danke Ihnen.«

Meine Mutter hielt die Haarsträhne in beiden Händen und streichelte sanft mit dem Daumen darüber. Dann fuhren meine Eltern nach Hause.

Einige Wochen nach der Katastrophe hängten sie ein großes Porträt von mir in unserem Wohnzimmer auf. Das Bild hatte mein Vater von mir gemacht, an einem Discoabend, kurz bevor ich mich mit Ines auf den Weg gemacht hatte. Ich sah glücklich aus und lächelte.

An dem Rahmen befestigten sie gemeinsam die Haarsträhne, die meine Mutter behutsam zu einer Schlaufe zusammengebunden hatte.

Tim brachte meinen Eltern meine Handtasche vorbei. Er fragte, ob er irgendetwas von mir behalten dürfe. Meinen Personalausweis oder meinen Führerschein. Etwas mit einem Foto natürlich am liebsten.

Meine Mutter gab ihm meinen Führerschein und holte aus meinem Zimmer einen kleinen Stoffelefanten, den ich abgöttisch geliebt hatte. Tim bedankte sich.

Als er schon wieder gehen wollte, fiel ihm noch etwas ein.

»Ich … ich hab mir die Fotos angeguckt. Die auf der Digitalkamera. Ich hoffe, das war okay.«

»Ja klar. Willst du vielleicht noch die Fotos haben?«

»Das wäre schön.«

»Wir ziehen sie dir auf einen Stick.«

»Wissen Sie, was komisch ist, Frau Telgte?«

»Nein, was denn?«

»Das ist ja eine Digitalkamera, die muss man ja einschalten, damit sie ein Foto macht.«

»Ja … und?«

»Na ja, das letzte Foto, das ist seltsam.«

Meine Mutter bat Tim wieder herein. Sie setzten sich gemeinsam auf die Couch und klickten sich durch die Fotos auf der Kamera.

Es waren nicht viele. Da war eins von Ines und mir, noch von Karneval, als wir uns als Piratenbräute verkleidet hatten. Ines trug eine Augenklappe und ich ein schwarz-rot gestreiftes Kopftuch. Meine Mutter lächelte. Dann ein Foto von Menschen, die in einem Fenster standen, mit Sektgläsern in den Händen, Richtung Kamera prostend. Das erste Bild, das ich auf der Loveparade gemacht hatte.

Mama klickte weiter zu den Gruppenfotos vor dem Tunnel. Die ersten beiden kannte ich schon. Die, auf denen Janek hinter meinem Kopf die Finger so hoch hielt, dass ich Hasenohren hatte – auch als Tim mir einen verwackelten Kuss auf die Wange drückte. Im Hintergrund wirkte das schwarze Loch des Tunnels nun wie ein gefräßiger Schlund. Auf dem dritten Foto umarmte mich Ines. Tim hielt den Kopf so in meine Richtung, als lehnte er sich bei mir an. Er guckte versonnen und formte mit den Fingern ein Herz.

Eine Träne tropfte auf das Display. Meine Mutter schluchzte.

»Ihr wart so ein süßes Paar.«

Sie klickte weiter.

Schwärze. Als hätte die Kamera in der tödlichen Enge an der Rampe noch ein letztes Mal ausgelöst. Unmöglich. Und doch war es da: ein schwarzes Foto. Der Schmerz und die Trauer hatten sich in einem Sinnbild digital manifestiert.

EPILOG

Jeder Mensch sehnt sich nach einem Happy End. Nicht nur nach seinem persönlichen, sondern auch wenn er eine Geschichte liest. Was aber, wenn die Geschichte bekannt ist und von vorneherein klar ist, dass es kein Happy End gibt? Dann hofft man, dass wenigstens die Menschen, die einem vertraut sind und die man auf ihrem Weg durch die Geschichte begleitet hat, gut aus der Sache herauskommen.

In jeder Geschichte muss es etwas Positives geben. Etwas, das uns Mut macht oder hoffen lässt. Oder zumindest eine Lehre, die man daraus ziehen kann.

Als Erstes habe ich mir selbst die Frage gestellt: Was hättest du anders gemacht, wenn du gewusst hättest, was dir an diesem Tag passieren würde? Schnell wurde mir klar: Das sind ganz simple Dinge.

Natürlich wäre ich vor allem gar nicht erst zur Loveparade gefahren. Aber daran lässt sich ja nun nichts mehr ändern. Mit so etwas konnte nun wirklich niemand rechnen. Zumindest niemand, der das Gelände in Duisburg nicht kannte.

Davon einmal abgesehen, hätte ich Tim viel eher gesagt, dass ich ihn liebe, und hätte so vielleicht ein paar schöne Stunden mit ihm gewonnen. Womit wir bei der ersten Lehre wären:

Sei mutig! Du hast nichts zu verlieren und alles zu gewinnen.

Mit meinem Vater hätte ich gerne mehr unternommen. Er wollte immer mit mir Fahrrad fahren. »Kind, lass uns doch morgen eine Radtour machen«, schlug er in regelmäßigen Abständen vor, aber ich hatte selten Lust, mit meinen Eltern rumzuhängen, und sagte meistens ab. Papa fuhr dann allein. Was würde ich nun darum geben, noch einmal die Chance zu haben, mit ihm eine Tour zu machen.

Auch mit Philipp hätte ich gerne mehr Zeit verbracht. Ich wäre sogar freiwillig mit ihm auf den Spielplatz gegangen, wenn ich gewusst hätte, dass es die letzte Gelegenheit ist.

Zu meiner Mutter wäre ich netter gewesen und hätte ihr wenigstens ab und zu im Haushalt geholfen. Einfach weil sie eine tolle Mutter ist und ich weiß, dass sie sich sehr darüber gefreut hätte.

Wenn mir eins jetzt klar ist, dann, dass an diesem dämlichen Aufkleber im Zug tatsächlich viel Wahres dran ist.

»DANCE OR DIE« stand da. Das ist die zweite Lehre: *Du kannst tatsächlich jeden Tag tanzen oder sterben. Also tanz, tanz, solange du kannst!*

Nachdem ich nun weiß, wie schwer es ist, herauszufinden und zu beweisen, wer die Schuld an der Tragödie trägt, hätte ich auch nicht mehr Jura studieren wollen. Aber das nur am Rande.

Es gibt keine Gerechtigkeit, zumindest keine von Menschen gemachte. Vielleicht ist das die dritte Lehre.

Die nächste Frage, die ich mir gestellt habe, ist: Was sind die guten Dinge an meiner Geschichte?

Ich habe Tim noch sagen können, dass ich ihn liebe. Auch wenn ich mir andere Umstände für unsere gegenseitigen Liebesgeständnisse gewünscht und gerne mehr Zeit mit ihm verbracht hätte – ich habe geliebt und ich wurde geliebt. Nicht nur von Tim, auch von meiner Familie und meinen Freunden. Die Liebe bleibt, egal wo wir sind.

Gut war, dass meine Eltern und meine Freunde die Chance hatten, sich von mir zu verabschieden, und ich die Chance hatte, ihnen Lebewohl zu sagen, auch wenn sie dies nicht wahrnehmen konnten.

Ich bin dankbar, dass es selbst im Angesicht der Katastrophe noch Menschlichkeit und Hilfsbereitschaft gab. Da waren Menschen, die anderen Mut zusprachen, die ihnen Wasser gaben oder sie aus dem tödlichen Gedränge herauszogen und wiederbelebten. Auch nach der Katastrophe gab es viele Menschen, die meinen Eltern Hilfe anboten und ihnen zur Seite standen. Die Einsatzkräfte und alle Helfer, die an diesem Tag vor Ort waren, haben Übermenschliches geleistet und ihr Bestes gegeben, um uns zu retten.

Und gut war auch, dass meine Eltern Emma kennenlernten.

Denn sie konnte mir eine Stimme geben. Für den WDR interviewte Emma meine Eltern in regelmäßigen Abständen.

Drei Jahre nach der Katastrophe, am 25. Juli 2013, schrieben sie ihr einen Brief:

Liebe Emma,
wir möchten uns auf diesem Wege recht herzlich für Eure Berichterstattung vom Gedenktag bedanken. Wir haben jetzt erst die Ruhe gefunden, uns Eure Beiträge in der Mediathek anzusehen.
Dir, liebe Emma, möchten wir ganz besonders danken, durch Dein großes Einfühlungsvermögen fällt es uns nicht mehr so schwer, unsere Gedanken und Gefühle vor einer Kamera zu äußern.
Es ist uns nach wie vor wichtig, dass die breite Öffentlichkeit über das Drama »Loveparade« informiert wird.
Dafür bist Du die Richtige!!! (Natürlich auch das gesamte Team)
Nochmals vielen Dank für alles …

Liebe Grüße
Bettina und Jürgen Telgte

Einige Wochen später klingelte Renés Handy. Er stand gerade im Garten am Grill und wendete ein paar Würstchen, während die beiden Jungs im aufblasbaren Gummipool planschten und sich Nora auf der Sonnenliege ein Gläschen Wein genehmigte.

»René Schneider.«

»Hallo Herr Schneider. Mein Name ist Emma Weber. Wir haben uns vor drei Jahren kennengelernt. Kurz nach der Loveparade-Katastrophe. Ich arbeite gerade an einem Buchprojekt. Und zwar versuche ich, die Geschichte eines Mädchens zu rekonstruieren, das ich damals am Tag der Katastrophe interviewt habe. Und …«, sie stockte, »… und ich glaube, Sie gehören zu der Geschichte dazu. Wären Sie bereit, sich mit mir zu treffen?«

WAS DANACH GESCHAH

Katty wurde erst drei Wochen nach ihrem Tod beerdigt, weil die Ermittlungen der Staatsanwaltschaft und die damit verbundene Obduktion so viel Zeit in Anspruch nahmen. Die Bestatterin riet ihren Eltern davon ab, sie danach noch einmal anzusehen. Sie folgten ihrem Ratschlag.

Die Obduktion ergab, dass sie bei der Katastrophe an einer »massiven Brustraumkompression« erstickt war. Die Wiederbelebungsmaßnahmen hatten nichts daran geändert, dass ihr Hirn schon zu diesem Zeitpunkt so lange nicht mit Sauerstoff versorgt worden war, dass es unaufhaltsam anschwoll. Ihre Rippen waren geprellt. Sie hatte schwere Hämatome an den Armen, Beinen und im unteren Lendenwirbelbereich. Der Riemen ihrer Handtasche hinterließ einen blutunterlaufenen Striemen an ihrem Hals.

Zu Kattys Beerdigung kamen über hundert Trauergäste.

Eine Woche nach der Katastrophe gab es einen großen Gedenkgottesdienst in der Salvatorkirche in Duisburg, zu dem auch die Telgtes gingen. Jürgen bedankte sich danach persönlich bei der Ministerpräsidentin für ihre sehr bewegende Rede. Ihr Sohn war selbst auf der Loveparade gewesen, und sie hatte ihn stundenlang nicht erreichen können. Wahrscheinlich fand sie auch deshalb die richtigen Worte.

Drei Jahre lang waren sowohl Jürgen als auch Bettina Telgte in psychologischer Behandlung. Ihre größte Sorge war, dass Philipp psychischen Schaden nehmen könnte. Aber auch wenn er oft traurig war und manchmal auch heute noch ist, verhält er sich den Umständen entsprechend unauffällig.

Tim hat seinen Chef um drei Monate unbezahlten Urlaub gebeten und mit seinem Motorrad einen Trip durch Europa gemacht. Als er zurückkam, schmiss er seinen Job und wanderte nach Spanien aus. Er arbeitet jetzt in einer kleinen Werkstatt direkt an der Küste bei Roquetas de Mar. Psychologische Hilfe hat er abgelehnt.

Ines war fünf Tage im Krankenhaus. Neben einer Rippenprellung und der Quetschung ihrer Nieren hatte sie eine Bisswunde am linken Ohr und schwere Prellungen am Bauch.

Sie kam wieder auf die Beine, musste das Schuljahr aber wiederholen, weil sie sich nicht mehr konzentrieren konnte. Trotzdem hat sie ihr Abitur geschafft. Statt Tiermedizin zu studieren, machte sie eine Ausbildung zur Krankenschwester. Seit der Katastrophe war sie dreimal in Therapie. Sie hat immer noch Angstzustände, wenn sie in große Menschenmassen gerät, und weigert sich strikt, in einen Aufzug zu steigen.

Janek hat trotz langer Reha immer noch manchmal Schmerzen in seinem Bein. Er geht regelmäßig zur Physiotherapie. Ob er das Bein jemals wieder voll bewegen und belasten kann, ist nicht klar.

Bei ihm wurde außerdem eine posttraumatische Belastungsstörung diagnostiziert. Er hat die Schule noch vor dem Abitur abgebrochen. Nach einer Therapie hat er eine Ausbildung zum Hotelfachmann angefangen, musste sie aber aus psychischen Gründen abbrechen und war zwei Jahre berufsunfähig. Nach einer weiteren Therapie hat er einen neuen Anlauf gestartet und die Ausbildung dieses Mal abgeschlossen.

Verena war in psychologischer Behandlung. Sie machte eine Ausbildung zur Bankkauffrau, aber sie leidet immer noch unter Alpträumen.

Steffen wollte nicht zu einem Psychologen oder Therapeuten gehen. Doch weil er unter massiven Schlafstörungen litt und kaum noch zur Uni ging, überredete Verena ihn, sich helfen zu lassen. Er schloss sich einer Selbsthilfegruppe an und nimmt jetzt Schlaftabletten.

Daniel hat einige Gespräche mit einem Notfallseelsorger geführt. Danach wollte er über die Katastrophe nicht mehr reden. Er war ein halbes Jahr aus psychischen Gründen krankgeschrieben. Mittlerweile arbeitet er wieder, meidet aber bis heute Veranstaltungen oder Orte, an denen große Menschenmengen zu erwarten sind.

René und Frank wurden mit 200 weiteren Helfern vom damaligen Bundespräsidenten nach Berlin eingeladen. Sie bekamen eine Anerkennungsurkunde für ihren Einsatz bei der Loveparade-Katastrophe. Beide führten Gespräche mit Seelsorgern, mussten aber nicht dauerhaft psychologisch betreut werden.

Weder René noch Frank fragten je nach, ob Katty überlebt hatte oder nicht. Sie wollten keine Gewissheit. Auch als René Emma seine Geschichte erzählte, wollte er keine Details zu dem Mädchen erfahren, über das sie schrieb.

René und Frank sind nach wie vor ein Team. Frank rief Susanne eine Woche nach der Katastrophe an. Seitdem sind sie ein Paar. Susanne weiß von Kattys Tod, aber sie verlor nie ein Wort darüber.

Emma berichtete noch mehrere Tage über das Unglück. In den folgenden Monaten und Jahren hielt sie den Kontakt zu Angehörigen der Todesopfer, Verletzten, Traumatisierten und Helfern. Knapp zwei Monate nach der Katastrophe heiratete sie Tom. Auf ihrer Hochzeit ließen sie Schmetterlinge fliegen, und für einen Moment dachte Emma an das Mädchen mit den feinen Gesichtszügen und dem Schmetterlingstop.

DER STRAFPROZESS

Die 21 Menschen, die bei der Loveparade-Katastrophe starben, waren zwischen 17 und 38 Jahre alt, 13 Frauen und acht Männer, aus sechs Ländern; den Niederlanden, Spanien, Italien, Australien, China und Deutschland.

Viele der 652 Verletzten leiden bis heute körperlich und seelisch unter den Folgen des Unglücks. Hinzu kommen zahlreiche Einsatzkräfte, Ordner, Helfer und Augenzeugen, die das Erlebte verarbeiten mussten.

Erst sieben Jahre nach der Katastrophe wurde der Strafprozess gegen zehn Beschuldigte – sechs Mitarbeiter der Stadt und vier des Veranstalters – eröffnet.

Die Anklage: fahrlässige Tötung und fahrlässige Körperverletzung.

Nicht auf der Anklagebank saßen der ehemalige Oberbürgermeister von Duisburg und der Geschäftsführer der Veranstalterfirma Lopavent. Die Staatsanwaltschaft sah bei beiden »keine Anhaltspunkte« dafür, dass sie in die Planung eingebunden waren.

Beim ehemaligen Sicherheitsdezernenten und Chefkoordinator der Loveparade bestand kein »hinreichender Tatverdacht«, der für eine Anklage ausgereicht hätte.

Auch die Ermittlungen gegen einen leitenden Polizeibeamten waren eingestellt worden.

Zunächst zogen sich die Ermittlungen der Staatsanwaltschaft Duisburg über dreieinhalb Jahre hin.

3.409 Zeugen wurden vernommen und insgesamt rund tausend Stunden Videomaterial von Überwachungskameras und Handys gesichtet und ausgewertet. Fünf Staatsanwälte und ein Abteilungsleiter waren mit dem Fall befasst.

Zudem wurde ein britischer Panikforscher beauftragt, ein Gutachten zu erstellen, das erklären sollte, wie es zu der Katastrophe kommen konnte.

Im Februar 2014 legte die Staatsanwaltschaft die Anklageschrift vor. Rund zwei Jahre brauchte das Landgericht Duisburg, um die Akten zu prüfen. Ende März 2016 lehnte es die Eröffnung des Hauptverfahrens ab.

Die 5. Große Strafkammer war der Ansicht, dass sich aus den Ermittlungsergebnissen der Staatsanwaltschaft kein hinreichender Tatverdacht gegen die Angeschuldigten ergebe.

Die Staatsanwaltschaft hatte ihre Anklage nach Auffassung des Gerichts in der Hauptsache auf das Gutachten des britischen Panikforschers gestützt. Der war zu dem Ergebnis gekommen, dass die Katastrophe am Tag selbst nicht mehr zu verhindern gewesen sei, und hatte eklatante Planungsfehler als Hauptursache ausgemacht. Der Zugang zum Gelände sei für die erwarteten Besuchermassen viel zu eng gewesen. Damit habe es zwangsläufig zu lebensgefährlichen Situationen kommen müssen. So begründete die Staatsanwaltschaft auch, warum der am Tag der Katastrophe leitende Polizeibeamte nicht angeklagt wurde.

Die Kammer aber warf dem britischen Gutachter »gravierende inhaltliche und methodische Mängel« vor. Er habe die Ermittlungsakten nicht vollständig gesichtet und die Ereignisse am Unglückstag nicht hinreichend untersucht. Sein Gutachten sei widersprüchlich, und er habe sich mit den in Deutschland geltenden Normen und Regeln nicht befasst.

Die Staatsanwaltschaft und mehrere Anwälte der Nebenklage legten Beschwerde beim Oberlandesgericht Düsseldorf gegen die

Entscheidung ein. Zudem gab die Staatsanwaltschaft ein weiteres Gutachten in Auftrag.

Parallel organisierte die Mutter eines jungen Mannes, der im Alter von 25 Jahren auf der Loveparade gestorben war, eine Onlinepetition für die Eröffnung des Verfahrens. Es kamen mehr als 355.000 Unterschriften zusammen.

Schließlich entschied der 2. Strafsenat des Oberlandesgerichts Düsseldorf, die Anklage gegen alle zehn Beschuldigten doch zuzulassen. Er sah »ausreichende Anhaltspunkte für einen vorwerfbaren Zusammenhang zwischen den anzunehmenden Planungsfehlern und dem Eintritt der Katastrophe«, hieß es in einer schriftlichen Stellungnahme. Außerdem widersprach der Senat der Einschätzung des Landgerichts zum Gutachten des britischen Panikforschers. Das Verfahren wurde nun der 6. Großen Strafkammer des Duisburger Landgerichts zugewiesen.

Erst am 8. Dezember 2017 war der erste Verhandlungstag, also fast siebeneinhalb Jahre nach der Katastrophe.

Von Anfang an war klar, dass es ein Wettlauf gegen die Zeit werden würde, denn die absolute Verjährungsfrist für fahrlässige Tötung liegt bei zehn Jahren. Das bedeutete, dass nach dem 27. Juli 2020, genau zehn Jahre nachdem das letzte Opfer der Katastrophe im Krankenhaus starb, niemand mehr juristisch für die fahrlässige Tötung von 21 Menschen zur Verantwortung gezogen werden konnte. Das Gericht hatte für eine mögliche Verurteilung also nur zweieinhalb Jahre Zeit. Rechtsexperten waren von vornherein der Auffassung, dass dies, wegen des Umfangs des Verfahrens, so gut wie unmöglich sei.

Die sechs Angeklagten der Stadt waren der ehemalige Planungsdezernent, die Leiterin der Bauordnung, zwei Abteilungs- und Sachgebietsleiter vom Amt für Baurecht sowie zwei Sachbearbeiter.

Von der Veranstaltungsfirma mussten sich der Gesamtleiter der Loveparade, der Produktionsleiter, der Verantwortliche für die Sicherheit und der technische Leiter vor Gericht verantworten.

Der Prozess gilt als einer der aufwendigsten der deutschen Nachkriegszeit. Allein 64 Nebenkläger (Angehörige der Todesopfer, Verletzte und Traumatisierte) hatten sich der Anklage angeschlossen und wurden von 37 Anwälten vertreten. Auch die zehn Angeklagten wurden von über dreißig Anwälten vertreten.

Da es am Landgericht Duisburg keinen Gerichtssaal gab, der groß genug gewesen wäre, wurde der Prozess in das Kongresszentrum der Messe Düsseldorf verlegt. Hier standen zusätzlich noch rund 300 Sitzplätze für Zuschauer und Journalisten zur Verfügung. Für Miete, Raumausstattung, Personal (vom Richter bis zum Justizwachtmeister) und Technik entstanden Kosten in Höhe von rund 29.000 Euro pro Tag.

Der zweite Gutachter, ein Professor der Universität Wuppertal, der unter anderem auf die Lenkung von Verkehrsströmen und die Sicherheit von Großveranstaltungen spezialisiert ist, kam zu einer anderen Einschätzung als sein britischer Kollege. Er sah durchaus die Möglichkeit, dass die Katastrophe am Tag selbst hätte verhindert werden können. Eine koordinierte Steuerung der Personenströme wäre seiner Ansicht nach notwendig gewesen. Bis 16 Uhr 30 hätte das geschehen müssen – notfalls, indem man den kompletten Zufluss zum Veranstaltungsgelände gestoppt hätte. Ab 16 Uhr 31 sei das Unglück unausweichlich gewesen.

Nun galt es, für jeden der Angeklagten eine »individuelle Einzelschuld« zu beweisen. Das bedeutet, dass ein Fehler oder ein Versäumnis eines einzelnen Angeklagten nachweislich zu der Katastrophe geführt haben müsste.

Der Prozess gegen sieben der zehn Angeklagten dauerte nur anderthalb Jahre. Dann wurde das Verfahren gegen sie eingestellt. Dabei stützte sich das Gericht auf die Einschätzung des zweiten Gutachters: Viele Beteiligte (auch die Polizei) hätten Fehler gemacht. Kein Fehler für sich allein habe jedoch zur Katastrophe geführt, sondern nur das Zusammenspiel aller Fehler. Damit sei keinem dieser Angeklagten nachzuweisen, dass er oder sie für den Tod der 21 Menschen unmittelbar verantwortlich war. Strafrechtlich gesehen sei die Schuld der Angeklagten zu gering.

Gegen die drei verbliebenen Angeklagten hätte das Gericht den Prozess ebenfalls eingestellt, jedoch gegen die Zahlung einer Geldauflage von jeweils etwa 10.000 Euro, die von den Angeklagten an eine gemeinnützige Organisation gezahlt werden sollten, so der Vorschlag der Staatsanwaltschaft. Damit erklärten sich die drei Betroffenen, alle Mitarbeiter der Veranstaltungsfirma, jedoch nicht einverstanden. Also musste der Prozess gegen diese drei Angeklagten weitergehen, auch ohne Aussicht auf eine Verurteilung bis zum Ende der absoluten Verjährungsfrist.

Wegen der Corona-Pandemie und den damit verbundenen Schutzmaßnahmen, wurde das Verfahren Mitte März 2020 unterbrochen.

Keinen Monat später, am 7. April 2020, schlug das Gericht abermals vor, den Prozess einzustellen.

Es sei nicht absehbar, wann und wie die Verhandlung fortgesetzt werden könne. Die Kammer ging zwar davon aus, dass man den Angeklagten die ihnen vorgeworfene Tat nachweisen könne, nicht aber bis zum Ablauf der Verjährungsfrist. Außerdem sei die Schuld der Angeklagten vermutlich gering. Sowohl die Staatsanwaltschaft als auch die Angeklagten stimmten zu.

Am 4. Mai 2020, dem 184. Verhandlungstag, stellte das Landgericht Duisburg das Strafverfahren ein.

Fast drei Stunden fasste der Richter zusammen, wie es nach Auffassung der Kammer zu der Katastrophe kommen konnte. Sowohl bei der Planung als auch am Tag der Katastrophe habe eine Vielzahl von Personen Fehler gemacht. Es sei »kollektives Versagen« gewesen, aber alle Beteiligten hätten »ernsthaft auf einen guten Ausgang vertraut.«

Abschließend richtete er das Wort an die Angehörigen: »Diese Katastrophe ist eine Katastrophe ohne Bösewicht. Wir haben ihn jedenfalls nicht gefunden.«

»Die entscheidenden Ursachen des Unglücks sind nach hiesiger Einschätzung mit hinreichender Sicherheit ermittelt worden. Sie liegen in

- der fehlerhaften Einschätzung der Eignung des Veranstaltungsraumes für eine Veranstaltung dieser Größenordnung,
- der fehlenden Eignung des Veranstaltungskonzeptes für die erwarteten und eingetretenen Besucherzahlen und
- in der fehlerhaften Steuerung der Besucherströme am Veranstaltungstag, nicht zuletzt aufgrund mangelnder Kommunikation.«

Der Leitende Oberstaatsanwalt in Duisburg
in einer Pressemitteilung vom 17. April 2020

DANKE

Liebe Edith, lieber Friedhelm, vielen Dank für Euer Vertrauen und Eure Offenheit. Ohne Euch wäre dieses Buch nicht möglich gewesen!

Großer Dank gilt auch dem Rettungssanitäter, der seine Erlebnisse mit mir teilte. Du hast immer an dieses Projekt geglaubt, auch als es Jahre in der Schublade verschwand.

Ich danke den Verletzten und Traumatisierten, die mir in der Zeit nach der Katastrophe ihr Vertrauen schenkten und mir schilderten, was sie am 24. Juli 2010 auf der Loveparade in Duisburg erlebten.

Dr. Frank Marx danke ich für die Prüfung und Korrektur der medizinischen Details, Björn Kozok für seine Tipps aus dem Erfahrungsschatz eines Rettungssanitäters, Prof. Udo Branahl, Sebastian Engels, Dr. Ute Kilger und Winfried Seibert für die Hilfestellung bei rechtlichen Fragen.

Jan, auch Dir möchte ich Danke sagen; dafür, dass Du so ein großartiger Kollege bist.

Lieber Thomas, Du hast bei einem gemeinsamen Rotwein-Gespräch gesagt, dass ich diese Geschichte niederschreiben muss, und klebtest mir einen Zettel an die Wohnungstür: »Buch schreiben«. Das erinnerte mich jeden Tag daran, dass es etwas zu tun gab. Vielen Dank, dass Du an mich glaubst und mir all die Jahre beigestanden hast.

Vielen Dank auch an meine Eltern für ihre Zuversicht, die vielen aufmunternden Worte, ihre Ideen und Anregungen, Verbesserungsvorschläge und Korrekturen, insbesondere meiner Mutter für ihre Zeit und Mühe.

Außerdem danke ich Sven Feller und Michael Jung für ihre wertvollen Hinweise und Ilva Leckebusch für ihre sehr persönlichen Eindrücke.

Ganz besonders möchte ich mich bei Friedbert Mühlhoff bedanken, der nicht müde wurde, mich zu unterstützen, und bei meinem Lektor Christoph Nettersheim, der dem Text den letzten Schliff verliehen hat.

Zu guter Letzt gilt meinem Verleger Hejo Emons und Ann Schroeder großer Dank, denn ohne sie wäre dieser Roman nie veröffentlicht worden, und natürlich allen MitarbeiterInnen des Emons Verlags, die dieses Projekt so großartig betreut haben.